Ernst Horst

Nur keine Sentimentalitäten!

Zum Buch

Bleiern war das Deutschland der 1950er-Jahre – bis Erika Fuchs kam, und mit ihr Donald Duck. Die höhere Tochter hatte sich als erstes Mädchen auf einer Jungenschule durchgesetzt und nach dem Abitur Kunstgeschichte studiert. Bilder waren ihr Metier. Nach dem Zweiten Weltkrieg brauchte sie dringend Arbeit und bewarb sich bei der neuen Kinderzeitschrift *Micky Maus*. Die Dame mit Doktortitel war als Chefredakteurin eines solchen »Schund-Heftchens« – wie Erwachsene damals Comics im Allgemeinen bezeichneten – nach heutigen Einstellungskriterien überqualifiziert. Erika Fuchs selbst war allerdings der Überzeugung, dass man für die Übersetzung von Comics gar nicht gebildet genug sein konnte. Und sie war ein Naturtalent, das die Hochliteratur und die lebendige Alltagssprache liebte. In ihren „Übersetzungen" hat sie dann beides vermengt. So brachte sie nicht nur Farbe und Witz in die Nachkriegskinderzimmer, sondern bewirkte wahrscheinlich mehr für die deutsche Sprachkultur als viele hoch dekorierte PEN-Mitglieder. Denn gelesen wurde das Mickymausheft von den künftigen Intellektuellen der neuen Bundesrepublik. So ist Erika Fuchs' Einfluss im alltäglichen Sprachgebrauch und in der Popkultur bis heute enorm: Egal ob dem »Ingeniör nichts zu schwör« ist, wir über den »großen Lauschangriff« diskutieren oder Jugendliche elterliche Vorgaben mit »würg, röchel« kommentieren. Ernst Horst zeigt in seinem akribisch recherchierten und hochkomischen Buch, wie viel deutsche Kultur und Wirklichkeit Erika Fuchs nach Entenhausen und damit in die Köpfe der Kinder von einst und Erwachsenen von heute verpflanzte. Und warum der »Schund« von damals längst unverzichtbares Kulturgut geworden ist.

»Wortwitz und Weltklugheit von Erika Fuchs waren unübertroffen.«
Jochen Bölsche, *Der Spiegel*

Zum Autor

Ernst Horst, geb. 1951 im finstersten Oberhessen, verschwägert mit Johann Wolfgang von Goethe, Studium der Mathematik, diverse Veröffentlichungen im Bereich der Stellardynamik, geprüfter Sachkundiger für Getränkeschankanlagen, seit 1993 freier Mitarbeiter beim Feuilleton der *FAZ*, Gründungsmitglied und Ehrenpräsiderpel der Deutschen Organisation der nichtkommerziellen Anhänger des lauteren Donaldismus, D. O. N. A. L. D. Ernst Horst lebt in München.

Ernst Horst

Nur keine Sentimentalitäten!

Wie Dr. Erika Fuchs Entenhausen nach Deutschland verlegte

Blessing

FSC
MIX
Papier
FSC® C004229

Verlagsgruppe Random House FSC-DEU-0100
Das für dieses Buch verwendete FSC-zertifizierte Papier
LuxoArt Samt liefert Sappi, Biberist, Schweiz.

2. Auflage

Umschlaggestaltung: Hauptmann & Kompanie, Zürich
Layout und Herstellung: Ursula Maenner
Satz: Greiner & Reichel, Köln
Druck: Druckerei Uhl, Radolfzell
Printed in Germany
ISBN 978-3-89667-406-7

www.blessing-verlag.de

INHALT

»Nur keine Sentimentalitäten!«, rief sich der Arzt zu. »In dieser besten Welt ist es einmal so! Die Menschen sind nichts andres als die Tiere. Das Reh im Walde lebt und fragt nicht, wie es dem Vogel geht, und der Vogel kümmert sich nicht um den Frosch, außer wenn es ein Vogel Storch ist, der ihn fressen will! Nur keine Sentimentalitäten! Nur keine Weltbeglückereien!«

Bertold Auerbach: *Auf der Höhe*. Erster Band,
J. G. Cottasche Buchhandlung Nachfolger, Stuttgart 1865

NUR KEINE SENTIMENTALITÄTEN

Einleitung

Unser Freund Olaf textet und zeichnet Comics. Wenn er Murks macht – und das kommt vor –, dann kann ich mich aufregen wie der Kaiser Augustus nach der Schlacht im Teutoburger Wald. Der obige Text stammt aber nicht von Olaf, sondern von Erika Fuchs. Shakespeare verlegt im *Wintermärchen* Böhmen an die Küste, also liegt es an der Küste. Erika Fuchs sagt, das da im Bild oben ist kein schäumendes Getränk, sondern Erdbeereis, also ist das so. Frau Fuchs war – nennen wir es einmal – optisch herausgefordert. Sie konnte nicht besonders gut sehen. Man kann spekulieren, dass für sie deshalb die Sprache Vorrang vor dem Bild hatte. Das Wichtige bei ihr war das Wort, und wenn es nicht zur Zeichnung passte, desto schlimmer für die Zeichnung.

Erika Fuchs eine Übersetzerin zu nennen, ist eigentlich eine Beleidigung. Dann lieber noch Chefredakteurin. Das war sie zwar auch nicht, aber es klingt besser. Sie führte den Titel der Chefredakteurin der Zeitschrift *Micky Maus* seit August oder September 1951 und gab ihn laut Impressum erst 1988, als sie schon 81 Jahre alt war, an Dorit Kinkel ab.

Die 1950er-Jahre waren die Zeit, als man noch meinte, die angloamerikanische Kultur, vor allem die populäre, germanisieren zu müssen, damit sie bei uns akzeptiert wird. Den damals noch recht jungen Charles usw. Mountbatten-Windsor nannte man Prinz Karl. Den Film *Casablanca* entnazifizierte man genauso wie meinen Opa. Auch die *Micky Maus*, die ab September 1951 im Stuttgarter Ehapa Verlag erschien, wurde scheinbar an den Geschmack der Leser oder ihrer Eltern, die das mit einem Preis von 75 Pfennig sündteure Heft subventionieren mussten, angepasst. In Wirklichkeit aber war alles ganz anders. So wie Luther eine neue Sprache für die Bibel schuf, so beschrieb uns Erika Fuchs das Leben, das Universum und den ganzen Rest in ihrem eigenen Idiom. Und wie im Buch *Genesis* kann man alles zusammenfassen mit den Worten »Siehe da, es war sehr gut.« In Deutschland (plus Österreich und Schweiz minus DDR) waren die Disney-Comics für fünfzehn, zwanzig Jahre sprachlich homogen und inspiriert wie nirgendwo sonst auf der Welt.

Erika Fuchs übersetzte nicht, sie schöpfte neu. Wenn Erdbeereis fehlte, dann schöpfte sie eben Erdbeereis. Ich bin in einem kleinen oberhessischen Dorf am Rande des Vogelsbergs aufgewachsen. Zu meinen frühesten Erinnerungen zählt die an den Eismann, der im Sommer jeden Tag mit seinem Winzmobil angefahren kam. Er schwang seine Glocke, und ein paar Kinder aus der Nachbarschaft kamen zusammen. Die Kugel kostete zehn Pfennig. Ich bekam selbstverständlich immer eine Doppelportion, außer ich war gerade mit meiner geizigen Großmutter allein zu Hause. (Aber damit ist eine peinliche Geschichte verbunden, über die ich nicht reden möchte, ahem.)

Die Auswahl beim Eismann war nicht groß: Vanille, Erdbeer und Schokolade. So war das damals. Vanille, Erdbeer und Schokolade, sonst nichts. Der gute Mann ist mit gerade einmal drei Sorten Eis über die Dörfer gefahren. Die Firma Coca-Cola hat in den USA bis 1955 nur ein einziges Getränk in einer einzigen Flaschengröße verkauft. Mit ihrer »Übersetzung« hat Erika Fuchs die Sommer meiner Kindheit beschrieben. Erdbeereis ist Luxus. Ein Tag ohne Eis ist ein verlorener Tag. Und die Doppelportion ist alles, was wir vom Schicksal erwarten können.

Erika Fuchs war ein Schoßkind des Glücks. Wenn man über ihre Biografie nachdenkt, dann kommt zwangsläufig der Zeitpunkt, an dem einen der grünäugige Eifersuchtsteufel mit der Wutessenz attackiert. Man beneidet sie um ihre Erfolge, aber man beneidet sie noch viel mehr darum, dass sie ihnen nicht hinterhergehechelt ist. Ein frühes Beispiel: Mit vierzehn, im Jahr 1921, setzte sie gegen viele Widerstände durch, dass sie in der pommerschen Kleinstadt Belgard, wo sie lebte, als erstes Mädchen das örtliche Knabengymnasium besuchen durfte. Dafür kann man sie noch bewundern. Schier unerträglich ist es aber, dass sie die Schule richtig genossen hat und es ihr überhaupt nichts ausmachte, mal schnell fünf Jahre Latein und zwei Jahre Griechisch nachzulernen. Da ist es doch ein wahrer Genuss, sie bei einem falschen Genitiv zu ertappen:

Es müsste natürlich »Perduftia spiritus« heißen. Im Jahr 1968 stand im Mickymausheft ein Leserbrief der kleinen Katja aus der Quinta des Reuchlin-Gymnasiums in Pforzheim. Sie bemängelte ein falsches »vox humanum«. Richtig wäre »vox humana« gewesen. Liebe Katja, wenn du das hier zufällig liest: Beim Verlag haben sie den Fehler in fünf Nachdrucken beibehalten. Erika Fuchs hatte Sprachgefühl, aber mehr für die gesprochene Sprache. Die lateinische Formenlehre ist eher etwas für Buchhalter. Da sollten wir zwei Besserwisser ihr so einen Fauxpas schon einmal verzeihen.

Erika Fuchs machte also ihr Abitur, studierte hier und da, und zwar Kunstgeschichte mit Nebenfächern. Reiselustig wie ein Araber war sie immer. In London hörte sie zwar auch Vorlesungen, aber eigentlich wollte sie die Sprache lernen. »Wenn unsereins studiert, dann hat er was davon«, so formulierte es eine ihrer Bauchrednerpuppen später einmal. Wie wahr.

Die Kunstgeschichte konnte sie in der Pfeife rauchen, aber mit dem Englischen hat sie später ihre Brötchen verdient. Viel geraucht hat sie übrigens auch, aber sie ist trotzdem 98 geworden. Unsereins sollte das besser nicht versuchen.

Lange Zeit tat Erika Fuchs nur völlig unwichtige Dinge. Sie heiratete, wurde promoviert, bekam zwei Söhne und überstand nebenbei auch den Zweiten Weltkrieg ohne größere Blessuren. Erst ab 1951, in ihrem 45. Lebensjahr, machte sie das, wofür die Götter sie bestimmt hatten. Ihre Motive waren überzeugend, sie brauchte Geld.

Sie wohnte in Schwarzenbach an der Saale, einem eher provinziellen oberfränkischen Städtchen am Fichtelgebirge. Für Unwissende: Diese Saale ist die sogenannte Sächsische Saale. Das ist der Fluss, an dem weiter unten Halle und Jena liegen. Es gibt auch noch eine Fränkische Saale, aber die fließt westlicher. In Oberfranken sind die Winter übrigens sehr kalt. Vielleicht werden deshalb im Mickymausheft mehrfach Frostbeulen erwähnt.

Der Krieg war vorüber, und in der Speisekammer stand nur noch eine Büchse Bohnen. Geld hatte der Ehapa Verlag, sie hatte dafür einen Doktortitel, und außerdem gab sie sich als Pädagogin aus. Damit war sie genau die richtige Besetzung für den Chefredakteursposten einer Kinderzeitschrift. Nur einer hätte ihr womöglich den Job streitig machen können, ein waschechter Professor, aber der fand sich wohl zum Glück nicht. Erika Fuchs lebte weiter in Schwarzenbach und übersetzte hinfort Disney-Comics, wenn man es denn als Übersetzen bezeichnen will.

In Wirklichkeit aber unterzog sie uns, die wir ihr verfallen waren, einer Hypnose oder vielleicht sogar einer Gehirnwäsche, vor der es kein Entrinnen gab. Gelesen wurde das Heft von den künftigen Intellektuellen der neuen Bundesrepublik. Das behaupte ich nicht einfach nur so, ich habe es mit empirischen Methoden erforscht: Als Kind war ich ein gläubiger Anhänger von Frau Fuchs. Mit fortschreitendem Alter wurde ich ihr dann untreu. Ich durchlebte das, was der Münchner Irrenarzt Christian Zarnack einmal als die »pubertäre Lücke« bezeichnet hat. Ich wandte mich anderen Göttern wie Perry Rhodan, dem Erben des Universums, zu. Mit circa 22 Jahren begann ich dann reumütig, die alten Hefte wieder zu sammeln. Das führte zu folgender Schnapsidee: Ich schickte Briefe an Preisausschreibengewinner der 1950er-Jahre und fragte sie nach alten Heften. (Der Datenschutz war seinerzeit noch nicht erfunden. Die vollständigen Adressen standen im Heft.) Die Bundespost – es war lange vor der Privatisierung – vollbrachte wahre Wunder. Ein guter Teil der Briefe kam an, selbst wenn die Empfänger seit Jahren ganz woanders wohnten. Ich erhielt zwar keine Hefte, aber viele freundliche Antworten. Und aus allen diesen Erika-Fuchs-Lesern war etwas geworden: kein Profifußballer und kein Baulöwe, aber doch Lehrer oder Pfarrer.

Die Auflage der *Micky Maus* lag immer in den Hunderttausendern. Das Geld war aber in den Wirtschaftswunderjahren knapp. Mehr als ein Heft pro Woche konnten sich die wenigsten leisten. Ich folgere deshalb, dass eine ganze Generation der bundesdeutschen männlichen Jugend direkt oder auf dem Umweg über Freunde von Erika Fuchs geprägt wurde. Aber warum nur die männliche Jugend? Für eine plausible Antwort muss ich etwas ausholen.

Carl Barks betritt unsere Bühne. Hier sehen wir ein Selbstbildnis. Carl Barks und Erika Fuchs, das war so ein Paar wie John Lennon und Paul McCartney, wie Stan Laurel und Oliver Hardy, wie Karl Valentin und Liesl Karlstadt. Zu zweit waren sie mehr als jeder für sich. Der Amerikaner Barks schrieb und zeichnete die besten Disney-Comics, und Erika Fuchs versah sie hier bei uns noch mit zusätzlichen sprachlichen Finessen. Die Werke von Barks machen nicht den Löwenanteil des Fuchs'schen Œuvres aus, aber sie sind der Hauptgrund, warum man es in Ehren hält. Der Name Barks wurde in Deutschland erst bekannt, als er selbst schon im Ruhestand war, das war so etwa in der ersten Hälfte der 1970er-Jahre. Erika Fuchs hat sich am Anfang wohl nicht allzu viele Gedanken darüber gemacht, von wem die Originale stammten, die sie »übersetzte«. Gute Geschichten inspirierten sie aber ihrerseits immer zu besonders guter Arbeit. Viel später, als sie schon längst im Ruhestand war und sehr große Probleme mit den Augen hatte, schuf sie mithilfe eines Enkels dann noch die definitiven deutschen Versionen von den Barks-Geschichten, die sie aus irgendwelchen Gründen zuvor noch nicht übertragen hatte.

Heftcomics wurden zumindest in den 1950er- und 1960er-Jahren hauptsächlich von männlichen Lesern geschätzt. Männer produzierten sie für Buben. Frauen durften normalerweise gerade noch als Koloristin oder Sekretärin mitarbeiten. Warum das generell so war, darüber sollen sich andere den Kopf zerbrechen. Speziell im Falle Barks/Fuchs will ich aber doch etwas spekulieren. Carl Barks hat die Männerwelt letztlich nur so gezeigt, wie sie ist. Er hat ihr den sprichwörtlichen Spiegel vorgehalten. Frauen haben diesen Spiegel nicht nötig. Sie finden Donald Duck überhaupt nicht komisch. Ihr Mann, ihr Vater, ihre Söhne, sie sind alle mehr oder weniger Donald Duck. Wenn Sie mir als Mann das nicht glauben, dann fragen Sie einfach die arme Ulla, die Frau des oben erwähnten Olaf. Die selige Erika Fuchs können Sie nicht mehr fragen. Ich bin aber davon überzeugt, dass auch ihr Mann, der etwas verschrobene Erfinder Günter Fuchs, viel mit dem kleinen Herrn Duck gemeinsam hatte. Sie war nur zu vornehm, das deutlich zu sagen. Erika Fuchs war nach eigener Aussage glücklich verheiratet. An Scheidung dachte sie nie, aber manchmal an Mord. Sie konnte einen General so vernichtend lebensecht darstellen wie ansonsten nur Graham Chapman von Monty Python.

Bei uns im Dorf gab es keinen Zeitschriftenladen. Es gab drei Wirtshäuser und ein Elektrogeschäft, das auch Schiefertafeln, Griffel und Schulhefte verkaufte. Die mannigfaltigen Segnungen der modernen Massenkommunikation standen uns noch bevor. Das Mickymausheft, das Erika Fuchs seit 1951 komplett übersetzte, war uns Grundschülern völlig unbekannt. Vielleicht war ich sogar der Erste im näheren Umkreis, der so ein Exemplar besaß. Ich war gewissermaßen Kolumbus und hatte einen neuen Kontinent entdeckt. In den Sommerferien 1958 besuchte ich nämlich meine Großeltern in Gelsenkirchen, der Stadt der tausend Feuer. Als Reiselektüre bekam ich in Gießen am Bahnhof mein erstes Heft. Das war der Beginn einer wunderbaren Freundschaft.

Ich möchte übrigens behaupten, dass Erika Fuchs den berühmten Schluss von *Casablanca* anders übersetzt hätte. Sie hätte aus »beginning« nicht das ungeschickte »Beginn«, sondern »Anfang« gemacht. Vielleicht hätte sie sogar auf die ganze Sentimentalität verzichtet. *Casablanca* in der Fuchs-Version hätte dann womöglich mit den Worten »Werd nicht poetisch, Rick!« aufgehört.

Sie selbst war aber manchmal doch poetisch, auch wenn sie das garantiert abgestritten hätte. Das Medium Comic verlangt genau die Prägnanz, für die sie das Talent hatte. Es ist immer nur eine Situation, verknüpft mit ein oder zwei Sätzen, die von den Fuchs-Texten bevorzugt im Gedächtnis zurückbleibt. Das soll nicht heißen, dass die Handlungen der Geschichten unwichtig sind. Da gab es gute und schlechte. (Die guten waren oft von Barks.) Aber eine Fuchs-Version hat immer noch ihre ganz besondere Stimmung, so wie ein Lied, das von Frank Sinatra gesungen wurde, immer etwas Eigenes hat.

Nur wenige Kinderbücher sagen auch Erwachsenen zu, die nicht überdurchschnittlich kindisch sind. Ein Beispiel sind die *Alice*-Bände. Ein anderes ist die *Schatzinsel*. In der Regel sollte ein Kinderbuchautor sich gar nicht erst die Mühe machen, auch für ältere Herrschaften zu schreiben. Das haut nicht hin. Die Kombination Barks/Fuchs ist aber auch eine Ausnahme von dieser Regel. Beide waren so kreativ, dass sie nicht mit den Einfällen haushalten mussten. Natürlich sollten und wollten die beiden in erster Linie Unterhaltungsliteratur für Kinder machen. Sie haben sich nicht als Geheimagenten gesehen, die in Wirklichkeit ganz andere, subversive Ziele verfolgten. Dass sie ihren Job ordentlich gemacht haben, sieht man an den hohen Auflagenzahlen. Daneben hatten beide aber auch noch eine dunklere Seite. Sie haben erst relativ spät im Leben zu den Disney-Comics gefunden. Da war ihnen nichts Menschliches mehr fremd. Disney-Comics zu produzieren war ein Brotberuf in der zweiten Hälfte des Lebens. Sie konnten ihn aber ausüben, ohne sich allzu sehr zu verbiegen.

Meine Theorie geht so: Barks und Fuchs haben für viele Kinder gearbeitet und zusätzlich genau für einen leicht ironischen Erwachsenen, sich selbst. Vielleicht haben sie das mit Lewis Carroll gemeinsam.

In einem späten Text von Erika Fuchs steht auf einem Plakat »Man geht nicht mehr ohne Bart! Gruppe 47«.

Im amerikanischen Original heißt das übrigens »All citizens must grow beards – Mayor Fuzz«. Das mit der Gruppe 47 war natürlich nicht für Kinder gedacht. Es war auch nicht die äußerliche Wahrheit auf dem *Brockhaus*-Niveau. Die Herren Dichter von der Gruppe 47 sind mehrheitlich glatt rasiert herumgelaufen. Günter Grass war da eine Ausnahme. Von Günter Eich möchte ich allerdings behaupten, dass er seinen Vollbart schon lange, ehe er ihn wachsen ließ, bereits innerlich trug. Erika Fuchs liebte die Hochliteratur, aber eher die angelsächsische des 18./19. Jahrhunderts: Jane Austen, George Eliot, Henry James, Thomas Hardy (übrigens auch ein Herr, der nicht ohne formschönen Bart ging). Den

Seitenhieb auf die prominenten Wichtigtuer konnte sie sich aber bei aller Zuneigung zur Kultur nicht verkneifen.

Sie hat sich nie sklavisch an das Original gehalten. Eine künstliche Süßbrause namens Gurgleurp beispielsweise taufte sie in Blubberlutsch um. Wenn man die Lupe ansetzt, sind die Fuchs'schen Bezeichnungen oft eine Spur bösartiger als die ursprünglichen. Gurgleurp, das klingt nach fröhlichem Rülpsen. Ein Stoff namens Blubberlutsch ist wegen seines hohen Zuckergehalts bestimmt Gift für die Zähne. Und bei »Blubber« schwingt noch etwas der eklige Walfischtran gleichen Namens mit. Frau Fuchs wuchs in der Nähe der Ostsee auf; sie kannte sich aus mit der christlichen Seefahrt. Wenn Dagobert Duck über seine große Liebe spricht, dann klingt das so: »She was spangled and flashy, and her heart was as hard as the ice on the tundra … the only live one I ever knew.«

Erika Fuchs lässt hier den alles modifizierenden letzten Satz weg. Dabei wäre in der Sprechblase Platz genug gewesen. Nur keine Sentimentalitäten!

Ein Rabauke, der sich im Original »Two-Gun Wolf« nennt, heißt 1955 bei Fuchs »Armstrong«. An Negermusik, wie man das damals nannte, hat sie dabei nicht gedacht. Wer Ohren hat zu hören, für den schwingt hier mit, dass das jemand mit starken Armen ist. Die Verwendung dieses Namens an dieser Stelle mag reiner Zufall sein, aber von hundert solchen Beispielen sind gewiss neunzig fundiert. Auf jeden Fall sehen wir aber, dass die deutsche Version des Namens nicht das Schema der amerikanischen imitiert. Fuchs-Texte sind etwas Eigenständiges, man kann sie auch ohne Bezug zum englischen Text betrachten. Erika Fuchs kannte nur zwei Einschränkungen: die Größe der Sprechblasen und den Gesichtsausdruck der Figuren. In beiden Hinsichten hat sie sich gelegentlich vertan. Und selbst wenn sie einmal wörtlich übertragen hat, sollte man darüber nachdenken, warum sie so und nicht anders formulieren wollte.

Die Fuchs'schen Werke sind auch eine Alltagsgeschichte des westdeutschen Bildungsbürgertums der 1950er- und 1960er-Jahre. Frau Fuchs war eben auch Hausfrau. Sie hatte einen Fabrikanten aus der oberfränkischen Provinz geheiratet und war für das kleine, aber repräsentative Anwesen verantwortlich. Was sie da so kannte, das wurde natürlich alles schamlos in das Leben von Donald Duck und Micky Maus eingebracht. Ein beliebtes fränkisches und gleichzeitig Entenhausener Gericht sind beispielsweise »eingeschnittene Klöße«. In Schwarzenbach heißt die traditionelle Zeitung *Amtsblatt.* Sie gab dem *Entenhausener Amtsblatt* seinen Namen. In Schwarzenbach feiert man seit 1803 das »Wiesenfest«. Und was feiert man wohl in Entenhausen?

Am 22. April 2005 ist Erika Fuchs in ihrer letzten Heimatstadt, München, gestorben. Nach der Trauerfeier habe ich ihr zu Ehren im Eiscafé Riviera in Giesing noch eine Doppelportion Erdbeereis erstanden. Irgendwie schien mir das das Angemessene zu sein. Nur keine Sentimentalitäten!

Erst gegen Ende ihres Lebens wurde Erika Fuchs prominent. Meiner Meinung nach völlig zu Recht, aber teilweise aus den falschen Gründen. Ich habe die Adenauer-Zeit als Gymnasiast noch erlebt. Der große Wandel kam erst so um 1968. Bis dahin wurde noch klar zwischen Hoch- und Trivialkultur unterschieden. Jedermann war davon überzeugt, dass Händel und Haydn und Rachmaninow unvergleichlich tiefsinniger sind als die Beatles, die Kinks und die Byrds. Vermutlich dachten sogar auch die Anhänger der populären Künste selbst so. Wer mit Bach trotz der Bemühungen des Musiklehrers nichts anfangen konnte, war eben auf der Stufe des Neandertalers zurückgeblieben. Als Gegenreaktion auf dieses simple Schwarz-Weiß-Denken wurde nun das Triviale manchmal viel zu ernst genommen. Comichefte, wie man sie in den 1950er-Jahren noch öffentlich verbrannt hatte, wurden von Leuten laut gepriesen, die keinen Schimmer hatten. Im Deutschunterricht der Gymnasien analysierte man plötzlich Bildgeschichten, die einer Analyse gar nicht wert waren.

Leider Gottes war Erika Fuchs an ihrem Bild in den Medien auch nicht ganz unschuldig. Im Laufe der Jahre hat sie sich oft mit Journalisten unterhalten. Dabei redete sie – mit Verlaub – immer wieder den gleichen Unfug, und die Reporter gaben das dann getreulich weiter. Sie betonte zu sehr den pädagogischen Wert ihrer Arbeit für die vielen kindlichen Leser. In Wirklichkeit war sie aber eine absurde Sprachkünstlerin und zusätzlich eben noch massenkompatibel. Wenn sie ihre Tätigkeit beschrieb, dann erläuterte sie hauptsächlich die handwerklichen Aspekte. Und sie brachte jedes Mal dieselben zwei oder drei Beispiele: Wie übersetzt man den folgenden Satz? »In Bagdad my Bagdad bag factory got in bad with the Bagdad bigdads because of a bad sag the bags had!«

Im Jahr 1955 hätte sie hier vermutlich noch irgendeine irre Geschichte aus Bad Berneck im Fichtelgebirge erzählt. Drei Jahrzehnte später bemühte sie sich fast um Werktreue: »In meiner Lederbeutelfabrik in Bagdad bemängeln die Behörden unsre Beutel, weil sie manchmal befremdliche Beulen hätten. Bei Billigware doch normal.« Das geht schon, aber es gehört nicht zu den Höhepunkten des Fuchs'schen Schaffens; es hat doch etwas sehr Bemühtes. Sie hat in den Interviews den Alltag des Textens für Trivialliteratur geschildert, aber das Entscheidende war doch ihre schräge individuelle Kreativität. Sie hat immer übersetzt, was ihr der Verlag ins Haus geschickt hat. Durch einen glücklichen Zufall war da manches dabei, was die Arbeit wert war. Das sind ein paar Tausend Seiten, die sie – nennen wir es ruhig so – neu gedichtet hat. Der Rest enthält manche Perle, aber man muss ihn nicht unbedingt gelesen haben. Erika Fuchs besaß den Stein der Weisen so wie zeitweilig Dagobert Duck:

Sie konnte unedles Metall in Gold verwandeln. Aus Plastik hat sie aber auch nur Plastik gemacht. Eine Tatsache – und vielleicht sogar eine besonders wichtige – hat Erika Fuchs aber nie in ihren Interviews erwähnt: Wenn sie Blut leckte und eine Geschichte interessant fand, dann hat sie oft auch lange daran gearbeitet und zehn Fassungen erstellt, bis sie zufrieden war. Wir wissen das aus einem postumen Bericht ihrer Enkel. Vielleicht war ihr es sogar etwas peinlich. Ihr einziger Lohn für diese zusätzliche Mühe war die Unsterblichkeit.

Das deutsche Entenhausen der 1950er- und 1960er-Jahre ist noch plausibler als das amerikanische Duckburg. Das ist kein Wunder, weil es textmäßig einem einzigen Gehirn entsprungen ist. In meiner Kindheit habe ich die siebzig grünen Bände Karl May meines Vaters binnen kurzer Zeit gelesen. Diese Welt war auch einheitlich, aber nicht so wie Entenhausen, weil der gute May über einen längeren Zeitraum schrieb und dabei doch eine gewisse oberflächliche Entwicklung durchmachte.

Schlichte Gemüter glauben jedenfalls nach den ersten zweihundert Mickymausheftchen daran, dass Entenhausen real ist, vielleicht realer als Belgien oder Neuseeland. Nur in Deutschland gibt es die Donaldisten, die die Berichte aus Entenhausen lesen wie die Zeugen Jehovas die Bibel. Für sie ist Erika Fuchs eine Prophetin von biblischer Größe. Donaldisten stehen wie Iphigenie am Wasserrand und suchen das Land der Enten mit der Seele. In letzter Konsequenz glauben sie wohl, dass unsere Welt nichts als ein Comicstrip im *Entenhausener Amtsblatt* ist. Im Bild links unten sehen wir zum Beispiel zwei Gestalten, die den berühmten Donaldisten Patrick P. und – mit Designerbrille – Andreas A. (Namen geändert) verdächtig ähneln.

Carl Barks hat so ausdrucksstark gezeichnet, dass man bei ihm immer wieder reale Personen zu entdecken meint. Einmal hat er eine Dame gezeichnet, die wie Erika Fuchs aussah, obwohl er die erst 31 Jahre später kennengelernt hat:

Aber ich muss die Donaldisten enttäuschen. Entenhausen gibt es gar nicht. Erika Fuchs hat es sich noch nicht einmal selbst ausgedacht, sie hat es gefunden. Entenhausen besteht fast nur aus Treibholz, das sie aufgesammelt hat. Damit möchte ich mich auf den folgenden Seiten beschäftigen. Es geht mir nicht um eine Lebensbeschreibung von Erika Fuchs. Es gibt ein vergriffenes Buch von Klaus Bohn, in dem steht fast alles über sie, was ich jemals wissen möchte. Ich habe jahrzehntelang keine zehn Meilen von ihr entfernt gelebt, doch ich wollte sie nie belästigen. Nie? Nun ja, fast nie. Sie hatte ihr eigenes Leben zu leben. Sie war 45 Jahre älter als ich. Belästigt wurde sie auch so genug. Dass ich aber jetzt postum manches in ihrem Werk mit ihrer Biografie zu erklären versuche, wird sie mir da oben im Himmel hoffentlich verzeihen. Ich werde es auch meistens nicht an dem Respekt fehlen lassen, den sie verdient hat.

AM ANFANG WAR MONTE CARLO NUR EINE WÜRSTCHENBUDE

Wie Erika Fuchs ihr Handwerk lernte

Der Krieg war zu Ende, und die Kinder brauchten neue Zahnbürsten. Erika Fuchs suchte Arbeit.

Eine Tätigkeit als Übersetzerin kam ihr erstrebenswert vor, schon deshalb, weil sie in der Provinz verheiratet war. Übersetzen konnte sie von zu Hause aus. Sie hatte in London studiert, sie hatte Sprachtalent – was brauchte sie mehr? Viele Karrieren haben damals so angefangen. Wer dabei scheiterte, der ist heute vergessen. Früher nannte man einen Studenten im ersten Jahr einen Fuchs. Erika Fuchs hat in ihrem spät begonnenen Beruf natürlich auch als Fuchs angefangen. Zunächst arbeitete sie für *Die Welt erzählt: Story*, eine Monatszeitschrift mit Kurzgeschichten. Die alten Hefte sind heute nicht ganz leicht aufzutreiben, und in ihnen wurden nicht immer die Übersetzer genannt, aber ein (spätes?) Beispiel hat mir mein bibliothekarisches Helferlein doch besorgt: In der Nummer 6 von 1951 findet man »Englisches an Schweizer Seen« von Herbert Ernest Bates in der Übersetzung von Erika Fuchs (hier ohne Gebrauch des Doktortitels). »Englisches an Schweizer Seen« ist eine heitere Erzählung über einen Husarenmajor a. D., den stolzen Besitzer von drei Gebissen, und seine sehr junge, aber etwas nervolabile Gattin. Das ist schön zu lesen. Wenn die Nornen es so gewollt hätten, dann hätte Erika Fuchs zum Beispiel auch die deutsche Standardübersetzerin des urkomischen P. G. Wodehouse werden können.

In Stuttgart erschien seit September 1948 die deutsche Ausgabe von *Reader's Digest*, genannt *Das Beste*. Hier bewarb sich Erika Fuchs als Übersetzerin. Sie wusste aus dem Radio, dass da welche gesucht wurden. Radio hat sie immer gern gehört, das merkt man ihren späteren Arbeiten an. Bei ihr hatte das Wort Priorität, auch wenn sie später für ein visuelles Medium schuf. Als Arbeitsprobe legte sie ihre deutsche Version von James Thurbers berühmter Kurzgeschichte »The Secret Life of Walter Mitty« vor. Die Story des gleichnamigen Films von 1947 mit Danny Kaye in der Hauptrolle ist übrigens recht verschieden von dieser Vorlage. Das lag am Produzenten Samuel Goldwyn, der den Film vor allem als Vehikel für die Talente seines Hauptdarstellers sah.

Der originale Walter Mitty aus der Kurzgeschichte ist ein nicht mehr ganz junger Herr, der sich vor seiner fürsorglichen Frau in Tagträume flüchtet. Darin ist er der Alphamann, Offizier, Chirurg oder Verbrecher, zäher als die Zähesten, der am Ende die Augenbinde bei der Hinrichtung ablehnt. Viele Jahre später – 1988 – übersetzte Frau Fuchs übrigens eine Barks-Geschichte, die eine ähnliche Mischung aus »Traum und Wirklichkeit« darstellte:

Hier waren die Träume allerdings Albträume. Vielleicht war Barks ja im Kino, bevor er sich diese Story 1948 ausdachte. Auf jeden Fall gibt es in seinem Gesamtwerk keine weitere Arbeit mit einer solchen Erzählstruktur. Apropos James Thurber: Von ihm stammt auch die wunderbare Kurzgeschichte »The Breaking up of the Winships«, in der die Ehe von Gordon und Marcia Winship an einem Streit darüber zerbricht, ob Donald Duck ein besserer Schauspieler ist als Greta Garbo. Wenn Sie, lieber Leser, darauf bestehen, dass Martin Luther ein besserer Übersetzer als Erika Fuchs war, dann können Sie gleich einen Termin mit meinen Sekundanten ausmachen.

Erika Fuchs hatte Erfolg. Sie wurde freie Übersetzerin für *Das Beste aus Reader's Digest*. Leider verschwieg die Zeitschrift damals – wie auch heute noch – die Übersetzer, außer bei den langen Buchauszügen am Ende des Hefts, doch da liest man immer wieder dieselben Namen, und der ihre ist nicht dabei. Der Verlag konnte mir die Frage, welche Artikel sie denn nun übersetzt hat, nicht mehr beantworten. Auf jeden Fall gehört dazu aber ein Text über Amateurfunker im Heft vom Juli 1950. Die Beschäftigung mit solchen Dingen dürfte ihr auch später noch nützlich gewesen sein. Viele Themen aus *Das Beste* wiederholen sich immer wieder im Mickymausheft, beispielsweise das Thema Funkverkehr:

Obwohl, das ist mehr als nur eine Übersetzung. Hier wird auch über die aktuellen Verhältnisse in Deutschland und der Schweiz berichtet. Für sprachliche Kreativität war da nicht viel Raum, aber der Text ist gut zu lesen. Immerhin kann ein aufmerksamer Leser hier das schöne Wort »weltumspannend« entdecken, das später bei dem Fähnlein Fieselschweif, der weltumspannenden Jugendorganisation, wieder auftaucht. Ein ähnliches Déja-vu-Erlebnis hat man bei »Englisches an Schweizer Seen«, wo man ihre übliche Schreibweise »Guitarre« findet.

Im Laufe der Zeit knauserte der Verlag immer mehr mit Arbeit, weil er aus sozialen (oder sexistischen?) Gründen Heimkehrer aus dem Krieg, also Männer, bevorzugte. Daraufhin bemühte sich Erika Fuchs speziell um wissenschaftliche Artikel, weil sie da auf die Mitarbeit ihres technisch versierten Mannes zählen konnte.

Selbst wenn Erika Fuchs entsprechende Texte in *Das Beste* nicht immer übersetzt hat, so hat sie sie doch vielleicht in ihrem Belegexemplar gelesen. Recht beliebt war Anfang der 1950er-Jahre der Düsenantrieb. In *Das Beste* 4/1950 wird vom »Düsenantrieb auf Schienen« und im Heft 9/1953 über »Flugboote mit Düsenantrieb« berichtet. Im Mickeymausheft 1/1953 tritt zum ersten Mal der weltfremde Erfinder Gyro Gearloose auf. Sein Lieferwagen wird von Feuerwerkskörpern angetrieben. Das war wohl eine Assoziation, die dazu beitrug, dass Erika Fuchs ihn Daniel Düsentrieb taufte. Daran sieht man auch, dass es ihr oft mehr auf den Wohlklang der Wörter als auf den Sinn ankam. Das englische »Gearloose« besagt ja ganz banal, dass bei dem Herrn ein paar Zahnräder locker sind. Der Name Düsentrieb hingegen passt eigentlich gar nicht zu dem liebenswerten, aber leicht irren Vogel. Ich assoziiere damit eher das Deutsche Museum oder die schönen alten Automobile der Brüder Duesenberg. Zusätzlich erinnert mich »-trieb« noch an das Monomane, das wie vielen Bewohnern Entenhausens auch Daniel Düsentrieb eigen ist. Der Name ist nicht so direkt wie das amerikanische Pendant, aber irgendwie passt er doch.

Wenn ich jetzt sage, dass *Das Beste* um 1950 eine wirklich schöne Zeitschrift war, dann schauen mich meine linksliberalen Freunde vermutlich an wie Marcia Winship ihren missratenen Gatten. Da muss ich mich rechtfertigen. Der *Reader's Digest* war sicher nicht ausgewogen. Er war auf dem rechten Auge blind und hat mit dem anderen sehr gut gesehen. Wenn ich aus heutiger Sicht ein Urteil abgeben soll, dann glaube ich, dass die stalinistische Abart des Marxismus kein Deut besser war, als sie hier in vielen Artikeln geschildert wurde. Wenn man darüber hinaus genauso ausführlich darüber berichtet hätte, wie zu Hause in den USA die Neger gelyncht wurden, dann wäre das zusammengenommen richtig guter Journalismus gewesen. Der stete Ruf nach mehr Keuschheit vor der Ehe bewahrte vielleicht manche Leserin ja tatsächlich vor einer zu frühen Mutterschaft. Schließlich gab es 1950 noch nicht die Pille, da war vieles noch nicht so einfach. Als ein wahrhaft christliches Blatt wusste *Das Beste* natürlich auch, dass im Himmel mehr Freude über einen reuigen Sünder herrscht als über 99 Gerechte. Das Heft hat zwar oft gepredigt, aber immer sanft und mit viel Verständnis für unsere menschlichen Schwächen. Wenn ich die alten Bände durchblättere, dann empfinde ich sie zwar als leicht weltfremd, aber nicht als reaktionär. Ansonsten muss man so ein Druckerzeugnis ja nicht von vorne bis hinten lesen.

Doch von solchen ideologischen Minenfeldern wie Politik, Sex und Religion einmal abgesehen, ist es erstaunlich, wie viele interessante Berichte in den kleinen Bändchen zu finden waren. *Reader's Digest* war die meistgelesene Zeitschrift der Welt, und man muss heute staunen, wie hoch damals der Anteil von solider professioneller Information im Verhältnis zur Unterhaltung war. Dazu kamen die vielen ganzseitigen Anzeigen. Sie waren genauso schwachsinnig, wie Anzeigen immer sind, aber sie werden heute von der goldenen Sonne der Nostalgie verklärt. Die Werbung zahlt gut, und deshalb zieht sie die besonders talentierten Grafiker an. Wer mehr über die Alltagskultur der frühen Wirtschaftswunderzeit erfahren will, kann hier fündig werden. Insgesamt gesehen war *Das Beste* handwerklich sehr gut gemacht, und Erika Fuchs wusste das auch zu schätzen.

Ihre Meinung über die Philosophie von *Reader's Digest* hat sie einmal so formuliert: »Blind, taubstumm und dennoch glücklich.« Wenn man über diesen Ausspruch etwas nachforscht, dann findet man Erstaunliches heraus. Zunächst einmal bezieht sich das auf Helen Keller, die trotz einer solchen Behinderung eine gefeierte Schriftstellerin wurde. In dem interessanten Zeitraum waren gleich zwei Artikel über sie im Heft. Zum anderen ist das ein schönes Beispiel für ein häufiges Phänomen: Man schreibt etwas Erika Fuchs zu, und dann stellt es sich heraus, dass es sich um ein Zitat handelt. In den *Buddenbrooks* liest Klothilde eine Erzählung mit dem Titel »Blind, taub, stumm und dennoch glückselig«. Man kann vermuten, dass Thomas Mann da von Helen Keller inspiriert wurde. Als er den Roman vollendete, war sie jedenfalls schon berühmt.

Ich glaube, wenn man lange genug sucht, wird man einen großen Teil des Fuchs'schen Œuvres als Zitat erkennen. Das meine ich nicht als Kritik. Wie die Jäger und Sammler hat sie geerntet, was sie nicht gesät hat. Sie hat geklaut wie Bertolt Brecht. Ein Geheimnis hat sie nie daraus gemacht. Manche Zitate sind leicht zu erkennen, andere nicht. Lauthals bewundert wurde zum Beispiel einmal ihr Geräuschwort »Klickeradoms«.

Dann entdeckte jemand mit etwas mehr Bildung als der Rest von uns, dass der Ausdruck aus der *Frommen Helene* von Wilhelm Busch stammt:

Ach! – Die Venus ist perdü –
Klickeradoms! – von Medici!

Beim »Klickeradoms« handelt es sich übrigens um die Übersetzung von 1975. Erika Fuchs hat die Geschichten vor dem Nachdruck oft noch einmal bearbeitet. In der Erstversion von 1956 heißt es noch »KARACKS!«, was aber sprachlich längst nicht so schön ist.

Das Waterloo meines eigenen Selbstbewusstseins war ähnlich peinlich. Ich war mir immer sicher, dass das Lied

Zieh den Kopf aus der Schlinge, Bruder John!
Nimm das nächste Pferd und reite schnell davon …

eine Parodie war. Schlagertexte sind zwar manchmal etwas, äh, subintellektuell, aber so denn doch nicht. Eines schönen Tages hörte ich dann den Song zur Melodie »Von den blauen Bergen kommen wir« im Radio.

Er ist von Udo Jürgens und sehr mitreißend. Auch die in der Einleitung erwähnte Aussage von Frau Fuchs, sie habe in ihrer Ehe nie an Scheidung gedacht, aber oft an Mord, ist ein Zitat aus *Das Beste* 6/1952.

Alles in der Weltgeschichte ereignet sich zweimal, das erste Mal als Tragödie, das zweite Mal als Farce. (Meine eigenen Zitate kennzeichne ich auch nicht immer.)

Das Beste aus *Reader's Digest* war 1951 sozusagen Geburtshelfer für die deutsche Zeitschrift *Micky Maus*. Die ersten Angestellten wurden dort rekrutiert, und jahrelang teilte man sich auch die Adresse in der Stuttgarter Paulinenstraße. Sogar die Druckerei war identisch. Zunächst enthielt das Mickymausheft fast nur Comics, aber ab Januar 1956 bekam es auch einen redaktionellen Teil. Dieser hatte wohl hauptsächlich eine Alibifunktion. Kein Kind, das ich kannte, hätte sich deshalb das Heft gekauft oder kaufen lassen, noch nicht einmal ich. Aber die eine oder andere Oma ließ sich vielleicht doch bewegen, die wissenschaftliche Fortbildung ihres Enkels mit 75 Pfennig zu subventionieren. Wenn man das Heft aber erst einmal besaß, dann hat man diese »Micky-Maus-Klub-Zeitung« vielleicht sogar mit Freude gelesen. Oder auch nicht.

Unser Freund Olaf, der bereits erwähnte Zeichner, empfand den redaktionellen Teil immer als Versuch, ihn zu manipulieren. Hätte es damals schon Pink Floyd gegeben, dann hätte er sie sicher als die Stimme von sich und seinesgleichen empfunden: »We don't need no education, we don't need no thought control … teacher leave them kids alone!« Damit war er sozusagen Avantgardist. Nach 993 MMK-Zeitungen dachten alle so. Im Jahr 1976 wurde dieser Teil abrupt eingestellt und durch Comics ersetzt.

Ich war anders. Ich schätzte diese kleinen belehrenden Texte mit den vielen interessanten Bildern. Aber ich lese heute – fünfzig Jahre später – hauptsächlich Sachbücher, während Olaf mehr zu Stephen King tendiert. Auf jeden Fall war in der MMK-Zeitung der Geist des *Reader's*

Digest sehr lebendig. Das Rezept – ich scheue mich zumindest im Fall der *Micky Maus* von einem *Erfolgs*rezept zu reden – war das gleiche: Es war eine Mischung aus Unterhaltung und interessanten Tatsachen, wobei man nicht immer wusste, wo das eine aufhörte und das andere anfing. Ob das alles wirklich passiert war, wer will das heute noch nachprüfen? Helen Keller hat es jedenfalls gegeben. Blind, taubstumm und trotzdem glücklich.

Aber ich sollte nicht zu sehr simplifizieren. Es gab noch ein zweites Vorbild für die MMK-Zeitung. Im Heinrich Bauer Verlag erschien seit 1953 die Jugendillustrierte *Rasselbande*. In ihren besten Zeiten hatte sie eine verkaufte Auflage von mehr als einer halben Million Exemplaren. Ihre Leser hatte man sich wohl etwas älter vorgestellt als die der Micky Maus. Aber viele Artikel hätten vom Inhalt und vom Layout her genauso in der MMK-Zeitung stehen können. Vielleicht kamen sie ja von den gleichen Agenturen.

Es gibt aber einen großen Unterschied. In der *Rasselbande* wurden interessante Texte einfach aneinandergereiht. Das Mickeymausheft war wie *Das Beste* sehr stark strukturiert. Da war ein Buchhalter zugange. Es gab viele feste Rubriken, die sich mit jeder Nummer wiederholten wie die Sonntage im Kirchenjahr.

Das Mickymausheft der 1950er- und 1960er-Jahre ist heute ein beliebtes Sammelobjekt. Vermutlich sind viele Sammler Nostalgiker, die das Heft als Kind gelesen haben, aber die Reihe auch noch ein paar Jahrzehnte weiter zurück in die Vergangenheit komplettieren. Durch die immer gleiche Übersetzerin und die über lange Zeit nur wenig geänderte Aufmachung bilden die ersten zwanzig Jahrgänge einen einheitlichen Block. *Die Rasselbande* und *Das Beste* sammelt kaum jemand. Wenn man sich wie ich sozusagen wissenschaftlich dafür interessiert, dann kriegt man sie für einen Appel und ein Ei. Manchmal setzt sich das Gute doch konsequent durch. Wer Geschmack hat, sammelt das Richtige:

Es gibt allerdings bisher noch keine 3000 verschiedenen Mickymaushefte. Das wird erst im Jahr 2012 der Fall sein. Aber vielleicht liegt Entenhausen ja in der Zukunft wie das Neue Jerusalem. Circa die ersten tausend Nummern hat Erika Fuchs komplett getextet. Bis auf die MMK-Zeitung.

PS: Die Kapitelüberschrift ist natürlich auch ein Fuchs-Zitat.

REINES HOCHDEUTSCH IST DAS NICHT

Erika Fuchs und die Wörter

Goggi Grando wurde durch Zufall ein berühmter Schauspieler. Er tat zur rechten Zeit am rechten Ort einen Meisterschlag beim Golf:

Ähnlich war es mit Erika Fuchs. Sie wollte nicht berühmt werden. Sie war keine ausgebildete Übersetzerin. Sie hatte aber in ihrer Heimatstadt nach dem Krieg mitgeholfen, eine Schule aufzubauen, war somit irgendwie Pädagogin, also für Kinder zuständig. Außerdem besaß sie den Doktortitel, mit dem man ein Schundheftchen veredeln konnte.

Hilfreich war sicher, dass ihr Deutsch eher norddeutsch-preußisch gefärbt war. Das Mickymausheft kam zwar aus Stuttgart, aber im Norden schätzt man die Sprache des Südens nicht so.

Ich habe einmal in München jemanden kennengelernt, der einige Zeit in einem Callcenter arbeitete. Der erzählte, dass er nur deshalb problemlos eingestellt wurde, weil er keinen bairischen Akzent hatte. Erika Fuchs gebrauchte zwar auch bairische Wörter wie »Semmel«, aber nur selten.

Im Rest der Geschichte wird dann jedoch nur noch von Brötchen geredet. Ein Wort, das sie allerdings gerne verwendet hat, war »G'lump«, das bei ihr aber zu »Klump« wurde. Aus dem schönen »Weiß Knöppchen«, das ein hochdeutsch ausgesprochenes Sächsisch ist, hat sie bei der Zweitveröffentlichung ein neutrales »Zum Kuckuck!« gemacht.

Sie hatte aber keine Hemmungen, immer wieder berlinerische Ausdrücke zu verwenden. Ich bin kein Linguist. Was ich meine, ist Folgendes: Die Reichshauptstadt war vor 1945 eine brodelnde Metropole. Die Wörter, die sie da aufschnappte, waren vielleicht ursprünglich rotwelsch, jiddisch, hugenottisch oder polnisch, aber ich verbinde sie doch mit Berlin. Man darf bei alledem nicht vergessen, dass Erika Fuchs im Grunde doch eine höhere Tochter war. In ihrem Umfeld hat wohl kaum jemand »ausbaldowern« gesagt. Solche Wörter hat sie eher aus Filmen gelernt oder aus Büchern. Aber diese Filme und Bücher spielten eben oft in Berlin. Über ihre vielen Leser hat sie dann die Sprache im ganzen deutschsprachigen Raum nachhaltig verändert. Manches, was ursprünglich typisch Fuchs war, fällt uns heute nicht weiter auf.

Erika Fuchs war häufig in Berlin. Ihre Eltern lebten dort zeitweise, und im Krieg arbeitete ihr Mann da. Manche Berliner Örtlichkeiten mit wohlklingenden Namen hat sie in ihre Texte eingebaut. Ich nenne hier pars pro toto drei Beispiele, in anderen Kapiteln findet man noch mehr. Der Poetensteig ist eine Straße in Berlin-Treptow. Ganz in der Nähe liegt die Hasenheide, wo der Turnvater Jahn 1811 seinen ersten Turnplatz einrichtete. Der Turnvater Jahn kommt bei ihr natürlich auch vor.

Es gehört schon eine gewisse Chuzpe dazu, den George Washington des amerikanischen Originals, der einen Dollar über den Potomac wirft, mit dem Turnvater Jahn zu übersetzen. Der »Tiefgarten« in einer Geschichte aus dem Jahr 1976 basiert vielleicht auf dem Tiefgarten bei der Architekturfakultät der TU am Ernst-Reuter-Platz. Der Ehemann Günter Fuchs war nämlich auch im Bereich Design und Architektur engagiert.

Doch nun zu der Sprache Berlins oder genauer gesagt zu dem, was ich rein subjektiv mit Berlin verbinde. Dabei handelt es sich fast immer um ironische, herablassende oder beleidigende Ausdrücke. Es muss aber nicht alles ganz ernst gemeint sein. So etwas wirft man sich an den Kopf und dann trinkt man gemeinsam ein Glas gesüßtes Bier, oder was diese Berliner auch immer trinken.

»Danke für Backobst!« ist eine spöttische Ablehnung. Geld heißt Kies, Keschkesch oder Pinke. Donald Duck nennt Gustav Gans einen Lackaffen oder eitlen Fatzke. Eine schlimmere Beleidigung wäre Miesnick, Schubiak, Dämelsack oder Rabauke. Wertloses Zeug heißt Pofel, Pappenstiel, Schurrmurr oder adjektivisch schofel. Die Sprache Münchens weist ja auch französische Lehnwörter auf. Da sagt man Merci (auf der ersten Silbe falsch betont) oder scherzhaft Botschamperl (pot de chambre), aber Ausdrücke wie blümerant (bleu mourant im Gesicht) habe ich da noch nie gehört. Noch ein paar Berliner Varia: Kanthaken, überkandidelt, Kohldampf, Ringelpietz, Äppelkahn und Mußspritze.

Comics, wie Erika Fuchs sie übersetzte, bestehen aus vier sprachlichen Elementen. Das Wichtigste sind natürlich die Sprechblasen. Im Prinzip ist das einfach Dialog wie im Theater oder im Kino. Jeder Leser ist anders. Ich zum Beispiel schaue mir kaum Filme an. Ein Comic von Barks und Fuchs ist aber etwas Ähnliches. Betrachten wir mal das folgende Bild aus dem Jahr 1957:

Es ist heißer Sommer, die Episode spielt in den großen Ferien. Donald Duck hat wieder einmal seinen optimistischen Blick. Track schaut deutlich skeptischer. Das düstere Gebäude im Hintergrund, das ein wenig das Haus von Norman Bates in *Psycho* vorwegnimmt, deutet schon an, dass es diesmal kein Happy End geben wird. Gleich wird Track die kleine Straße entlanggehen und dann erfahren, was oder wen Spinderella wohl frisst. Der hier eher simple Text ist nicht allein entscheidend, aber er trägt immer wesentlich zur Atmosphäre bei. Für mich ist das ein Film, aber ein Film, der mit meiner eigenen persönlichen Geschwindigkeit abläuft. Ich liebe eigentlich mehr die Bücher als die Filme, aber wie sagte doch Alice kurz vor ihrem unfreiwilligen Besuch im Wunderland? »Was für einen Zweck haben schließlich Bücher, in denen überhaupt keine Bilder und Unterhaltungen vorkommen?« So ist es.

Was mir an den Fuchs-Texten gefällt, sind in erster Linie die schrägen Formulierungen und das Voltenschlagen. Es gibt natürlich immer zusätzlich die Teile der Darstellung, die nicht von Erika Fuchs stammen.

Einen drögen Comic konnte sie zwar verbessern, aber nur bis zu einem gewissen Grad. Manches lässt sich aber auch separat genießen. Markus von Hagen, ein großer Bewunderer von Frau Fuchs, hat einmal eine ganze Broschüre nur mit ihrer Lyrik gefüllt. Als Beispiel für ein Gedicht zitiere ich die erste Fassung eines »wirklich gefühlvollen« Wildwest-Liedes, das Klarabella Kuh einst zur Guitarre sang:

Ich reit' auf meinem Schimmel
im Abendrot zu Tal.
Vielleicht seh' ich den Himmel
zum allerletzten Mal.

[nicht überlieferter Teil, von Kater Karlo für das Heulen von Kojoten gehalten]

Und sie begruben ihn, wie er's gewollt,
mit seinem Cowboyhut und seinem Colt.
Und auf sein Graab da scheint der Mond so kühl
und wo sein Lied einst klang, ist's jetzt so stü-ü-üll!

Leb wohl, Old Boy, leb wohl!

Die Texte von Frau Fuchs waren in erster Linie Comictexte, aber sie wuchsen auch über das Genre hinaus.

Beim Gebrauch der Sprechblasen gibt es natürlich Feinheiten. Hier (Bild nächste Seite) ist mir bis heute nicht klar, ob es sich um ein Versehen oder um eine besondere Raffinesse handelt:

Tick, Trick und Track Duck verhalten sich meistens – aber beileibe nicht immer – völlig identisch. Manchmal teilen sie sich einen Satz, der dann auf zwei oder drei Blasen aufgeteilt ist. Beispiel: »Hört sich – ganz leicht an!«

Es gibt nicht nur Sprech-, sondern auch Denkblasen. Die machen den Comic zu einem besonders intimen Medium. Wir schauen den Figuren unmittelbar beim Denken zu, ohne dass da ein lästiges »dachte er« stehen muss. Außerdem gibt es noch spezielle Blasen für Flüstern und für den Partner am anderen Ende der Telefonleitung. Solche Blasen hat Frau Fuchs kompetent gefüllt, aber das waren Objekte, die sie einfach von ihrer Vorlage übernommen hat und nicht ändern konnte.

Das zweite sprachliche Element der Comics sind die Lautwörter oder Onomatopöien. Platsch! Ich glaube, darum wurde und wird unnötig viel Aufheben gemacht. In den 1950ern haben viele Kritiker das für Primitivsprache gehalten und den kurz bevorstehenden Untergang des Abendlands beschworen. Dabei ist es eigentlich nur der Soundtrack eines Comics. Donald rennt gegen eine Wand, und dann steht da »Rums!« Manchmal werden auch stumme Ereignisse verdeutlicht: »Grübel!« Na und? Erika Fuchs hat da gerne den Wortstamm von lautmalerischen Verben verwendet, nicht gleich von Anfang an, aber doch sehr bald. Dafür wurde irgendwann der wichtigtuerische Terminus »Erikativ« geprägt. Meiner Ansicht nach ist das zu viel der Ehre. Im Englischen ist SPLASH! sowohl der Wortstamm als auch der Infinitiv. Warum soll ich da nicht »Platsch!« schreiben? Erika Fuchs hat die Lautwörter liebevoll eingesetzt, aber mehr auch nicht. *Das* hätten Tausende andere auch gekonnt. Man muss Albert Einstein nicht unbedingt für sein geniales Geigenspiel preisen. »Spotz! Spei!«

In manchen deutschen Editionen der letzten Jahre wurden die Lautwörter aus technischen Gründen auf Amerikanisch belassen.

So etwas ist natürlich Frevel! »Das Wort sie sollen lassen stahn«, hat schon Martin Luther in einem seiner Lieder gefordert. Die Lautwörter sind auch Teil der Übersetzung, wenn auch nicht der wichtigste. Es heißt nicht KEOWK! PEEP!, sondern PIEP! KOLLER!

Drittens enthalten Comics Textkästen, in denen Kommentare zur Handlung der Geschichte stehen.

> Was der Mensch
> sät, wird er ernten, und
> für das Beste bekommt
> er außerdem einen
> Preis auf der Land-
> wirtschaftsausstellung.

Diese Kästen enthalten bei Erika Fuchs oft sehr schöne, leicht spöttische Formulierungen. Leider hat sie in ihrer späten Periode da gerne die Man-Sprache verwendet: »Am ersten Tag sieht man in der Tat nichts Bemerkenswertes. Am Abend schlägt man auf einer Insel das Zelt auf ...« Das soll diese Bemerkungen vom Rest des Textes absetzen, wirkt für meinen Geschmack aber sehr unpersönlich.

Viertens und letztens sind beim Übersetzen noch viele Kleinigkeiten zu bearbeiten. Es gilt Wegweiser, Ladenschilder, Plakate, Buchtitel, Etiketten und Ähnliches zu verdeutschen. Da hat Erika Fuchs immer wieder auf ihre persönlichen Erfahrungen zurückgegriffen. Sie hat versucht, die Kulissen so deutsch wie möglich aussehen zu lassen. Aber das war natürlich ihr persönliches Deutschland. Sie war eine Hausfrau in der Provinz, die zwei Söhne großzog. Gleichzeitig hatte sie aber auch Kunstgeschichte studiert und sich in der Welt herumgetrieben. Beides merkt man an vielen skurrilen Einzelheiten. Manchmal sind die Druckvorlagen aber so schlampig produziert worden, dass man mit der Lupe lesen muss. In seltenen Fällen kann man etwas auch gar nicht mehr entziffern. Da der Verlag die vielen Tausend Seiten Manuskript offenbar nicht mehr zur Hand hatte, wurden eventuelle Nachdrucke dann oft nach dem Stille-Post-Verfahren anhand der Erstveröffentlichung produziert.

Bei einem Wettschwimmen mit seinen Neffen will Donald Duck mit unfairen Mitteln gewinnen. Wir wissen natürlich, dass das nicht hinhauen kann. In Entenhausen siegt ganz am Ende immer die Moral. Auf einer Brücke sieht er einen Lieferwagen.

Hier ist in einer Denkblase versehentlich ein Sprechblasentext eingebaut. Erika Fuchs ist das öfter passiert. Die Augen, die Augen! Sie hat die Information immer gerne im Dialog herübergebracht. Aber mir geht es um etwas anderes. Der Lieferwagen ist von der Firma »UHU u. Co Stärkefabrik«. Das bringt den skrupellosen Schwimmer auf die Idee, als Erschwernis für seine Gegner das Flusswasser einzudicken. UHU war in den 1950er-Jahren eben nicht nur eine Marke für Klebstoff, sondern auch für Wäschestärke. Marktführer war wohl Hoffmann's Stärke, aber das wäre hier wohl zu lang gewesen. Bei der wörtlichen Verwendung von Markennamen war das Mickymausheft später vorsichtiger, doch 1958, als diese Geschichte erstmals erschien, noch nicht.

Auf einer schönen Seite von 1967 können wir Dagobert Ducks Zoo bewundern. Erstaunlich, was es da alles gibt! Zum Beispiel die Wüstenkeifzange (*Xantippa deserta*) und das Prunkhörnchen (*Sciurus gigantus luxuriosus*), das offenbar ein Verwandter unseres Eichhörnchens (*Sciurus vulgaris*) ist. Im Hintergrund sieht man, wenn man sehr genau hinschaut, einen Käfig mit dem auch noch teilweise verdeckten Schild »[Le]rnäische Schlange (sagenhaft)«. Das ist ein anderer Name für die Hydra, die zu töten die zweite Aufgabe des Herkules war. Im amerikanischen Original steht hier einfach »giant worms«, und so sehen die Viecher, ehrlich gesagt, auch aus. Mit einiger Fantasie kann man die sechs Riesenwürmer aber auch als sechs der neun Köpfe der Hydra deuten. Aber welches Kind hat das wohl damals überhaupt gelesen, geschweige denn verstanden? Man sieht, wie viel Liebe die Übersetzerin investiert hat. Manchmal hat sie wirklich Perlen vor die Säue geworfen.

Einmal will Donald Duck im Fernsehquiz »tonnenweise« Geld gewinnen. Mit der Perfektion, die ihm immer dann eigen ist, wenn es um brotlose Künste geht, kauft er sich zunächst kistenweise Bücher. Seine Auswahl ist makellos. Damit würde auch ich Millionen scheffeln. Leider sind die meisten Werke aber nicht mehr lieferbar. Ich liste die Titel einmal auf, wobei ich die offensichtlich mehrbändigen Werke zusammenfasse.

Gedichte – Gerichte – Geschichte
Essig – Öl
Sport – Mord
Wässer der Erde
Bau – Steine – Erde (sic!)

Polizei – Walachei – Allerlei – Fischerei
???
Föhren – Möhren – Röhren
Bienen – Sardinen
Physik – Chemie
Berühmte Männer – Schöne Frauen – Wunderkinder
Die Geschichte des Windes
Warum?
Geistesblitze – Mutterwitze
Fabelwesen
Technische Daten

Das ??? steht für etwas Unleserliches. Ich vermute, es handelt sich um einen weiteren Teil von *Wässer der Erde*, später in der Geschichte ist nämlich sogar von Band IV die Rede. Vielleicht heißt es aber auch *Wunder des Alls*, oder was weiß ich. Ich fürchte, diese Information ist mittlerweile so unauffindbar wie der Heilige Gral.

Schon an diesem einen Beispiel kann man gut demonstrieren, welche Wörter Erika Fuchs geliebt hat. Das waren vor allem die zusammengesetzten bildhaften Substantive: Wunderkind, Geistesblitz, Mutterwitz, Fabelwesen. Bei ihren Sätzen hat sie meistens darauf geachtet, dass die Sprachebene gepasst hat. Im Zweifelsfall war ihr aber oft die schöne Formulierung wichtiger. Wenn Donald Duck seine Katze fragt: »Was ficht dich an?«, dann ist das einfach nur ein Spiel mit Wörtern. So redet vielleicht der Burgschauspieler mit seiner Katze, aber kein Kleinbürger. Im Jahr 1958 hätte kein Kind seinen Onkel als »Zinshahn« bezeichnet, auch wenn das Wort bei den Brüdern Grimm vorkommt. Ich schwöre es, ich bin damals aufgewachsen. Die Texte von Erika Fuchs sollte man als Poesie lesen. Harr! Harr!

Im schon vorher erwähnten Erika-Fuchs-Buch von Klaus Bohn findet man auch ein Kapitel über Rhetorik. Ich könnte diese Gedanken nicht besser formulieren, ja, ich könnte es überhaupt nicht. Deshalb verweise ich nur darauf. Ich glaube, dass Erika Fuchs ein Naturtalent war. Sie hat die Rhetorik nicht so studiert, wie man das Uhrmacherhandwerk erlernt. Sie wurde vielleicht in der Schule mit dem *Tell* traktiert und konnte dann schreiben wie Schiller. Sie hat beides geliebt, die Hochliteratur und die Alltagssprache, und dann hat sie beides vermengt.

In Interviews hat Frau Fuchs gerne beschrieben, wie sie die einzelnen Figuren bewusst mit einer unterscheidbaren Sprache ausstattete. Diese Vorgehensweise muss man gar nicht besonders ausführlich kommentieren, das kommt ganz natürlich herüber. Ich glaube aber, es war weniger eine Frage der Berechnung als der Musikalität. Wenn meine Gefährtin mit ihrer Schwester telefoniert, dann verfällt sie automatisch in ein breites Niederbayerisch wie sonst nie. Ich mache so etwas nicht, ich rede immer gleich. Ich kann auch kein Instrument spielen, noch nicht einmal Noten lesen. Erika Fuchs lebte in ihren Figuren und ließ sie deshalb auch entsprechend reden. Vielleicht hat sie bei Oma Duck an ihre eigene Großmutter gedacht und bei Mack und Muck an ihre Söhne. Die diversen Figuren haben alle passende spezielle Eigenheiten.

Dagobert hat unter den Comiclesern viele hartgesottene Fans, aber im Grunde ist er doch etwas langweilig. Er ist sehr berechenbar. Im Zentrum seines Denkens stehen Geld und Geiz. Er erinnert mich manchmal an meine selige Großmutter, die drei Jahre älter als Erika Fuchs war. Man musste sie immer daran hindern, altes, ranziges Fett wieder ins Essen zu mischen. Sie konnte nichts wegwerfen. Gleichzeitig wusste sie, dass die Welt nicht sparsam wie sie, sondern gierig ist. »Heil dir im Siegerkranz, nimm, was du kriegen kannst!« war einer ihrer typischen Sätze. Damit meinte sie Politik und Wirtschaft, nicht sich. Sie hat mich geliebt, aber nicht wegen irgendwelcher Verdienste. Blut ist einfach dicker als Wasser. Dagobert Duck hängt an seinen Neffen und Großneffen, auch wenn er es selten zeigt. Er ist im Laufe der Jahre sanfter geworden, wirklich geändert hat er sich aber nicht. Seine Komik beruht hauptsächlich auf den unvorhersehbaren Situationen, in die er immer wieder gerät.

Dagobert Duck ist so eine Art Kommerzienrat, wie ihn Erika Fuchs noch erlebt hat. Er spricht ein korrektes altmodisches, aber auch bildhaftes Deutsch und entschuldigt sich, wenn er sich einmal salopp ausdrückt. Er sagt Sätze wie: »Was treibt ihr wieder für Narrenspossen?«

»Narrenspossen« ist so ein Schiller- und Goethe-Wort, das Erika Fuchs vielleicht aus den *Piccolomini* oder aus Goethes Bemerkungen über die Romantiker kannte.

Donald Duck ist eine Ausnahme unter dem Entenhausener Personal. Er ist ein Chamäleon. Mal ist er faul und schläft 23 Stunden am Tag, mal ist er ein fleißiger Geschäftsmann. Mal ist er unfähig, mal kompetent, mal reich, mal arm. Mal ist er ein berühmter Dampforgelspieler, mal ein gescheiterter Eisverkäufer oder Rennfahrer. Aber immer redet er, wie Erika Fuchs der Schnabel gewachsen ist. Er gehört zu ihrer Generation. Beide sind lebenslang 28 Jahre alt. Beide kennen die Mühen der Kindererziehung: »Muss ich erst böse werden?« Wenn Duck als Glasermeister »von Weltruf« arbeitet, dann hat er auch den passenden Jargon drauf:

Das mit der Cornea-Operation hat Erika Fuchs übrigens dazuerfunden. Sie hatte es an den Augen. Da kannte sie sich mit der Cornea aus.

Auch Tick, Trick und Track spielen immer wieder unterschiedliche Rollen, aber mehr kindgemäße. Natürlich sind Kinder mal so und mal so. Doch bei den kleinen Ducks ist das besonders extrem. Manchmal sind sie leidenschaftliche Schulschwänzer, dann wieder können sie rechnen wie der Professor Cosinus. Mal spielen sie im Schlamm, mal konstruieren sie mit dem Metallbaukasten ein Roboterpferd. Mal fahren sie mit dem Dreirad, mal fliegen sie ein Flugzeug. In Deutschland wurden Geschichten, die im Abstand von Jahrzehnten gezeichnet worden waren, dann zusammen veröffentlicht. Trotzdem liest man das alles hintereinander weg und wundert sich nicht. Wichtig für diesen Taschenspielertrick ist, so glaube ich jedenfalls, die einheitliche Sprache. Vielleicht gerade weil es eine Sprache ist, die man zu keiner Zeit in Deutschland von Kindern genau so gehört hat. Die Neffen reden respektlos, aber nie bösartig, und meistens haben sie recht.

»Der arme Onkel Donald! Gedankenarbeit ist nicht seine Stärke. Das haut nicht hin.« Sie hatten schon eine antiautoritäre Einstellung, ehe das Wort antiautoritär erfunden worden war. Egoisten sind sie aber selten, zumindest nicht konsequent bis zum Ende einer Geschichte. Die drei Generationen der Familie Duck haben oft sehr unterschiedliche Ziele und Ansichten, aber tief unter der Oberfläche lieben und respektieren sie einander.

Micky Maus hat Erika Fuchs nicht so recht gemocht. Er ist meistens zu bieder, zu anständig, zu normal. Micky erlebt oft wirklich aufregende Abenteuer, aber was davon im Gedächtnis zurückbleibt, ist die Story und nicht der Dialog. Goofy hingegen ist in manchen Geschichten schon interessanter. Sherlock Holmes wird ja auch nur durch seinen naiven Sidekick Dr. Watson erträglich. Goofy redet wie ein Kind, wie ein gutartiges, aber nicht besonders helles Kind: »Komm, Micky, wir verdrücken uns lieber. Die holen die Polizei, wenn sie merken, dass wir hier rumschnüffeln.« Mitunter hat Goofy ja durchaus verblüffende Einfälle. Einmal geht die Turmuhr eine Stunde vor. Das repariert er, indem er andere Ziffern auf das Ziffernblatt malt. Er hat schöne, anarchische Züge, aber leider doch nur selten. Insgesamt waren die Micky-Goofy-Geschichten keine Höhepunkte der Fuchs'schen Arbeit. Ganz nett zu lesen, aber mehr nicht.

Die Panzerknacker parodieren keine wirklichen Verbrecher, sondern die Ganoven aus den Medien, aus Büchern, aus Film und Fernsehen. Entsprechend reden sie auch. Sie sagen »ausbaldowern«, »deichseln«, »Kröten«, »Zaster«, »Kittchen« oder einfach »Grunz!«. Kater Karlo und all die anderen Verbrecher reden ähnlich. Sie gebrauchen Ausdrücke wie »Lunte riechen«, »vorsohlen«, »abknöpfen«, »behumsen« oder »die Hose mit der Beißzange anziehen«. Dabei ist aber auch viel Routine. Generell kann man sagen, dass Erika Fuchs einem heimlichen Lustprinzip gefrönt hat. Komische Geschichten hat sie besonders amüsant übersetzt, reine Abenteuergeschichten haben sie weniger inspiriert.

Die weiblichen Figuren wie die vorsorgliche Oma Duck oder die oberflächlichen Daisy und Minnie machen nicht so viel her. Das liegt aber an den Vorlagen und nicht an der Übersetzung. Die Frau Großmutter hat wenigstens noch den Reiz des Altmodischen. Sie sagt »Meiner Treu!« und »Herr du meine Güte!« oder sie redet von Artefakten der Vergangenheit wie ihren Knopfstiefelchen oder ihrem Elektromobil. Obwohl, mit ihrem Elektromobil war sie ja eigentlich Avantgardistin. Heutzutage will ja jeder die Welt mit Elektromobilen retten.

Auch die weiteren Standardfiguren wie der geniale, aber weltfremde Ingenieur Düsentrieb, der immer leicht unzufriedene Glückspilz Gustav und all die anderen, haben jede ihren eigenen Tonfall. Interessant sind vielleicht noch die Backenhörnchen Ahörnchen und Behörnchen. An sich sind das zwei Männchen. Die amerikanischen Namen Chip und Dale (Chip 'n Dale wie der Möbelstil Chippendale) waren aber wohl nicht ganz eindeutig. Bei Erika Fuchs wurde Behörnchen am Anfang versehentlich weiblich. Das hat sich dann irgendwann geändert. Ich glaube, die beiden sind eigentlich ein schwules Paar. Deshalb war das Missverständnis so naheliegend. Ahörnchen ist schlau, tatkräftig, aggressiv, Behörnchen ängstlich, verspielt, bewundernd. Da liest man Dialoge wie: »Sieh nur, Behörnchen, Ziegelsteine! Damit können wir unsere Nüsslein aufknacken. – Nein, wie klug du bist, Ahörnchen.« Behörnchen ist irgendwie geistesverwandt mit Daisy und Minnie. Ein ganz anderer Fall sind die beiden Mäuse Jacki und Karli, die aus dem Zeichentrickfilm *Cinderella* stammen und im Comic auf Oma Ducks Bauernhof leben. Ihre Lebensumstände sind durchaus vergleichbar mit denen von A- und Behörnchen. Jacki und Ahörnchen spielen die aktive Rolle, Karli und Behörnchen sind eher naiv. Aber Karli ist eindeutig männlich.

Auch sonst hat Erika Fuchs immer wieder mit der Sprache der Protagonisten gespielt. Ein Beispiel dazu. Aus Donald Ducks cholerischem, aber einheimischem Nachbarn Mr. Pupp hat sie 1960 einfach nur so aus Gaudi einen Bayern, den Herrn Rupp, gemacht. Dialekt kommt bei ihr selten vor, aber hier macht er die Verbalinjurien besonders glaubhaft.

Ihr Bayerisch ist aber wie zum Beispiel das von Thomas Mann und Karl May nicht perfekt. Im Nominativ heißt es nicht »an Krawall«, wie sie dem Herrn Rupp wenig später in den Mund legt, sondern »a Krawall«. Sie war eben in Bayern nur eine Zugereiste.

Etwas möchte ich aber im Zusammenhang mit der Sprache nicht ungesagt lassen. Es gibt auch Fuchs-Übersetzungen, die ich nicht besonders liebe. Erika Fuchs war im Grunde doch ein nüchterner Mensch. Nur keine Sentimentalitäten! Ihr Motto war »Man stellt sich nicht an!«. Die großen Gefühle waren ihr sicher nicht fremd, aber sie verdrängte sie manchmal zu sehr. Typisch Fuchs ist die Formulierung »Was ist ein Tragöde? – Ein Schauspieler, der nichts verdient.«

In einer 1955 erschienenen Geschichte geht es um das Ende des Sommers. In den USA sind die Sommerferien der Schulen ja viel länger als bei uns. Entsprechend furchtbar ist es, wenn dann der Unterricht wieder anfängt. Die amerikanische Version beginnt herzzerreißend: »Autumn in Duckburg! The frost is on the pumpkins and a cold chill is in the hearts of Huey, Louie, and Dewey Duck! Tomorrow is the first day of school! Yeah! School! Bam! Bam!« Das »Bam! Bam!« sind Hammerschläge im gleichen Rhythmus wie das »Ding Dong« einer Entenhausener Schulglocke. Die Neffen bauen nämlich gerade ein Hausboot, um zu fliehen: »By this time tomorrow we'll be far away, beginning a life of high adventure!« Natürlich geht alles schief, und am Schluss sitzen die Kinder in der Schule und sehen auch überhaupt nicht mehr unglücklich aus. Diese wunderbare Poesie ist in der deutschen Veröffentlichung kaum vorhanden. Sie beginnt so: »Letzter Ferientag in Entenhausen – Die gute Laune der Schüler Tick, Trick und Track ist völlig im Eimer. Morgen geht die Schule wieder an. Hör bloß auf! Klopp! Klopp! ... Morgen um diese Zeit sind wir längst über alle Berge.«

Doch nun zum letzten Aspekt in diesem Kapitel. Inwieweit war Erika Fuchs sprachschöpferisch tätig? Sicher nicht so wie Shakespeare oder Luther, die jeweils Dutzende von Wörtern erfunden haben, die in den allgemeinen Gebrauch übergingen. Sie hat unsere Sprache geprägt, indem sie bereits vorhandene Wörter oder Floskeln populär gemacht hat. Wir nennen eine Brille »Zwicker«. Dabei ist Onkel Dagoberts Zwicker gar keiner. Er steht unverrückbar vor seinen Augen und widerlegt das Gesetz der Schwerkraft, ohne irgendwo festgezwickt zu sein. Von einem Tüftler sagen wir vielleicht, er sei ein Düsentrieb, so, wie wir Alfred Krupp einen Krösus nennen. Das ist aber mehr ein Vergleich als ein neues Wort.

Den »Geldspeicher« hat Erika Fuchs vielleicht erstmals gebraucht, aber da ist das Originelle nicht der Name, sondern das Konzept. Im Jahr 1953 gebrauchte sie in der Rundfunkübertragung eines Fußballspiels das Wort »Flachbombe«. Ein fanatischer Fußballfan, den ich dazu befragt habe, sagte mir aber, es gebe keine Flachbomben. Da vermutete ich, dass sie das Wort erfunden hat. Hat sie aber nicht. Man findet es zum

Beispiel im *Hamburger Abendblatt* vom 12.12.1949: »Seine Flachbombe rauscht unhaltbar ins Netz.« Der Begriff wäre aber vielleicht ausgestorben wie der Dodo, wenn Erika Fuchs ihn nicht gerettet hätte. Flachbombe ist ein typisches Fuchs-Wort. Sie liebte immer die bildhaften, zusammengesetzten Wörter wie Ochsenkopf oder Ochsenfrosch. Das gilt auch für Adjektive. Ein sehr stattliches Kind nennt sie zum Beispiel »ziemlich vollfett«. Am schönsten klingt es, wenn sie beides kombiniert: stachelhäutige Blattwanze.

Im Internet-Portal der *Welt* hält (der bekannte Schriftsteller?) Rolf Schneider mit Datum vom 31.8.2004 das Wort »anwanzen« für einen Neologismus desselben Jahres. Ist es aber nicht. Die Suchmaschine findet es zum Beispiel schon 1906 bei dem Münchner Philosophen und Antisemiten Hugo Dingler. Die gegenwärtige Popularität des Worts beruht aber wohl nur auf seinem häufigen Gebrauch durch Erika-Fuchs-Anhänger.

In einem telefonisch geführten Interview bestätigte Erika Fuchs einmal, dass sie das Wort »mampfen« erfunden habe. Da war sie allerdings schon 85. In dem Alter bringt man schon manchmal etwas durcheinander. In der Tat liest man bereits im Mickymausheft 9/1952 ein lautmalerisches »Mampf! Mampf!«, mit dem eine Raupe an einem Apfel knabbert. Es wäre so schön gewesen, wenigstens eine Wortschöpfung von Erika Fuchs im *Duden* zu finden. Leider Gottes war alles nur ein Missverständnis. Das Wort »mampfen« ist älter. In Werken der Hochliteratur ist es aber vor 1952 nur schwer zu finden. Es steht aber beispielsweise in der Shakespeare-Übersetzung von Friedrich Gundolf (erschienen 1908 bis 1923). Gleich am Anfang des *Macbeth* heißt es da:

Kastanien hatt ein Schifferweib im Schoß
Und mampft und mampft und mampft. Gib mir, sag ich.
Marsch, Hexe, schreit das trebernfette Aas.
Ihr Mann ist nach Aleppo, Baas des ›Tiger‹.
Ich hinterher im Siebe tanz
Und wie 'ne Ratte ohne Schwanz
Ich tu, ich tu, ich tu.

Seltsam, seltsam. Da lob ich mir doch Schlegel und Tieck. Aber man kann immerhin spekulieren, dass Erika Fuchs mit ihrem »Mampf! Mampf!« Shakespeare zitiert hat. Meistens war es ja Schiller.

MARSMENSCHEN SIND GELANDET

Entenhausen ist nicht Duckburg

Ursprünglich kamen die Comics im Mickymausheft alle aus den USA. Ab der zweiten Hälfte der 1960er-Jahre änderte sich das allmählich, weil der amerikanische Markt austrocknete und dort nicht mehr genug produziert wurde. Erstaunlicherweise sind Disney-Comichefte in den USA heutzutage nur noch ein Nischenprodukt. Im Zuge der Wirtschaftskrise wurden dort Anfang 2009 sogar erst alle einschlägigen Publikationen vorläufig eingestellt. In anderen Weltregionen sind Donald, Micky und Co. aber weiter erfolgreich. Bei uns hat das Micky-Maus-Magazin noch eine Auflage von circa 213 000 Exemplaren (2009), wobei 73 Prozent der LeserInnen männlich sind.

In Deutschland kamen im Laufe der Zeit zu den amerikanischen immer mehr skandinavische und später italienische Geschichten, die aber natürlich zu dem bereits etablierten Entenhausen passen mussten. Wer den italienischen Nationalcharakter kennt, der kann sich wohl denken, dass man sich im Land der Olivenölpanscher nicht allzu viel von dem Konzern im fernen Amerika vorschreiben ließ. Italien entwickelte seinen eigenen impulsiven Hau-drauf-Stil. Italienische Geschichten erschienen hier bei uns nicht nur im Mickymausheft, sondern auch – ab 1967 – in den *Lustigen Taschenbüchern*, die heute noch beliebt sind. Von dieser Reihe hat Erika Fuchs aber nur die beiden ersten Nummern übersetzt, deshalb ist sie für uns eher uninteressant. Die protestantischen Skandinavier hingegen produzierten am Anfang biedere, belehrende Geschichten, die den Eindruck erweckten, dass sie von 53-jährigen Volksschullehrerinnen namens Borghild nach Feierabend getextet wurden. Oftmals war das wohl auch so. In dem Zeitraum, als Erika Fuchs noch aktiv war, also von den Jahren bis etwa 1988, übersetzte sie immer nur aus dem Englischen beziehungsweise Amerikanischen. Bei den Geschichten aus Dänemark und so weiter lag ihr wohl eine englische Fassung vor. Prinzipiell finde ich es nicht gut, wenn eine Übersetzung einen Umweg über eine andere Sprache nimmt, aber bei Erika Fuchs geht es nicht um Übersetzung, sondern um Neuschöpfung. Das ist etwas anderes.

Jetzt soll aber von dem Entenhausen der heroischen Epoche die Rede sein, als es noch hauptsächlich US-amerikanischen Gehirnen entsprungen war. Dabei muss man eigentlich drei Welten trennen. Zuerst kamen die Zeichentrickfilme. Dann wurden die Figuren zusätzlich für Comicstrips in Zeitungen verwendet. Diese richteten sich an ein gemischtes Publikum jeden Alters. Als wichtigste Künstler seien hier Floyd Gottfredson für Micky Maus und Al Taliaferro für Donald Duck genannt. Solche Zeitungsstrips bekamen im deutschsprachigen Raum nie die Bedeutung, die sie anderswo hatten. Inzwischen hat sich das alles sowieso weitgehend erledigt. Die Deutschen sind zu 50 Prozent und die Amerikaner zu 70 Prozent Quasi-Analphabeten, die eine Sprechblase nur noch entziffern können, wenn sie mit dem Finger an den Buchstaben entlangfahren und dabei die Lippen bewegen. Die Zeitung, und damit auch der Zeitungscomic, ist so moribund wie vor hundert Jahren der Pferdewagen.

Nach den Zeitungsstrips kamen die Hefte speziell für Kinder. Natürlich wurden diese immer auch von einigen Erwachsenen gelesen. Das ist so ähnlich wie mit der Nutella. Solche amerikanischen Kinderzeitschriften waren der Prototyp für das deutsche Mickymausheft. Ganz besonders orientierte man sich an *Walt Disney's Comics and Stories*, einem monatlich publizierten Heft mit Bauchladencharakter. Hier wurden sehr unterschiedliche Geschichten gemischt: Donald, Micky, der kleine böse Wolf und die drei Schweinchen, Klein Adlerauge, Ahörnchen und Behörnchen.

Eine Figur, die es nie nach Deutschland schaffte, war Bucky Bug. Da hätte sich Erika Fuchs ordentlich abstrampeln müssen, weil sich die Dialoge immer reimten. Ich weiß nicht, ob ihr das gelegen hätte.

In Deutschland gab es bis 1955 jeweils ein Mickymausheft und ein Mickymaus-Sonderheft im Monat, danach nur noch eine kombinierte Publikation, die jedoch vierzehntäglich erschien, ab 1958 sogar wöchentlich. In den USA erschienen viele unterschiedliche Reihen, aber dafür oft nur mit einer niedrigen Frequenz. Um mal ein Beispiel vorzuführen: Es gab ab 1954 ein *Uncle-Scrooge* (= Onkel-Dagobert)-Heft, das zunächst dreimonatlich, später monatlich herauskam. Die Geschichten darin waren natürlich auch hauptsächlich Onkel-Dagobert-Geschichten. Alles, was davon mehr als zehn Seiten hatte, wurde für Deutschland zu Fortsetzungen zerhackt.

An produktiven Zeichnern sollte man vor allem Carl Barks und Tony Strobl für den Duck- und Paul Murry für den Maus-Bereich nennen. Sie übernahmen natürlich die Figuren von Taliaferro und Gottfredson, wandelten sie aber nach ihren Bedürfnissen und den Bedürfnissen eines jüngeren Publikums ab.

Carl Barks war ein Genie, und zu einem Genie gehören bekanntlich immer Inspiration und zusätzlich Muskelschmalz. Er hatte wunderbare Ideen und dazu ein ausgeprägtes Arbeitsethos. Er textete und zeichnete.

Strobl und Murry waren gute Fließbandarbeiter, die viele fremde Manuskripte umsetzten. Da war manche Perle dazwischen, aber auch viel Murks. Erika Fuchs musste das alles übersetzen, und sie hat es immer mit Liebe getan.

Bei dieser Ausgangslage war es zu erwarten: Im deutschen Mickymausheft wurden ältere und neuere Geschichten vogelwild gemischt, viel wirrer als in der amerikanischen Erstveröffentlichung. Die gute Frau Fuchs konnte dann schauen, dass sie daraus eine halbwegs konsistente Welt zusammenbastelte. Dabei hob sie die Trennung zwischen der Stadt der Mäuse und der Stadt der Enten auf. Eigentlich lebt Micky in Mouseton und Donald in Duckburg. Es gibt nur selten Storys, in denen Personal aus beiden Bereichen mitspielt, aber Erika Fuchs war das egal. Hier ein Beispiel, wie sie Goofy in eine Duck-Geschichte geschmuggelt hat:

In den 1950er-Jahren war die westliche Kultur noch nicht so uniform wie heute. Bei uns gab es freilich schon solche essenziellen Grundnahrungsmittel wie Coca-Cola und Wrigley's Spearmint, aber der große Gleichmacher, das Fernsehen, war gerade erst dabei, die Lufthoheit über den Couchtischen zu übernehmen.

Ich erinnere mich tatsächlich noch an die Zeiten, als man am Abend im Familienkreis manchmal Mühle und Halma gespielt hat. Deshalb hat Erika Fuchs so manches Detail geändert, das uns heute völlig normal vorkäme. Im Jahr 1954 träumt Donald Duck zum Beispiel, dass ihn sein Onkel Dagobert zu einem »soda« eingeladen habe, also zu einem alkoholfreien Getränk mit Kohlensäure. So etwas hätte damals bei uns kein richtiger Mann getrunken. Erika Fuchs machte deshalb daraus auch ein »kleines Helles«. Ja, sie erwähnte einmal nebenbei ein »Städtisches

Altersheim für Bierkutscher«. Das lässt doch auf einen verbreiteten Alkoholkonsum in Entenhausen schließen. Ein paar Jahre später verlangt Donald Duck nach einem traumatischen Erlebnis – er wäre fast von einem Koch geschlachtet worden, der ihn für einen Riesenfrosch hielt – nach einem Schnaps:

Auch den Schnaps hatte die Übersetzerin hinzuerfunden. In den amerikanischen Heften kam Alkohol nie vor. Als generelle Richtlinie ist so etwas ja auch in Ordnung. Wir müssen unsere Kinder nicht mit dem Trinken vertraut machen. Das lernen sie ganz von selbst. In meiner Jugend hatten Kinder in Deutschland auch weniger Geld zur Verfügung. Da konnten sie sich das Komasaufen gar nicht leisten. Schlimm sind solche Regeln nur, wenn man, wie die Amerikaner es gerne tun, darüber hysterisch wird.

Erika Fuchs hat hier einfach Augenmaß bewiesen und sich nicht immer um solche Tabus geschert. Das Rauchen war früher in den Disney-Heften übrigens nicht verpönt. Zigaretten und Zigarren wurden aber eher von negativen Charakteren, von Verbrechern, gierigen Kapitalisten oder verkommenen Jugendlichen, konsumiert.

Das Bild stammt aus der ersten deutschen Veröffentlichung von 1977. Da wurde der abgebildete »Otto«, ein übler Altersgenosse der Drillinge, noch durch die Kolorierung wie im amerikanischen Originalheft von 1946 zum Farbigen gemacht. In den fünf folgenden Veröffentlichungen hat man sich das nicht mehr getraut. Die Tabakspfeife hatte übrigens im Mickymausheft nie ein Imageproblem.

Unter den Berichten aus Entenhausen waren immer wieder einmal solche, die beim deutschen Erstdruck schon zehn oder mehr Jahre alt waren. Da war schon etwas Geschick vonnöten, um alles nahtlos einzubauen. Dafür entstand dann aber auch eine sehr schöne anachronistische Welt, in der alles möglich ist. In einer wunderbaren Geschichte aus dem letzten Kriegsjahr 1945, die bei uns aber erst 1959 herauskam, wandelt Donald Duck im Schlaf. Er bildet sich plötzlich ein, er sei in einen japanischen Hinterhalt geraten. Nun ja, der Krieg war vorbei, und überdies waren die Japaner da bekanntlich unsere Freunde. Wie heißt es deshalb bei Erika Fuchs? »Marsmenschen sind gelandet!«

Die angeblichen Handgranaten erinnern mich übrigens sehr an Bierkrüge, aber vielleicht täusche ich mich ja. Der Glaube an die Existenz von Marsmenschen war in den 1950er-Jahren nicht ganz so absurd wie heute. Erst später lehrten uns die diversen Raumsonden, wie unwirtlich der Mars ist. Science-Fiction-Themen gab es im Mickymausheft auch sonst schon immer zur Genüge. Erika Fuchs hat auch diese ordentlich übersetzt. Privat interessierte sie sich aber wohl eher für andere Literatur und andere Filme. Aus diesen Marsmenschen hier hätte sie aber etwas mehr machen können. Im deutschen Text kämpfen sie mit Maschinengewehren, als wären sie japanische Infanteristen. Ein Volk, das die gewaltigen Weiten des Alls durchqueren kann, sollte doch wenigstens ein paar Atomkanonen oder so etwas besitzen.

Übrigens hat Donald Duck tatsächlich gedient. Er kennt sich also mit Handgranaten und Maschinengewehren aus. In dem Kurzfilm *Donald Gets Drafted* von 1942 kann man sogar seinen vollständigen Namen auf dem Einberufungsbescheid lesen: Donald Fauntleroy Duck. Der Mittelname stammt natürlich aus dem beliebten Kinderbuch *Der kleine Lord* von Frances Hodgson Burnett. Wenn es da irgendeinen Hintersinn gibt, dann verstehe ich ihn nicht.

Auch im Comic ist Donald manchmal bei den Soldaten:

Die Disney-Figuren besitzen aber generell keine festgezurrte Biografie. Gerade das macht oft ihren Reiz aus. Sie lassen sich immer wieder neu erfinden, und wenn dabei ein paar Widersprüche auftreten, was soll's? Erika Fuchs hat immer nur von einer Woche zur nächsten übersetzt. Dabei hat sie auf interne, aber weniger auf externe Konsistenz geachtet. Sie hat sich nie gemerkt, was jemand für ein Sternzeichen hatte, wie groß, wie alt oder wie schwer er war oder in welcher Straße er wohnte.

Eine Onkel-Dagobert-Geschichte von 1958 spielt in Texas, wo ja bekanntlich alles etwas größer sein darf. Darin kommt ein Großbauer vor, der den Toast für das Frühstück seiner Cowboys in einem tunnelförmigen Ofen röstet.

Angeblich wird dann anschließend ein Stier mit Butter bestrichen und durch den Tunnel geschickt. Das mit dem Stier sieht man aber nicht im Bild. Erika Fuchs war das wohl alles nicht geheuer. Erstens das unbekannte Toastbrot und zweitens das schmutzige Vieh. Sie hat deshalb aus dem Toast lieber Zwieback gemacht, der sieht auch so rechteckig aus. Den Stier hat sie weggelassen. Weil ihr der Zwieback dann aber doch komisch vorkam, hat sie ihn durch den Herrn aus Texas noch erklären lassen.

Toastbrot habe ich als Kind auf dem Dorf nicht gekannt. Brot gab es logischerweise beim Eisenwarenhändler, im einzigen bequem erreichbaren Laden. Der führte auch Weißbrot. Ich glaube aber, das war nur etwas für zahnlose alte Leute. Toaster beziehungsweise »Brotröster« gab es schon, aber damit rösteten wir das normale Mischbrot, wenn wir es nicht einfach auf die Platte des Kohleherds gelegt haben.

Apropos Texas: Wenn Erika Fuchs ein Problem hatte, das sie nicht lösen konnte, dann hat sie es auch nicht gelöst. Was sollte sie auch sonst tun? Die Texas-Geschichte beginnt in Entenhausen, im Geldspeicher von Dagobert Duck. Im Urtext wird der Ortswechsel nur durch ein lakonisches »So –« beschrieben. Sie hat daraus »Man reist also nach Texas …« gemacht. Das ist ja noch akzeptabel, vielleicht hat man ja das Flugzeug genommen. Entenhausen liegt aber immer in Europa, außer die Geschichte lässt es absolut nicht zu. An einer Autobahnkreuzung steht zum Beispiel dieses Schild:

Man weiß nicht so ganz genau, wo das ist, Donald Duck hat sich nämlich gerade verirrt, aber er wird kurz darauf von der *Entenhausener* Polizei verhaftet. Doch wenn es gar nicht anders ging, verlegte Erika Fuchs die Handlung auch auf den nordamerikanischen Kontinent. Wenn die Ducks mit ihrem Kabrio zum Lachsangeln fahren und dort ein echter Indianerhäuptling auftritt, dann sind wir eben in Kanada.

Einmal ersteigert Donald Duck beim Auktionshaus Aumaster versehentlich ein Hausboot, das am Fluss Ohio in Besitz zu nehmen ist. Das ist zwar »entsetzlich weit weg« von Entenhausen, aber man fährt doch mit dem Automobil dorthin. Später tritt dann noch ein typisch amerikanischer Sheriff mit Stern und Cowboystiefeln auf. Wer weiß, vielleicht hätte Erika Fuchs sogar aus dem Ohio den Rhein oder die Donau gemacht, aber einen Sheriff nach Straubing zu versetzen hat sie sich denn doch nicht getraut. In München gibt es das Auktionshaus Neumeister und den Biergarten Aumeister. Das erklärt wohl die Genese des Namens des Auktionshauses Aumaster. Einen Namen musste es haben, bei Fuchs hat alles einen Namen, und Namen wie Aumaster trägt man vermutlich im Niemandsland irgendwo zwischen Bayern und Amerika.

Besonders konfus kann einen die Frage nach dem Pfadfinderhandbuch, auch Schlaues Buch genannt, machen. Die Entenhausener Pfadfinder sind eine mächtige paramilitärische Organisation. Ihr Vorbild in unserer menschlichen Welt sind aber weniger die Boy Scouts als die Cub Scouts. Das ist die Organisation der jüngeren Pfadfinder, so etwa im Alter von acht bis zehn. Ursprünglich nannten sie sich »Wolf Cubs«. Bei Erika Fuchs heißen sie zunächst unter anderem »Junge Wölflinge«, später dann immer »Fähnlein Fieselschweif«. Was ein Fieselschweif ist, weiß ich nicht. Das *Deutsche Wörterbuch* der Brüder Grimm nennt für »fisel« die Bedeutung Penis. »Schweif« ist natürlich auch eine Umschreibung für das Membrum virile. Sonderbar. Die Rechtschreibprüfung meiner Textverarbeitung kennt zwar »Fiesel«, aber nicht »Fieselschweif«. Der amerikanische Name des Fähnleins Fieselschweif lautet »Junior Woodchucks«. Ein »woodchuck« ist ein Waldmurmeltier.

Egal. Am Anfang liebte Erika Fuchs das Fähnlein gar nicht so, warum auch immer. Einmal machte sie aus ihm sogar die »biologische Arbeitsgruppe des Schillergymnasiums«. Dass der Herr Biologielehrer eine schmucke militärische Uniform trug, störte sie dabei nicht weiter. Sie schaute immer mehr auf die Texte als auf die Bilder. Das Fähnlein gibt ein wundersames Handbuch heraus, in dem restlos alles steht, was man im Leben nur wissen muss. Zum Glück sind gerade die wichtigsten Informationen dort zwar vorhanden, aber nur schwer zu finden, sonst wären die Geschichten manchmal ziemlich langweilig geworden. In dem Buch steht zum Beispiel, wie man eine Brücke über eine tausend Meter tiefe Schlucht baut:

Vorbild für das Handbuch ist *Scouting for Boys* von Robert Baden-Powell, dem Urahnen der Pfadfinderbewegung. Da findet man im Abschnitt »CAMP FIRE YARN NO. 8« sogar eine ganz ähnliche Anleitung für den Brückenbau. Nicht alles im Handbuch steht freilich auch bei Baden-Powell. Zu diesen exklusiven Inhalten gehört zum Beispiel eine Anleitung zum Bau einer funktionstüchtigen – sogar einstufigen! – Mondrakete oder an anderer Stelle »etwas über Weltraumsprachen«. Mit dem Pfadfinderhandbuch hat sich Erika Fuchs oft schwergetan. Sie hat in der Übersetzung gerne ein Schulbuch oder etwas Ähnliches daraus gemacht.

Das konnte, wie oben rechts, das Physikbuch sein, das Erdkundebuch, das Biologiebuch, ein Reiseführer oder ein Lexikon. In vielen Fällen wurde die Existenz des Schlauen Buchs aber dann auch wieder einmal nicht verheimlicht.

Offenbar ist das Handbuch ein Grenzfall. Mal erschien Erika Fuchs so ein Kompendium noch glaubwürdig, mal auch nicht. Amerikanische Kinder waren mit solchen Handbüchern vermutlich vertrauter als deutsche. Mir liegt hier gerade das *Junior Girl Scout Handbook* von 1963 vor.

Es dürfte aber für jede amerikanische Pfadfinderorganisation so etwas gegeben haben. Besonders beeindruckend ist die Liste der »badges«, die die Pfadfinderinnen erwerben konnten. Erika Fuchs hat da gerne von Orden und Ehrenzeichen gesprochen, die pfundweise unter das Volk geworfen werden.

Mir kam das früher alles immer sehr übertrieben vor, aber wenn ich mir das real existierende Handbuch anschaue, dann müssen die Mädels tatsächlich so dekoriert herumgelaufen sein wie ein General der ruhmreichen Sowjetarmee. Es gab 48 verschiedene Orden, für jeden musste man eine ganzseitige Liste von Aufgaben erledigen und Punkt für Punkt von einer Vorgesetzten bestätigen lassen. Als Beispiel hier einmal die Aufgabe Nummer 8 für den Orden »My Home«: »Discuss with your mother some new service you could give in your home and do it.« Sehr vorbildlich!! Eine Pfadfinderin, die alle Orden besaß, war vermutlich so etwas wie Leni Riefenstahl, Mutter Teresa und Margaret Thatcher in einer Person. Mein eigen Fleisch und Blut hat sich leider nie für das Pfadfindertum interessiert.

Die 1950er-Jahre waren in den USA eine schöne Zeit. Zumindest, wenn man kein Schwarzer im Staat Mississippi war. Bill Bryson hat das in seinem autobiografischen Buch *Mein Amerika* gut geschildert. Oberflächlich gesehen waren die Verhältnisse in Deutschland sehr unterschiedlich. Es gab aber doch viele Gemeinsamkeiten, die vielleicht nur nicht auf den ersten Blick ins Auge springen. Beide Länder waren geprägt vom Glauben an ewiges Wachstum und der Freude am Konsum ohne Schuldgefühle. Sie unterschieden sich nur wie ein Straßenkreuzer mit Heckflossen von einem Wohnzimmerschrank im Stil des Gelsenkirchener Barock, also eigentlich überhaupt nicht. Deswegen war die Aufgabe von Erika Fuchs einfach und schwer zugleich. Es war alles anders und doch das Gleiche. Es gab allerdings einen gewissen Unterschied: Micky Maus und Donald Duck waren in den USA mehr Mainstream, bei uns hatten sie doch etwas leicht Exotisches. Erika Fuchs hat ihnen aber sozusagen Lederhosen angezogen, damit sie nicht ganz so auffielen.

Manchmal hat sie aber auch genau das Gegenteil gemacht und etwas Amerikanisches eins zu eins übersetzt, obwohl es eher obskur war. Versteh einer die Frauen! Nehmen wir das Alaun, das Donald Duck hier mit diabolischem Grinsen auf einen Weg streut.

Donald will seiner Daisy nicht beim Frühjahrsputz helfen und wird deswegen von seinen Neffen mit einem Bluthund verfolgt. Um diesen von seiner Fährte abzulenken, kauft er sich im »Selbstbedienungsladen«, wie er – typisch Fuchs – selbst noch im Nachdruck von 1971 heißt, Alaun. Ich habe bei uns noch nie in einem Supermarkt pulverisiertes Alaun gesehen. Ich glaube, die Männer in den USA verwendeten es, wenn ihre Haut nach dem Rasieren blutete. Ich hätte als Kind nicht gewusst, was Alaun ist, und mein Vater, ein großer Anhänger der Trockenrasur mit dem Braun Sixtant, vermutlich auch nicht.

Typisch für Erika Fuchs wäre es gewesen, wenn sie aus dem Alaun Pfeffer oder Riechsalz oder so etwas gemacht hätte. Riechsalz gab es in meiner Kindheit aber auch nicht mehr zu kaufen. Ich habe es einmal vergeblich in einer Apotheke verlangt. Zu gerne hätte ich meinen ständig auf dem Küchenstuhl schnarchenden Großvater damit erschreckt. Der Begriff war meiner Generation aber noch vertraut. In einer späteren Dagobert-Geschichte kam es dann tatsächlich auch vor, sogar in Stärke 5:

Wieder einmal typisch, dass die Krankenschwester hier einen Namen hat. Auf Amerikanisch heißt sie nur »office nurse«. Vielleicht schlägt meine Fantasie ja Blasen, aber ich ahne hier ein pädagogisches Anliegen: Liebe Kinder, Mercedes ist nicht nur ein dickes Auto, sondern auch ein altehrwürdiger Frauenname, der einer barmherzigen Schwester wohl ansteht. Das spanische Wort »merced« bedeutet nämlich wie das englische »mercy« »Gnade«.

Wenn ich gebildet genug gewesen wäre, hätte ich mir übrigens leicht mein Riechsalz selbst herstellen können. Riechsalz bestand in der Regel aus Parfüm und geeigneten Ammoniakverbindungen, wie sie zum Beispiel im Hirschhornsalz enthalten sind. Aber solch wertvolles altes Wissen ist ja heute fast spurlos untergegangen. So etwas steht höchstens noch im Handbuch des Fähnleins Fieselschweif.

MEINE ELTERN NENNEN MICH BUCKA

Entenhausener Namen

Richard Ungewitter (1869 bis 1958) war im Kaiserreich und der Weimarer Republik ein bekannter Pionier der Freikörperkultur. Es ist zu einem Teil sein Verdienst, dass diese Bewegung in Deutschland so populär war und ist. Mit einer Reihe von trefflich bebilderten Büchern wie *Nacktheit und Kultur* trug er mit dazu bei, dass wir heutzutage in München im Englischen Garten harmlose amerikanische Touristen erschrecken. Nebenbei war er noch deutschnational, rassistisch und eugenisch eingestellt. Der Direktor der Calamitas Unfallversicherungen AG in Entenhausen heißt auch Ungewitter. Auch bei ihm zählen nur nackte Tatsachen.

Wenn Erika Fuchs einen originellen Namen kennenlernte, dann merkte sie sich ihn. Ich will nicht darauf bestehen, dass Richard Ungewitter beim Direktor Ungewitter Pate stand, aber es ist nicht unwahrscheinlich. Es gab beispielsweise auch die bekannte Kautabakfabrik Gebr. Ungewitter in Wanfried bei Eschwege, aber das obige Bild ist doch ein subtiler Hinweis auf den großen Gymnosophen. An diesem Beispiel kann man auch sehen, wie spontan die Übersetzerin bei dieser Geschichte gearbeitet hat. Gleich ab dem ersten Bild wird Donald Duck von dem Herrn Direktor zur Schnecke gemacht. Wie ein Unwetter bricht es über ihn herein. Ich halte es deshalb für wahrscheinlich, dass der Name Ungewitter bei der ersten Lektüre der ersten Seite des amerikanischen Originaltextes schon festgelegt wurde. Es war wie in der bekannten Geschichte Karl Valentins vom Firmling: »Kennt an Buam gar net – und passt hat er.« Bei Carl Barks heißt Donalds Boss »Mr. Brasshorn«. Auch nicht schlecht, aber irgendwie fehlt da noch der fachmännische Glanz.

Entenhausen ist plausibel. Für mich als Kind und für mich als Erwachsenen war es immer klar, dass es irgendwo in Deutschland liegt. Die Leute heißen dort Direktor Ungewitter, Bodo von Blitz, Eitel Friedrich Eidergans, Lutz-Dietrich Zumke, Karola Klagesam oder Taddäus Trauerwein. Okay, ich gebe es zu, Zumke ist ein eher undeutscher Name, aber er ist in Deutschland nachweisbar, und der Lutz-Dietrich vorneweg macht Herrn Zumke zum Teutonen honoris causa.

Bei der Auswahl der von ihr verwendeten Namen ist Erika Fuchs gewissermaßen die Quadratur des Kreises gelungen. Die Namen klingen vertraut und exotisch zugleich. Dabei möchte ich behaupten, dass sie die Namen in der Regel schnell und intuitiv gewählt hat. Es ist bezeichnend, dass viele Figuren, die mehrfach vorgekommen sind, aber doch nicht so bedeutend waren, immer wieder anders heißen. Der Nachbar von Donald Duck ist der Herr Jones. Das ist der typische amerikanische Allerweltsname. Man sagt ja auch »keeping up with the Joneses« für das Bemühen, noch kräftiger zu konsumieren als die Leute nebenan. Dieser Aspekt kommt hier aber nicht so sehr zum Tragen. Duck und Jones ersehnen eigentlich nur eitel Harmonie, aber die unglücklichen Zufälle vermasseln ihnen alles, und die Situation eskaliert bis zur Katastrophe. So etwas kenne ich auch aus meinem Leben. Ich könnte hier zum Beispiel die Geschichte erzählen, wie ich einmal eine Alarmanlage gegen Diebe in unseren Briefkasten eingebaut habe und was dann geschah. (Oder besser doch nicht. So viele Seiten hat der Verlag nicht einkalkuliert.)

Egal! Beim ersten Auftreten der Familie Jones, dieses Mal noch in der Form von Missus Jones, übersetzt Erika Fuchs den Namen noch originalnah mit Meier. Später kommen dann Knackfuß, Zorngibel, Knoll, Schorsch Schurigl, Nebelsiek und Rolnik dazu. Das sind mehr Namensänderungen, als uns The Artist Formerly Known As Prince bisher zugemutet hat. Da sich das alles über einen Zeitraum von circa 48 Jahren abgespielt hat, kann man es der Übersetzerin aber auch nicht so recht vorwerfen. Sie hat den Jones immer wieder übersetzt und alsbald wieder vergessen.

Es gibt Geschichten, von denen gleich zwei Varianten der Fuchs-Übersetzung existieren. Entweder hat man im Verlag später die erste Version nicht mehr gefunden, oder man wusste nicht, dass es jemals eine gab. Auf der folgenden Seite ein Beispiel zusammen mit dem Urtext.

Man sieht, wie die Übersetzerin assoziiert hat. Aus »Monsieur Mattressface« machte sie Monsieur Montarde. Wieder einmal so ein Name, den es zwar gibt, aber nicht oft. Vermutlich hat sie dabei weniger an einen Franzosen als an einen Schweizer aus dem finanzkräftigen Genf gedacht. Erika Fuchs hat übrigens ein Semester – das erste – in Lausanne studiert, wo man Französisch spricht. Im Zentrum ihres Interesses stand aber später immer, beruflich und in der Freizeit, die englische Sprache. Erst bei der zweiten Übersetzung der gerade betrachteten Geschichte im Jahr 1976 fand sie dann mit somnambuler Sicherheit genau das Richtige. Wegen der geringen Körpergröße des M. Mattressface dachte sie an die sprichwörtlichen Gnomen von Zürich. Dieser Ausdruck wurde 1956 vom späteren britischen Premier Harold Wilson geprägt. Der amerikanische Originaltext der Episode ist aber schon älter. Da kannte man die Gnomen noch nicht. Sie passen aber perfekt dazu.

Die von Erika Fuchs in ihren Übersetzungen benutzten Namen lassen sich in drei große Herkunftsbereiche einordnen. Diese entsprechen den Stationen ihres langen Lebens. Zuerst kommt ihre Heimat im nördlichen Ostdeutschland. Da hat es unsere fuchsistische Wissenschaft schwer. Wer sich für das Mickymausheft der heroischen Epoche 1951 bis so etwa 1979 und seine Chefredakteurin interessiert, der hat das Heft als Kind intensiv gelesen. Das schließt die meisten Bewohner der weiland DDR aus. Wir Wessis wissen vieles einfach nicht oder lernen es nur per Zufall. Zum Beispiel muss uns erst einmal jemand erklären, dass die seltsame Interjektion »Weiß Knöppchen« in Wirklichkeit ein sächsisches »Weeß Gnöppchen« ist. Nur wer von uns den Sachsen Karl May wirklich sehr gründlich studiert hat, kennt das schon vorher. Bei ihm redet der ebenfalls sächsische Hobble-Frank so.

Untersuchen wir einmal den Namen Bullerjahn: Herr Bullerjahn entstammt einer Geschichte von 1959. Wichtig ist erst einmal das B. Der Name eines Bäckermeisters fängt in Entenhausen natürlich gerne mit B an. Für so etwas könnte man natürlich einen schönen wissenschaftlichen Begriff erfinden, vielleicht »nominative Korrelation«. Weitere Beispiele dafür sind Professor Poth, Dr. Dusternus, Senator Seidelbast und Kaufhausbesitzer Kullermann.

Es gibt eine interessante Website, www.verwandt.de, da kann man herausbekommen, dass man hauptsächlich im Osten, um Berlin herum, Bullerjahn heißt. Heute ist uns natürlich der Politiker Jens Bullerjahn aus Sachsen-Anhalt geläufig. Vielleicht kannte Erika Fuchs den Bullerjahn aber auch aus ihrer Studentenzeit. In Göttingen gab es ein sehr merkwürdiges Ritual dieses Namens. Ich zitiere aus der Wikipedia:

Bullerjahn (Studentenverbindung):
Der Bullerjahn fand jeden Dienstag und Freitag, in seiner Endphase nur noch freitags, im Göttinger Ratskeller statt. Die Tische waren voll besetzt, und jede Studentenverbindung hatte ihren festen Platz. Gegen Mitternacht wurde von den ersten Anwesenden die Forderung nach dem Bullerjahn laut. Als Gegenreaktion wurde stets »Viel zu früh!« gerufen. Erst nach einiger Zeit ließ sich die Kapelle, die die Gäste bis dahin mit Vorkriegsschlagern unterhalten hatte, dazu herab, das »Bullerjahnlied« anzustimmen. Der Text dieses Liedes ist äußerst einfach: »Herr Direktor Bullerjahn, Bullerjahn ist da! Herr Direktor Bullerjahn, Bullerjahn, Herr Direktor Bullerjahn ist da! – Ist das nicht der wunderschöne Meyer, ja, ist das nicht der wunderschöne Meyer!«

Ende der 1960er-Jahre wurde der Ratskeller umgebaut, und damit ging auch der Bullerjahn verloren.

Eine Veranstaltung von fast schon Entenhausener Absurdität. Eine dritte Möglichkeit für die Genese des Bäckermeisters Bullerjahn ist der Bullerjan ohne H. Das ist ein Holzofen, dessen Ursprünge in Kanada liegen. Da der Ehemann Günter Fuchs im Ofengeschäft tätig war, gibt es da vielleicht Zusammenhänge.

Reinhold Lobedanz war ein ostdeutscher Politiker. Mir sagt der Name nichts, aber ich denke, man konnte ihn zwischen 1920 und 1945 ab und zu in der Zeitung lesen. Lulu Lobedanz ist ein schmieriger Quizmaster im Entenhausener Kommerzradio. Vermutlich hat er mit seinem Namensvetter nicht viel gemein. Erika Fuchs ging es nur um den wunderbaren Namen. Theodor Billroth war ein berühmter Chirurg, der den Patienten alles Mögliche, zum Beispiel die Speiseröhre, den Kehlkopf und den Magen abgeschnitten hat. Er wurde in Bergen auf Rügen geboren. Der Name ist ansonsten sehr selten. Aber Erika Fuchs hat ihn aufgeschnappt und die schweinoide Baronin Billroth damit versehen.

Ein weiterer Fall von nominativer Korrelation ist Bootsmann Bottervogel:

Bottervogel oder auch Bottervagel ist ein norddeutscher Ausdruck für Schmetterling. Das erinnert ja eigentlich gar nicht an einen rauen Seebären. Aber es klingt gut. Und es passt auch gut zu einer Figur, die tatsächlich ein Vogel ist. Bei dem Herrn Bootsmann im Bild handelt es sich übrigens nicht um Donald Duck, sondern um eine Präinkarnation – nennt man das so? – aus dem 16. Jahrhundert. Der Wiener Musiker Dominik Dusek tritt manchmal soloprojektmäßig unter dem Namen Bottervogel auf. Dieser Name wurde sicher von Erika Fuchs inspiriert und nicht von den nordischen Insekten. Auch die Münchner Band Krachmaninoff verdankte ihren Namen einer Donald-Duck-Geschichte.

In Berlin gab es früher die traditionsreiche Meierei (= Molkerei) Carl Bolle, gegründet 1879. In Entenhausen gibt es sie heute noch. Mein Urgroßvater nannte sich auch Carl. In Wirklichkeit war er aber nur ein schnöder Karl. Der Name Carl war damals eben modern. Vielleicht erklärt das ja auch, warum Carl Barks, der beste aller Donaldzeichner, 1901 den Vornamen seines Onkels Carl verpasst bekam. Eine mögliche Erklärung des Begriffs »Milchmädchenrechnung« ist übrigens, dass eine Angestellte von Bolle eine etwas unkonventionelle Methode erfunden hatte, mit den Fingern auszurechnen, was man für die gekauften Milchprodukte zahlen musste. Auf jeden Fall verbrachte Erika Fuchs viel Zeit in Berlin, und das hat auch viele Spuren in ihren Übersetzungen hinterlassen. Der Name Grieneisen gehört dazu. Da muss man sich nicht lange fragen, wo sie ihn herhatte. Die Firma Grieneisen ist ein alteingesessenes Berliner Bestattungsunternehmen. Wenn Donald Duck Magenbeschwerden hat, dann nimmt er natürlich Bullrich-Salz. Das wurde ab 1834 in Berlin von der Firma C. F. Stegmann hergestellt. Bekannt wurde es durch Werbesprüche an den S-Bahnen wie »So nötig wie die Braut

zur Trauung ist Bullrich-Salz für die Verdauung«. Der Volksmund fügte hinzu »Nimm lieber Hering, so fett wie der Göring«.

Ein Entenhausener Elendsviertel, das wir unten sehen, heißt Kummersdorf. Doch Daisy Duck und ihr Damenklub möchten wenigstens zum Fest der Liebe den Kummer der dortigen Kinder etwas lindern.

Apropos Damenklub: In Entenhausen heißt es immer Klub und nie Club. Man verzehrt Puffmais und kein Popcorn. Es gibt zwar einmal den Besuch eines Zombies, aber der ist ein Opfer von Wudu und nicht von Voodoo. Statt Goldmine sagt man Goldgrube, was wir ja nur noch im übertragenen Sinne kennen. Zum Frühstück essen Kinder statt Cornflakes Knusperflocken – auch so ein ostdeutscher Ausdruck –, bis sie ihnen zu den Ohren rausstauben. Toast wird mit Röstbrot oder gar Zwieback übersetzt. Das alles ist keine primitive Deutschtümelei von

der Art, die aus dem Explosionsmotor einen Knalltopftreibling macht. Erika Fuchs ist gerne gereist und in der ganzen Welt herumgekommen. Aber was man problemlos auf Deutsch sagen kann, hat sie auf Deutsch gesagt. Ansonsten mutete sie ihren jungen Lesern durchaus auch einmal Fachwörter wie Aliquotstimme, Cephalopoden, Electrocephalogramm, Karborundum, Saigerteufe, Theodolit, Trinitrotoluol und Zyklotron zu.

Es wird inzwischen niemanden mehr wundern: Erika Fuchs hat den Namen Kummersdorf nicht erfunden. Nur, es gibt gleich mehrere Orte dieses Namens. Zu Kummersdorf bei Meißen findet man übrigens die Erklärung, dass es eigentlich ein Konradsdorf ist. Vielleicht trifft das ja auf jedes Kummersdorf zu. Vielleicht war es sogar immer der gleiche Konrad. Zwei Kummersdörfer liegen in der Nähe von Berlin, wo Erika Fuchs im Krieg ein Jahr lang lebte. Wenn man sich die Hauptstadt in der Mitte einer Uhr vorstellt, dann liegen sie bei vier respektive bei sechs Uhr. Das Kummersdorf, das die Übersetzung inspiriert hat, war wohl das Sechs-Uhr-Kummersdorf, heute Teil der Gemeinde Am Mellensee. Günter Fuchs leistete seinen Kriegsdienst in Berlin beim »Waffenamt«. Nun befand sich aber in Kummersdorf die »Heeresversuchsstelle Kummersdorf«. Ob er direkt da arbeitete, weiß ich nicht. Auf jeden Fall wurde dort aber mit dem von ihm erfundenen »Fuchsgerät« experimentiert. Das war eine kleine Heizung, die es ermöglichte, einen Panzer auch im kalten russischen Winter zu starten. Jahre später ließ sich Herr Fuchs das Prinzip dieses Gerätes patentieren und führte es einer zivilen Verwendung zu. Schwerter zu Pflugscharen.

Übrigens wurde in Kummersdorf in der »Versuchsstelle Gottow« von 1939 bis 1944 auch mit der »Uranmaschine« experimentiert. Dieser Prototyp eines Kernreaktors, der auf Ideen des Physikers Werner Heisenberg beruhte, bestand hauptsächlich aus Uran, schwerem Wasser und Paraffin. Für eine ordentliche Kettenreaktion reichte das vorhandene Material aber nicht aus. Außer dem Paraffin, das war billig, davon hatte man Tonnen. Deshalb gab es an Weihnachten 1945 auch mehr als genug

Christbaumkerzen für die einheimische Bevölkerung, selbst wenn das Fest ansonsten nicht so schön ausfiel wie in Entenhausen.

Wenn man mit dem Auto von Schwarzenbach an der Saale, dem eigentlichen Wohnort der Familie Fuchs, nach München fährt und einen kleinen Umweg durch den Bayerwald macht, dann kommt man an einem weiteren Kummersdorf vorbei. Heute ist das ein Ortsteil von Arrach im Landkreis Cham. Dieses Kummersdorf liegt übrigens nicht allzu weit von Eichendorf im Kreis Dingolfing-Landau entfernt, und auch dieser Name taucht etwa ein halbes Jahr nach Kummersdorf im Mickymausheft auf.

Eigentlich hätte man ja eher den Namen Eichendor*ff* für die eichhörnchenähnliche Kreatur erwartet, aber Erika Fuchs verwirrt einen immer wieder. Wenn ich einmal ganz wild raten darf: Sie ist an dem Wegweiser nach Eichendorf vorbeigekommen und hat daraufhin die korrekte

Schreibweise des Namens des Dichters Joseph von Eichendorff vergessen. So etwas hätte jedenfalls auch mir passieren können.

Eine stattliche Anzahl der von ihr verwendeten Namen stammt aus Oberfranken. Fuchsianer, die dorthin pilgern, melden immer wieder neue Entdeckungen. Nehmen wir zum Beispiel das Paulahölzchen. So ein Ort verleiht Entenhausen den ganzen Charme der Kleinstadt Schwarzenbach. Wie sie in München die Theresienhöhe nach einer Prinzessin benannt haben, so heißt das Paulahölzchen vielleicht nach einer Krämersgattin. In der Region um Schwarzenbach enden Ortsnamen gerne auf -reuth, -itz oder -au, wie Schnarchenreuth, Kirchenlamitz oder Rehau. So ist es auch im Entenhausener Universum. System ist darin keines, aber im richtigen Leben bleibt eben vieles dem Zufall überlassen. Andere Ortsnamen gehören im Entenhausischen einfach in die Geflügelkategorie, zum Beispiel Gänseburg oder Erpelstadt. Man muss ja auch nicht immer versuchen, besonders originell zu sein, das kann auch nerven.

Übrigens ist zwischen Schwarzenbach und Nürnberg in Trebgast auch die altehrwürdige Privatbrauerei Haberstumpf angesiedelt.

An diesem Bild aus dem Jahr 1959 lässt sich noch mehr demonstrieren. Damals war es in Ausnahmefällen noch möglich, die Grenzen einer Sprechblase zu sprengen. Der Text wurde seinerzeit einfach auf Papier ausgedruckt, eingeklebt und basta. Wer genauer hinschaut, sieht auch, dass die Kolorierung nicht überall ganz passgenau und der Druck der Tuschezeichnung und der Schrift treppig ist. Die linke Begrenzungslinie wurde ungeschickt nachgezeichnet. Heutzutage wäre das alles undenkbar. Heute muss es sterile Perfektion sein. Ich persönlich finde die alten Ausgaben aus den 1950ern trotz ihrer Macken schöner.

Viele Fuchs-Namen werden vielleicht nie dechiffriert werden. Bekannt ist immerhin, dass es die kleine Katharina Frowein, genannt Bucka, tatsächlich gegeben hat. So etwas kann man nicht erfinden. Die Geschichte stammt aus der besten Schwarzenbacher Zeit.

Als meine Tochter geboren wurde, wollte ich sie auch Katharina, genannt Bucka, taufen. Ihre Mutter hat das abgelehnt, weil Katharina ein Modename sei. Dann hätte das Gör dereinst nur viele Klassenkameradinnen mit dem gleichen Namen. Für meinen Sohn habe ich später Ede (wie den Panzerknacker Ede) vorgeschlagen. Nicht Eduard oder Edwin

oder so, einfach nur Ede. Kein Modename, und trotzdem wurde mir das auch nicht genehmigt. Jetzt heißt er Erasmus nach Erasmus Erpel, dem Gründer von Entenhausen. Feinsinnige Leute denken da natürlich gleich, dass sein Namenspatron der Humanist Erasmus von Rotterdam war. Vielleicht stimmt das sogar. Der Name hat nur einen Umweg gemacht. Ein Freund hat seinen Sohn Anders genannt, wie den Maler Anders Zorn. Aber eben auch wie Anders And. Das ist der dänische Name von Donald Duck.

Erika Fuchs hat immer wieder einmal Namen von Leuten in ihre Übersetzungen eingebaut, denen sie damit eine Freude machen wollte. Im folgenden Fall war es leider nur die gute Übersetzung einer zweitrangigen Geschichte, aber die Freude war trotzdem groß, wie ich aus gewöhnlich gut unterrichteter Quelle weiß:

Damit sind wir bereits in der letzten Periode von Erika Fuchs' Leben angelangt. Sie fuhr immer gerne und lange nach München. Im Jahr 1974 kaufte sie sich dort im Stadtteil Gern, unweit vom fürnehmen Nymphenburg, ein Haus als zweiten Wohnsitz. Nach dem Tod von Günter Fuchs im Jahr 1984 zog sie ganz dorthin. In einer ihrer letzten Übersetzungen sagen Tick, Trick und Track dann auch einmal zu ihrem Onkel: »Such ein Haus im Stadtteil Gern. Das ist eine prima Gegend.« Natürlich hört der Onkel da nicht auf die Neffen, und die Konsequenzen sind entsetzlich. Immer wieder tauchen Münchner Namen im Mickymausheft auf. Das Hotel Königshof am Stachus mutiert zum Motel Königshof in Entenhausen, und dort steigt tatsächlich einmal ein König ab. Wie so oft hat Erika Fuchs hier wieder einmal einen Namen ganz wörtlich genommen:

Da der Königshof in Bayern steht, sagt König Oskar auch »Grüß Gott«. Ansonsten ist die Entenhausener Sprache selten bayerisch eingefärbt.

Man kann noch vieles anderes aus München und Bayern nennen. Die ober erwähnte Theresienhöhe kommt auch vor. Einmal wohnt Donald Duck in der Blumenstraße 13. Einer seiner Nachbarn ist der Herr Rupp, ein Bayer. Sein Dialekt ist aber so … äh …, ruppig, dass man vermutet, er ist auf dem Land aufgewachsen, vielleicht mehr in Richtung Laberweinting oder so: »Schaug, dass di schwingst! Haderlump, hatscherter!« Für Ungebildete: »hatschert« heißt hinkend.

Irgendein kluger Mensch hat einmal entdeckt, dass in Entenhausen der Bürgermeister immer ein Schwein ist. (Die Richter sind übrigens meistens Eulen.) Das stimmt nicht hundertprozentig, aber doch sehr oft. Da wird es auch niemanden verwundern, dass in Schwarzenbach im Jahr 2002 ein gewisser Alexander Eberl das Amt des Bürgermeisters übernommen hat. Im Entenhausener Kosmos sind die schweinoiden Figuren oft skrupellos, machtgierig oder halbseiden. Ich nenne nur Shandy Schofel, Kasimir Keiler und Erich von Ehrenspeck:

Ehrenspeck ist wieder einmal so ein real existierender Name, der einem, wenn überhaupt, dann extrem selten begegnet. Man hat das Gefühl, Erika Fuchs hat ihn sich zehn Jahre lang aufgehoben, um ihn dann wie ein Ass aus dem Ärmel zu ziehen. Vielleicht kannte sie ja einen Ehrenspeck. Aber selbst wenn das ein dürrer Schneidermeister war, so dachte sie trotzdem gleich an Borstenvieh und Schweinespeck. In ihrer Generation und sozialen Schicht gehörte der *Zigeunerbaron* noch zur Allgemeinbildung:

ZSUPAN:
Ja, das Schreiben und das Lesen,
Ist nie mein Fach gewesen,
Denn schon von Kindesbeinen
Befasst' ich mich mit Schweinen,
Auch war ich nie ein Dichter,
Potz Donnerwetter Parapluie!
Nur immer Schweinezüchter,
Poetisch war ich nie!
Ja –
Mein idealer Lebenszweck
Ist Borstenvieh, ist Schweinespeck.

Eine andere Entenhausener Familie ist die Familie Wutz: Willi Wutz, Frau Wutz und der bauernschlaue Hund Baby. Wutz ist tatsächlich ein üblicher Münchner Name, deutlich häufiger als zum Beispiel Horst, was mich doch sehr verblüfft hat. Möchten Sie vielleicht Wutz heißen? Natürlich stammen die Wutzens vom Schwein ab, so wie unsereiner vom Affen abstammt. Vielleicht sind sie ja auch Verwandte des Bürgermeisters.

Erika Fuchs war oft poetisch, sie hat es jedoch in ihren Übersetzungen immer als etwas dargestellt, was einem eher peinlich sein sollte. Wie aber soll man es sonst nennen, wenn Donald Duck in höchster Not ein Schwein als »Borstenvieh« anredet?

Doch Schluss mit den Schweinereien und zurück zu den Namen. Einmal arbeitet Donald Duck bei der Grenzpolizei in der Sanddornwüste. Die Wüste ist so geartet, wie man sich eine Wüste vorstellt, heiß, sandig, und Teile der Flora sehen dornig aus. Wenn man sich aber schlaumacht, dann stellt man fest, dass die Sanddorne (*Hippophae*) überhaupt keine Wüstengewächse sind. Der Name klingt nur so. Erika Fuchs war keine Wissenschaftlerin. Sie hat immer nur mit Wörtern gespielt. Eine Firma von Tauchern heißt bei ihr »Knappersmann und Ritt«, Das ist eine wunderbare Verdrehung von Schillers »Rittersmann oder Knapp«. Sie beruht auf einem alten Nonsensgedicht, das zugegebenermaßen leicht bescheuert ist:

> Wer wagt es Knappersmann oder Ritt
> zu schlunden in diesen Tauch …

Erika Fuchs verblüffte ihre Leser immer wieder mit völlig unerwarteten Namen oder Bezeichnungen. Oft genug waren sie nicht ihre eigene Idee, aber sie baute sie immer so ein, dass man das gar nicht bemerkte. Dann wieder kam doch etwas Originelles, wo man bis zum Beweis des Gegenteils davon ausgehen möchte, dass sie es sich selbst ausgedacht hat.

Ein Test für Sie, liebe Leser: Die Berufshexe Gundel Gaukeley verwendet einmal für eine magische Brühe unter anderem »getrocknete Grottenasseln«. Was meinen Sie? Sind die Grottenasseln real? Man sieht die lichtscheuen Tierchen doch förmlich durch ihre Grotten huschen. Oder gibt es sie gar nicht?

Ein Falke, ich meine, ein richtiger Falke aus der Falknerei, kein denkendes Wesen in Falkengestalt, sucht Schutz bei Tick, Trick und Track, die leider genau wissen, was ihr Onkel von Haustieren hält:

Sie taufen ihn Fundevogel. In dem gleichnamigen Märchen der Gebrüder Grimm ist Fundevogel aber kein Tier, sondern ein Kind. Aber wie immer ging Erika Fuchs nur nach der Wortbedeutung. Ein gefundener Vogel heißt eben Fundevogel. Auch sonst verwendete sie manchmal Märchen, zum Beispiel das vom *Teufel mit den drei goldenen Haaren*.

Was sich überhaupt wie ein Leitmotiv durch Fuchs' Übersetzungen zieht, ist der Teufel alias Satan. Ein Psychoanalytiker oder Irrenarzt, wie sie ihn in ihrer erfrischenden politisch unkorrekten Art vermutlich genannt hätte, könnte dazu wohl viel Unsinn zusammenschreiben. Tatsache ist, dass bei ihr immer wieder Lebewesen oder Örtlichkeiten mit »Teufel«- oder »Satan«- anfangen. Manches davon existiert, manches hat sie erst erfunden. Ich nenne nur die Satansbeere, den Satanspilz, die Satansschlange, die Satanszacke, die Teufelsfälle, das Teufelshorn, die Teufelsklippen, die Teufelsknolle, das Teufelskraut, das Teufelsmoor, den Teufelspilz, den Teufelsrochen und die Teufelsschlucht. Ein etwas störrisches Pferd mit dem englischen Namen Rattlesnake (= Klapperschlange) nennt sie Satan. Einmal hat sie sogar in eine Geschichte, die in Amerika auf der Pony-Express-Route spielt, einen »Devils-Paß« (damals noch alte Rechtschreibung) eingebaut, der im Original gar nicht vorkommt. Vielleicht hat sie sich da von der Filmkomödie *The Devil's Pass* inspirieren lassen. Der Film ist wohl in Deutschland nicht herausgekommen, aber Erika Fuchs war reiselustig. Vielleicht ist sie 1957 ja mal nach London gereist.

Zum Abschluss des Kapitels noch ein besonders ausgefuchster Name. Der Pirat Henry Morgan heißt in der deutschen Version einer Geschichte Raffaelo Rapallo. Warum? Im Jahr 1922 wurde im ligurischen Städtchen Rapallo ein Vertrag zwischen Deutschland und Russland geschlossen. Auch heute beschwört man noch gerne den »Geist von Rapallo«, wenn man vom Verhältnis zwischen den beiden Staaten redet. Und in der Piratengeschichte tut einmal jemand so, als sei er Rapallo, der als Gespenst zurückkehrt.

Kreisch! Der Geist von
Rapallo!

WENN UNSEREINS STUDIERT, DANN HAT ER WAS DAVON!

Erziehung und Wissenschaft in Entenhausen

Erika Fuchs war traurig, als ihr Studium zu Ende ging. Für sie war das Lernen *l'art pour l'art*. Schule und Universität waren nicht nur ein Mittel, um später einmal zu Reichtum oder Einfluss zu kommen. Vermutlich hatte sie nichts gegen Reichtum und Einfluss, aber sie zählte zu den wenigen glücklichen Menschen, für die das Wissen an sich schon so ein Zuckerbrot ist, dass es zur Motivation mehr als ausreicht.

Entsprechend wurde die Bildung natürlich im Mickymausheft dargestellt. Manches davon entsprach der amerikanischen Vorlage, anderes hat die Übersetzerin neu formuliert:

Der Herr mit dem kräftigen Unterkiefer hat sich bei Dagobert Duck Geld geliehen, um das Buch *100 Wege im Verkehr mit Schuldeneintreibern* zu kaufen. Im amerikanischen Original sagt er: »And after readin' that book, I hate bill collectors! Scram!« In der deutschen Fassung hat Erika Fuchs ein Lob der Bildung neu eingebaut, das nur deshalb so komisch ist, weil es von einem Angehörigen der bildungsfernen Schichten kommt. Sie hatte immer die Freiheit, vom Urtext abzuweichen, und davon machte sie auch Gebrauch. Zum Beispiel gehen Tick, Trick und Track in Amerika natürlich auf die dortige Einheitsschule. In Deutschland besuchen sie das Gymnasium, und zwar durchaus mit Freude und Eifer, wenn man von gelegentlichen Anfällen von Aufmupf oder Frustration einmal absieht, die für einen spannenden Plot vonnöten sind.

Eine Bemerkung, die eigentlich in das Kapitel über Namen gehört, aber mit diesem Bild verknüpft ist: Der Herr links, der so gründlich studiert hat, heißt in der Fuchs'schen Erstfassung Gregor Ganofsky und wurde dann für die Zweitfassung in Kasimir Kapuste umgetauft. Beides, Ganofsky und Kapuste, sind echte slawische Namen, es gibt viele ehrenwerte Männer, die so heißen. Aber sie klingen doch sehr nach Unterschicht. Kapuste finde ich besser. Das ist subtiler, und ich weiß trotzdem sofort, dass mit dem Kerl nicht gut Kirschen essen ist. So könnte ein Nachfahre von aus Osteuropa eingewanderten Bergarbeitern heißen. Meine eigene Familie besteht teilweise auch aus solchen Leuten, aber wir sind doch schon etwas zivilisierter.

Im Alter von 14 Jahren setzte Erika Fuchs beziehungsweise damals noch nicht Fuchs mit viel Energie durch, dass sie das Knabengymnasium ihrer Heimatstadt Belgard besuchen durfte. Nach dem so ermöglichten Abitur studierte sie bis zur Promotion Kunstgeschichte mit den Nebenfächern Archäologie und mittelalterliche Geschichte, der Reihe nach in Lausanne, München, London, München. Früher war mehr Lametta. Nur ein kleiner Teil der Bevölkerung konnte studieren, der hat sich dann aber auch in der Welt herumgetrieben.

Wenn man anfängt nachzudenken, dann wundert man sich vielleicht, dass sie nicht Germanistik oder Anglistik gewählt hat. Doch das war vielleicht ein Segen. Germanistik hätte ihr das Spontane geraubt. Natürlich gibt es auch Sprachwissenschaftler, die in der volksnahen Literatur reüssieren. Ohne lange zu überlegen, nenne ich mal J. R. R. Tolkien und Michael Innes. Auf jeden Fall kann man aber sagen, dass Erika Fuchs eine Generalistin war. Sie hat sich immer für vieles interessiert. An ihren Übersetzungen merkt man nicht, was genau sie studiert hat. Ja, man hätte sie durchaus für eine Physikerin oder so etwas halten können. Doch das liegt wohl nur an der sachkundigen Unterstützung durch ihren Ehemann. Vielleicht sollte man besser nicht nachdenken und einfach die Sterntaler einsammeln wie das fromme Mädchen im Märchen.

Von einem Stipendium weiß ich nichts. Die Eltern waren gut situiert, aber es gab auch noch Geschwister. Da musste sie zielstrebig studieren. Nach fünf Jahren an der Universität reichte sie 1931, im Jahr ihres 25. Geburtstags, die Doktorarbeit ein. Der Titel war *Johann Michael Feuchtmayr: Ein Beitrag zur Geschichte des deutschen Rokoko.* Die Prüfungsnote war übrigens magna cum laude und nicht summa cum laude, wie oft kolportiert wird. Diese Fehlinformation hat Erika Fuchs selbst einmal energisch korrigiert. Die Lorbeerkränze, die sie ehrlich verdient hatte, reichten ihr.

Ganz generell muss man sagen, dass sie zu den Schulen und den Hochschulen eine sehr positive Einstellung hatte. Sie hat sie nicht verklärt, aber sie liebte sie wie ein Alkoholiker das Wirtshaus. Ich habe noch das Gymnasium der 1960er-Jahre erlebt. So wie im Film oder Roman *Die Feuerzangenbowle* ging es bei uns nicht mehr zu, aber gewisse Ähnlichkeiten gab es freilich noch. Heinrich Spoerls Roman wurde 15 Jahre nach dem Ende des Ersten Weltkriegs veröffentlicht, ich begann meine Gymnasialzeit 15 Jahre nach dem Ende des Zweiten. Durch den Krieg

war die Generation der jungen Männer dezimiert, die Überlebenden hatten weniger Konkurrenten. Da war unter den Lehrern viel Platz für originelle und kauzige Persönlichkeiten.

»Semmelbauch« hat Erika Fuchs nicht erfunden, es ist schon 1601 nachweisbar, aber es ist äußerst selten. Die Suchmaschine meldet ganze elf Ergebnisse, die teilweise auch noch auf Erika Fuchs selbst zurückgehen. Manchmal gewinnt man wirklich den Eindruck, dass sie eine Art sportlichen Ehrgeiz hatte, sich möglichst wenig selbst auszudenken, aber immer so zu tun, als ob.

Wir hatten auf dem Gymnasium im Wesentlichen zwei Erdkundelehrer, den Herrn H. und den Dr. H. Beide füllten die Zeit hauptsächlich mit dem Erzählen von längeren Geschichten. Es gab aber einen Unterschied. Dr. H. erzählte nur über geografische Themen, Herr H. über Gott und die Welt. Damals konnte man mit einem Abiturzeugnis noch fast alles studieren. Auf die Noten kam es meistens nicht an. Es gab zwar schon den einen oder anderen Numerus clausus, aber das war der Ausnahmefall. Weder wir noch die Lehrer waren zu Spitzenleistungen verdammt. Natürlich ist es gut, ein bisschen von Geografie zu verstehen, aber das Fach liegt dem einen mehr und dem anderen weniger. Selbst bei viel gutem Willen auf beiden Seiten bleibt nicht immer der ganze Schulstoff hängen. Ich bin mir ziemlich sicher, dass Afghanistan bei Dr. H. dran war. Bei ihm habe ich gelernt, wo Afghanistan liegt, und gleich wieder vergessen. Ich weiß es bis heute nicht so genau. Da bin ich nicht der Einzige.

Dr. H. war vermutlich ein ganz ähnlicher Doktor wie Dr. Erika Fuchs. Er hatte mit 26 Jahren im Fach Volkskunde promoviert, aber damit karrieremäßig auch nicht sehr viel erreicht. Geografielehrer in der Kleinstadt war mehr ein später Brotberuf, den er aber gerne ausübte, so wie Erika Fuchs ihre Übersetzerinnentätigkeit. Damals gab es noch kein Burn-out-

Syndrom bei den Lehrern und noch keine Amokläufe bei den Schülern. Die Welt war nicht besser als heute, aber die Hysterie war nicht so groß.

Was Erika Fuchs an der Schule und Universität so schätzte, war die Freiheit, so intensiv zu lernen (oder eben auch nicht zu lernen), wie man wollte. Es war weniger der Lernstoff als die Herausforderung. Ehe sie auf das Knabengymnasium wechseln konnte, war sie unterfordert. Auch Tick, Trick und Track sind manchmal unterfordert, dann schwänzen sie die Schule. Im folgenden Bild sehen wir die drei, wie sie gerade von einem Schulpolizisten eingefangen wurden:

Der Schulpolizist (»truant officer«) ist ja auch so eine amerikanische Institution, die die Übersetzerin deutschen Lesern erst einmal nahebringen musste. Eigentlich unterscheidet er sich ja gar nicht so sehr vom Hundefänger, den wir hierzulande genauso wenig kennen. Sogar die Dienstfahrzeuge mit dem großen Käfig gleichen sich. Natürlich verlieren die Schulschwänzer in Entenhausen letztlich immer den Kampf gegen die Autoritäten. Das gehört dazu. Und wenn der Schulpolizist ein anständiger Gegner ist, dann muss man ihm auch Respekt zollen. »Tüchtiger Beamter!« Ich möchte aber behaupten, dass uns Erika Fuchs nie einen Augenblick darüber im Unklaren gelassen hat, dass die allgemeine Schulpflicht eine zivilisatorische Errungenschaft ersten Ranges ist. Schule ist bei ihr eine etwas altväterliche Institution, wo die Lehrer oft sehr verschroben sind, aber sie ist immer ein Ort, wo sich jeder wohlfühlen kann. Man kann ruhig auch mal schwänzen, das darf aber beileibe nicht zur Regel werden.

Die Universität, wie sie sie von 1926 bis 1931 erlebte, war noch keine Massenuniversität, erst recht nicht in dem Orchideenfach Kunstgeschichte, das sie gewählt hatte. Die Erfahrungen, die sie da machte, erkennt man in ihrem Entenhausen wieder. Hier sieht man zum Beispiel Professor Eierkopf, den Ordinarius am Automationsinstitut der Universität Entenhausen:

Man beachte übrigens, es wird wieder einmal Schiller zitiert. Auf Englisch ist der Professor nur ein schlichter Wissenschaftler ohne jeden Titel in der Privatwirtschaft. Aber Erika Fuchs hat ihre Wissenschaftler immer gerne zum Hochschullehrer befördert, vor allem wenn sie einen Bart trugen. Wie man hier sieht, ging es aber auch ohne Bart. Ihre Professoren sind meistens Lichtgestalten. Es gibt seltene Ausnahmen wie den skrupellosen Professor Schratt-Schierling, einen fanatischen Schmetterlingssammler, aber meistens sind die Professoren hochanständige Personen, die ihr Wissen in den Dienst der Menschheit stellen.

Sagen wir es ruhig: Erika Fuchs war wertkonservativ. Als ich zum ersten Mal ihre Texte las, da war sie aber auch schon über fünfzig Jahre alt. Vielleicht sollte ich es ganz anders ausdrücken: Sie war für mich so etwas wie eine sehr jugendliche Großmutter. Im Jahr 1958 wusste ich noch nicht, dass sie das ganze Mickymausheft übersetzte. Im Impressum stand sie schließlich als Chefredakteurin. Wenn ich gewusst hätte, dass alle Übersetzungen von ihr stammten, hätte ich da ihr Alter richtig geraten? Ich glaube nicht. Erika Fuchs wusste furchtbar viel, aber sie tat nicht so eingebildet wie andere alte Leute. Was ich mit Sicherheit sagen kann, ist, dass sie in den folgenden dreißig Jahren um keinen Tag gealtert ist.

Man kann nicht leugnen, dass die Herren Professores manchmal etwas weltfremd sind. In Entenhausen ist die Forschung kein Leistungssport wie bei uns so oft. Die Forscher haben nicht das Ziel, die Konkurrenz zu übertrumpfen und berühmt zu werden, sondern sie wollen nur lebensnotwendige Probleme lösen. Nehmen wir als Beispiel den Professor von der Kohldampfinsel. Er liebt den Kohl, weil der von allen vegetarischen Speisen wegen seines hohen Gehaltes an K-Vitamin die beste ist. Deshalb arbeitet er an einem geruchlosen Kohl, aber immer, wenn der Geruch weg ist, ist auch der Geschmack weg. Im Rahmen dieser Forschung hat er versehentlich die Versteinerungsstrahlen, eine furchtbare Waffe, entdeckt. Damit diese nicht in falsche Hände geraten, forscht er fern von seiner Entenhausener Heimat auf einer einsamen Insel:

Dieser Professor wird im Erfolgsfall keinen Biotechkonzern gründen, um seinen Kohl zu Geld zu machen. Aber wenn er im Stadtpark spazieren geht, werden ihn die Bürger wiedererkennen, wie seinen Kollegen Knall oben rechts, der wie Madame Curie seine Gesundheit der Wissenschaft geopfert hat.

Das Ansehen der Professoren in der Bevölkerung ist hoch. In einer Episode arbeitet Donald Duck als Grenzpolizist an der Südgrenze. Eine seltsame, mexikanisch aussehende Gestalt nähert sich auf einem Esel, als wäre es Sancho Panza. Dieser Herr trägt etwa zwei Dutzend Fotoapparate bei sich und gibt vor, er wolle für die Universität einen Bolzenkaktus ablichten. Daraufhin spricht Donald Duck die klassischen Worte: »Ach so, Sie sind Professor. Das ist was anderes.« Der bloße Verdacht, dass jemand ein Professor ist, genügt bereits, um bei einem braven Polizeibeamten das eigentlich so wichtige professionelle Misstrauen auszuschalten.

Erika Fuchs muss beim ersten Anblick dieser Geschichte ein kleines Déjà-vu-Erlebnis gehabt haben. Ein Vierteljahrhundert zuvor war sie mit dem Fahrrad durch Süddeutschland gefahren und hatte für die Universität alte Kirchen fotografiert. Dabei wurde sie wohl ähnlich freundlich aufgenommen wie der Kaktusprofessor.

Allerdings war die Doktorandin Erika Fuchs echt, während es sich bei dem Kaktusprofessor nur um einen Kameraschmuggler handelte. Zur Komik der Entenhausener Geschichten trägt manchmal bei, dass selbst die plumpesten Verkleidungen nicht durchschaut werden. Wir Leser ahnen, dass mit dem Latino etwas nicht stimmt, während Donald Duck völlig schimmerlos ist.

Wir können jederzeit einen echten Professor von einem falschen unterscheiden. Der folgende Herr zum Beispiel hält einen Vortrag im Verein der Naturfreunde:

Es ist ganz offensichtlich, dass es sich hier um einen Professor handelt, auch wenn er nie so genannt wird.

Die Naturfreunde, auf Neudeutsch NaturFreunde, sind in unserem Universum eine weltumspannende Organisation, so eine Art Pfadfinder für Erwachsene. Die spezielle Bezeichnung »Verein der Naturfreunde« ist schon seltener, man findet so einen Verein aber zum Beispiel in Berlin, wo Erika Fuchs oft zu Besuch war. In Entenhausen gibt es auch einen »Verein Naturburschen«, der ganz ähnliche Ziele verfolgt. Auch hier werden Vorträge gehalten, zum Beispiel über das Echo.

Bildung muss in Entenhausen nicht über irgendeinen Zweck gerechtfertigt werden. Sie trägt ihren Lohn in sich. Wer etwas Neues über das Echo lernt, hat eine weitere Stufe auf dem Weg zur Vollkommenheit erklommen. Deshalb wird der Gegenentwurf zu dieser Einstellung, das Radio- und Fernsehquiz, von Erika Fuchs immer als brunzdumm veralbert. Eine typische Quizfrage lautet: »Wie viel Ohren hat ein Kaninchen?« Wer dann noch weiß, dass ein Kaninchen lange Ohren hat, bekommt bereits eine hohe Intelligenzprämie. Der modische Unfug, die akademische Bildung auf Nobelpreise und Eliteuniversitäten zu reduzieren, hatte bei Erika Fuchs keine Chance. Ein Professor hat oft eine Vision. Wenn er sie verwirklicht, dann ist sein einziger Lohn, dass er ein Wohltäter der Menschheit ist. Und die Leute freuen sich, wenn sie ihn im Park treffen.

Bei den Indianern von Eckenhausen, einem abgeschiedenen Tal in den Anden ohne Kontakt zur Außenwelt, war von 1863 bis 1868 ein Professor Püstele zu Besuch. Er lehrte sie seine Hochsprache, die sie auch 1963 immer noch perfekt beherrschten.

Im Bild sehen wir den Herrn Präsidenten von Eckenhausen (links). Püstele muss ein deutscher Professor gewesen sein, weil er den Eckenhausenern viele deutsche und nur deutsche Studentenlieder beigebracht hat. »O alte Burschenherrlichkeit, wohin bist du entschwunden ...« Ansonsten erfährt man nicht viel über ihn. Ich würde aber darauf tippen, dass es sich um einen Geisteswissenschaftler handelte. Erika Fuchs war promoviert, ihr Mann lehrte erst als Dozent und später als Professor, sie kannte die Hochschulen von unten und von der Seite.

Eine kleine Anekdote am Rande: Im Jahr 1973 wurde Günter Fuchs zum Honorarprofessor der TU München ernannt. Dazu musste er einen Fragebogen ausfüllen. Eine besonders dumme Frage war: »Welche Bücher haben Sie gelesen?« Aber das war noch die Zeit der Universitätsneugründungen. Damals hat man vermutlich jeden zum Professor gemacht, der wusste, wie man *Winnetou* korrekt buchstabiert. Günter Fuchs, der verdiente 65-jährige Praktiker, war zu Recht etwas pikiert.

Erstaunlicherweise gab es aber für Erika Fuchs sogar noch eine Steigerung von Professor. In einer amerikanischen Geschichte liest Donald Duck ein Buch von Professor Blabaway Utterbunk. Der etwas plump ausgedachte Name sagt schon alles: »blab« = schwätzen, »utter bunk« = totaler Stuss. Sie hat sich da schon etwas mehr einfallen lassen:

So ein alter griechischer Philosoph ist eben noch viel klüger als ein Professor. »Eukalyptos« heißt auf Deutsch »wohl verborgen«. Wie wahr, unsere Philosophiegeschichte kennt tatsächlich den Eukalyptos nicht. Erika Fuchs hatte Altgriechisch gelernt. Aber ob das vielleicht sogar ein bewusstes Wortspiel war, hat sie wohl nie jemand gefragt. Ihre Meinung über Eukalyptos und Konsorten finden wir jedenfalls in einem Textkasten im Bild vorher: »Zwischen Theorie und Praxis ist manchmal ein großer Unterschied ...« Aber was lehrt der Herr Philosoph eigentlich? »Der Mensch ist der Herr über alle Geschöpfe, über Tiere, Fische und Vögel. Und was sein Wille erstrebt, erreicht er.« Das klingt doch fast wie das »Der Mensch ist das Maß aller Dinge, ...« des Vorsokratikers Protagoras, der allerdings erst ein halbes Jahrtausend nach Eukalyptos lebte. Einen ähnlichen Anflug von Weltfremdheit findet man oft auch unter den Entenhausener Geistesgrößen. Zum Glück gibt es noch Tick, Trick und Track, die aussprechen, dass der Kaiser nackt ist: »Das glaubt kein Mensch.«

SO EIN BUCH IST GOLDES WERT!

Literatur in Entenhausen

In diesem Kapitel soll es um Bücher und Verwandtes wie Gedichte und Dramen gehen. Wo liegt Entenhausen? Natürlich in Deutschland. Sonst würde es ja Duckburg oder so ähnlich heißen. Wenn ich Deutschland schreibe, meine ich natürlich immer Deutschland, Österreich und die Schweiz. »Deutschland« ist nur eine Abkürzung und kein Nationalstolz. Familie Duck kennt beispielsweise auch den Mondsee in Oberösterreich und den Klausenpass zwischen Uri und Glarus.

Schwieriger zu beantworten ist die Frage, *wann* Entenhausen existiert. Die Entenhausener Kultur ist eine bunte Mischung aus Vergangenheit, Gegenwart und einer Prise Zukunft. Der reichste Bankier der Stadt schützt sein Bargeld mit einem Geigerzähler und einer Kanone aus dem Burenkrieg. Wenn in Entenhausen Klassiker rezipiert oder rezitiert werden, dann in der Regel natürlich solche aus Deutschland. Wie man einem anderen Panel der Geschichte links im Bild entnehmen kann, hat der Herr Duck seinen Schiller gründlich studiert. Bei zweien der Folianten auf dem Schreibtisch handelt es sich nämlich um Schillers Dramen I und II. Das dürfte dem Umfang nach eine Gesamtausgabe sein, von den *Räubern* bis zum *Demetrius*. Im amerikanischen Original deklamiert der Tragöde übrigens aus Shakespeares *Heinrich V.*: »Ein Reich zur Bühne, Prinzen drauf zu spielen, Monarchen, um der Szene Pomp zu schaun!« Dieses schöne selbstreferenzielle Element fehlt leider in der Übersetzung. Aus Shakespeare hat Erika Fuchs immer gerne Schiller gemacht. Auch sonst hat sie ihn oft zitiert. Sogar die geknickte Lilie aus der schröcklichen Ballade *Die Kindsmörderin* hat sie einmal eingebaut.

In meiner Jugend in den 1950ern und 1960ern hatte man es schon nicht mehr mit den Klassikern. Das lag wohl auch ein bisschen an meinem Gymnasium. Es gehörte zu mehreren Internaten und nahm zusätz-

lich externe Schüler wie mich aus den umliegenden Bauerndörfern auf. Ich kannte niemanden, der auf eine andere Oberschule ging. Die Frage, ob es beim Niveau gewisse Abstriche gab, damit die Kinder der reichlich berappenden Eltern wenigstens im zweiten Anlauf das Abitur schafften, habe ich mir deshalb erst viel später gestellt. So gut wie das Schiller-Gymnasium in Entenhausen war unsere jedenfalls nicht.

Den *Faust* haben wir nie gelesen, ja, ich habe erst sehr spät im Leben überhaupt gemerkt, dass er in Reimen geschrieben ist. Immerhin haben wir noch so manches auswendig gelernt, Gedichte und Lieder aus dem Kirchengesangbuch. Mein Gedächtnis ist leider nicht so gut wie das von Erika Fuchs. Ich erinnere mich jetzt mit einiger Mühe wieder an *Tell* und *Götz* in der Schule, aber viel mehr als ein einziges Zitat hätte ich da jeweils nicht parat. Immerhin waren das Schiller und Goethe, wenn auch mehr für die Mittelstufe. Lessing kenne ich nur von der Lessingstraße im Monopolyspiel.

Ich bin übrigens mit Goethe verschwägert.

Eine Nebenlinie meines Stammbaums besteht aus der Familie Schlosser. Cornelia, die jung verstorbene Schwester des Olympiers, war unglücklich mit einem Johann Georg Schlosser verheiratet. Wir haben sie also sozusagen auf dem Gewissen. Vielleicht hätte Goethe ohne dieses von uns verursachte Trauma nicht so gesponnen, Farbenlehre und so. Das alles habe ich aber erst lange nach der Schule erfahren, sonst hätte ich den *Götz* seinerzeit mit heißerem Bemühn studiert.

Erika Fuchs liebte das gedruckte oder deklamierte Wort. Sie hatte aber in ihrer Mickymauszeit keine besonders innige Beziehung zu dem, was in der Gegenwart verlegt wurde. Wenn es bei ihren Übersetzungen um Literatur ging, dann hat sie gewöhnlich etwas eingebaut, was schon recht alt war.

Nur ein toter Dichter ist ein guter Dichter. Damit hatte Erika Fuchs vermutlich gar nicht so unrecht. Es dauert etwas, bis sich die Streu vom

Weizen getrennt hat. Die Feuilletons hat sie wohl nur gelesen, wenn der Fischhändler seine Ware darin eingewickelt hatte. Friedrich Dürrenmatt lebte allerdings noch, als sie 1971 einen Hausarzt »Dr. Dürrenmatt« nannte. Aber da wollte sie bestimmt nur den schönen Namen mit der D-D-Alliteration gebrauchen. Eine Sentenz des »verstorbenen« William Shakespeare hat sie immerhin wiederholt verwendet: Es gibt mehr Dinge im Himmel und auf Erden, als unsere Schulweisheit sich träumen lässt. »Hamlet! 1. Akt! Sehr gebildet!«

Genau das war Erika Fuchs, sehr gebildet. Sie hat vom Stoff des Gymnasiums lebenslang gezehrt. Das hat sie aber später nicht daran gehindert, sich über ihresgleichen lustig zu machen.

Ausnahmen vom Klub der toten Dichter gibt es freilich immer. Einmal, als Donald Duck gerade eine besonders tiefe Liebe zum Meer entwickelte, da warfen ihm seine Neffen eine übermäßige Lektüre der Werke von Hans Hass vor.

Jungen Lesern muss man vermutlich erklären, wer das war. Beziehungsweise, wer das ist. Heute, an dem Tag, an dem ich das schreibe, ist er noch putzmunter. Hans Heinrich Romulus Hass ist ein österreichischer Tauchpionier, der die Haifische liebt. Zwischen 1939 und 2004 veröffentlichte er mindestens dreißig Bücher. Was Donald Duck davon wohl alles gelesen hat? Vielleicht *Manta, Teufel im Roten Meer* von 1952? Hier schildert Hass zum Beispiel, wie ihn einmal vierzig Barrakudas von jeweils eineinhalb Meter Länge angegriffen haben. Natürlich erfolglos, sonst hätte er ja kein Buch mehr schreiben können. Auch Donald hat seinen Tauchgang überlebt, aber nicht ganz so glorreich.

Ich kenne Hass aber eigentlich mehr als einen Fernseh-Menschen der 1950er-Jahre, so eine Art Grzimek submersus. In den letzten Jahren hat er sich mit wissenschaftlichen Theorien beschäftigt, die man vielleicht wertungsfrei als hochspekulativ und fantasievoll bezeichnen sollte. In Entenhausen gibt es einen »stadtbekannten Sonderling«, der die Menschheit von den zahnschädigenden Karamellbonbons befreien will. Ein ähnlicher Philanthrop ist Hans Hass auch. Und außerdem hat Erika Fuchs immer gerne alliterierende Namen verwendet.

Ein anderes Buch wird nur sehr indirekt erwähnt. Wie bei einem Mord ohne Leiche gibt es noch einen kleinen Rest Unsicherheit, ob ich mir das vielleicht nur einbilde. Im Entenhausener Vergnügungspark stehen Kästen, die einer Einzelperson gegen einen Obolus dreidimensionale Darstellungen zeigen, wie sie ja heute wieder modern werden. Es sieht jedenfalls so aus, als ob jedes Auge sein eigenes Okular hat. Die Titel der Darbietungen sind *Arabische Feste* und *Paris bei Nacht.*

Donald Duck schaut sich die arabischen Feste an. Das ist vermutlich etwas Hochanständiges, wo alle Araberinnen züchtige Mieder tragen. *Paris bei Nacht* hingegen, oh, là, là. Im Jahr 1957, zwei Jahre vor dieser Donald-Geschichte, erschien in deutscher Übersetzung ein Buch von Jacques Robert mit genau diesem Titel. Das ist ein gut geschriebenes, witziges Werk über die Pariser Nachtschwärmer, aber ich vermute, dem durchschnittlichen Leser ging es hauptsächlich um die reichlich enthal-

tenen Fotografien von blutjungen Französinnen, arm wie Kirchenmäuse, die kein Geld für ein Mieder hatten. Mir sind sie alle obenrum etwas zu flach, aber damals hat man eben noch nicht mit reichlich Silikon nachgeholfen. So verdirbt der Fortschritt der Chemie den guten Geschmack.

Aber wie ist Erika Fuchs mit diesem Buchtitel in Berührung gekommen? Ich kann da nur eine wacklige Theorie anbieten. Zumindest ein paar Jahre später, als ich begann, so etwas wahrzunehmen, gab es in gutbürgerlichen Zeitschriften gerne Anzeigen von Buchversendern, die neben vielen anständigen Offerten am Ende auch noch ein oder zwei erotische Werke anboten.

So konnte man beim Prometheus-Versand, oder wie er sich auch immer nannte, seine Gelüste befriedigen und trotzdem noch dem Paketzusteller aufrichtig ins Auge schauen. Dass der Prometheus-Versand 70 Prozent des Umsatzes mit diesen Titeln machte, konnte ja niemand wissen. Ich nehme an, so war es. Die Übersetzerin hat beim Frisör eine dieser Anzeigen gelesen.

Doch, wie gesagt, solche zeitaktuellen Anspielungen sind eher selten. Ein Grenzfall sind vielleicht die *Du-und*-Bücher. Vor dem Krieg waren sie sehr beliebt.

Sie kamen von wechselnden Autoren und Verlagen und hatten Titel wie *Du und der Stahl*, *Du und die Elektrizität*, *Du und der Motor*, *Du und die Physik*. Ein Volk, das solche Bücher hervorbringt, baut auch ein Deutsches Museum für die Ewigkeit. Damals konnte man noch das letzte Wort über »die« Elektrizität und »den« Stahl haben. Im Laufe der Zeit wurden die Themen immer diffuser – *Du und die Musik* –, und dann kam der Absturz vom Allgemeinen ins Persönliche: *Du und deine Kinder*, *Du und dein Pferd*. In einer Übersetzung von 1963 nimmt der kleine Herr Duck an einem Bootsrennen teil. Zur Vorbereitung liest er das wohlbekannte *Du und der Motor* von Edwin A. Heinze und dazu die beiden reichlich obskuren Bände *Du und das Wasser* und *Du und die Sandbänke*.

Ein guter Verleger sollte es eigentlich wissen, wenn so ein Trend vorbei ist. Auch in Entenhausen. »Du und der Motor« ist übrigens ein Titel, den man sich gut in der Bibliothek des Automobilisten Günter Fuchs vorstellen kann. Ein hervorragendes, anschauliches und gründliches Buch, fast schon zu gründlich für jemanden, der nur an einem Bootsrennen teilnehmen will.

In einer später übersetzten Geschichte sagt Donald Duck über seinen Neffen Trick: »Von einem Kind kann man nicht verlangen, dass es den Dieselmotor erfindet.«

Der amerikanische Originaltext ist da nicht so spezifisch. Ich könnte mir vorstellen, dass der Dieselmotor hier ein Vorschlag von Diplomingenieur Günter Fuchs war. Die Erfindung und die Perfektion des Dieselmotors waren tatsächlich eine besondere Leistung, wie man *Du und der Motor* entnehmen kann.

Üblicherweise hat Erika Fuchs auf das zurückgegriffen, was sie in jungen Jahren aufgeschnappt hatte. Einmal ging es zum Beispiel um Seegedichte:

Das ist der Schluss des Gedichtes *Der Lotse* von Ludwig Giesebrecht (1792 bis 1873), einem Gymnasialprofessor aus Stettin. Wegen der unangreifbaren Moral – ein alter Seemann stirbt für ein »ganzes Schiff voll jungen Lebens« – wurde es in der Jugendzeit von Erika Fuchs gerne in Schullesebüchern abgedruckt. Fünfzig Jahre später waren unsere Lesebücher auch nicht anders. Wir haben in der Volksschule moralische Grimm'sche Märchen gelesen und auf dem Gymnasium Heinrich Böll. Über den Herrn Giesebrecht und sein Poem hat man sich übrigens schon immer gerne lustig gemacht, weil es natürlich »backbord« und nicht »links« heißen muss. So etwas sollte man in Stettin eigentlich wissen. Übrigens lebte Erika Fuchs zeitweilig auch in Stettin. Ihre Dissertation hat noch das Fräulein »Erika Petri aus Stettin« eingereicht.

Ein weiteres Seegedicht ist *Der Fluch des Albatros*. Der Gebildete merkt es natürlich sofort, dahinter steckt das gruselige *The Rime of the Ancient Mariner* von Samuel Taylor Coleridge.

Erika Fuchs hat später einmal zugegeben, dass sie das Originalgedicht nicht kannte. Aber was soll's? Es war ihre Übersetzung, da konnte sie machen, was sie wollte. Deshalb traten nie gehörte Töne aus ihrer Leier ans Licht. Ein gewisser Andreas Platthaus war Jahre später im Besitz des kompletten deutschen Gedichts, woher er es hatte, weiß man nicht. Vielleicht hatte er es ja bei Konrad Kujau – auch so ein alliterierender entenhausenesker Name – gekauft. Das Werk ist es jedenfalls wert, im Anhang dieses Buches abgedruckt zu werden.

Kap Kanaster, die Insel Kniest und die Gumpe, die dort vorkommen, sind übrigens Namen aus der Geografie Entenhausens, die wir auch Erika Fuchs verdanken. Dass der große Fluss, an dem die Stadt liegt, tatsächlich die bei ihr gelegentlich erwähnte Gumpe ist, das ist reine Spekulation. Es könnte auch die Scheldrak sein. Die Übersetzerin ist ihrerseits an den Ufern der Persante aufgewachsen, und eine Persante fließt auch einmal durch Entenhausen. Und noch etwas ist bemerkenswert an der Seegedicht-Geschichte, selbst wenn es nicht zum Thema Literatur gehört. In der deutschen Fassung kommt eine Patentante von Daisy Duck vor. In Entenhausen wird also christlich getauft. Disney-Comics enthalten gewöhnlich kaum Hinweise auch nur auf die bloße Existenz der Weltreligionen. Erika Fuchs war so etwas herzlich egal. Solche zusätzlichen kleinen Details wie die Patentante statt einer völlig normalen Tante haben aus Entenhausen eine glaubwürdige Welt gemacht. Wenn Oma Duck erstaunt oder erschrocken ist, sagt sie schon einmal »Herr du meine Güte!«. Das ist ungefähr so blasphemisch, wie wenn ein Bayer »Saxndi! (= Sacredieu!)« ausruft. Die Redaktion des Mickymaushefts hat aber selbst wegen solch harmlosen Formulierungen schon böse Elternbriefe bekommen. Man fragt sich da doch, wieso solche Leute ihren Kindern überhaupt das Comiclesen erlauben.

Ein weiteres Beispiel für die subtile Kunst der Fuchs-Übersetzung ist das Folgende: Herr Duck beobachtet seine Neffen beim Lesen eines Buchs und ist sehr zufrieden mit den Kindern und vermutlich auch mit seinem eigenen pädagogischen Talent.

Im amerikanischen Original sind die Bücher, die er aufzählt, *Mother Goose*, *Treasure Island* und *Huckleberry Finn*. Das sind solide Klassiker, gegen die man nichts sagen kann. Die deutsche Übersetzung ist eine Spur bösartiger. Erika Fuchs hätte schließlich ohne Weiteres die *Schatzinsel* und den *Huckleberry Finn* aus dem Urtext übernehmen können. Hat sie aber nicht. Stattdessen wählte sie gleich zwei Beispiele für etwas, was Donald Duck vielleicht nur deshalb für gute Jugendliteratur hält, weil er nicht so ganz durchblickt. Der *Robinson* ist vielleicht eines der besseren Werke des Schnellschreibers Defoe, aber er ist in seiner unbearbeiteten Originalform für Kinder doch eher schwer genießbar. Und der *Lederstrumpf*, das sind eigentlich fünf Bücher, und James Fenimore Coopers literarische Qualitäten hat nicht nur Mark Twain mit der Lupe gesucht. Auch ich besaß als Kind zwei Bände namens *Robinson* und *Lederstrumpf*, doch das waren stark bearbeitete Ausgaben – gewissermaßen ad usum Delphini –, mit denen ich nur wenig für meine Bildung tun konnte.

Tick, Trick und Track Duck sind erstaunlich kultiviert, obwohl sie auch gerne Schundhefte wie *Der Supermensch* oder *Drahtlose Marsreise* verschlingen. Sie zitieren ganz selbstverständlich schon einmal Dante.

Wie Dante Alighieri berichtet, steht über dem Tor der Hölle der folgende Satz: »Lasst, die ihr eingeht, alle Hoffnung fahren!« Im ersten Moment mag man diese furchtbare Assoziation für übertrieben depressiv halten, aber seien Sie versichert, liebe Leser: Es geht in dieser Geschichte um die Ehre der Entenhausener Pfadfinder. Eine Niederlage gegen ihre Konkurrenten aus Gänseburg wäre vielleicht nicht mit dem Inferno, aber doch mit dem Purgatorio vergleichbar gewesen. Die Knaben wissen, wovon sie reden.

Nur eines wäre noch schrecklicher: eine Niederlage gegen weibliche Pfadfinder.

Der Onkel Donald Duck hat sich auch eine gediegene Schulbildung erworben, selbst wenn man es ihm nicht immer anmerkt. (Links im Unterwasserbild Donald, rechts Dagobert Duck mit seinem charakteristischen Spazierstock.)

Nicht ganz richtig zitiert! Im *Lied von der Glocke* heißt es:

…
Leergebrannt
Ist die Stätte,
Wilder Stürme rauhes Bette
In den öden Fensterhöhlen
Wohnt das Grauen,
Und des Himmels Wolken schauen
Hoch hinein.

Immerhin, man erkennt das Zitat noch. Wenn ich gemein sein wollte, dann könnte ich ja die Theorie aufstellen, dass Erika Fuchs einfach zu bequem war, noch einmal nachzuschlagen. Auch sonst zitiert Donald Duck gerne Schiller oder mal Goethe, wenngleich nicht immer fehlerfrei. Einmal, als er einen kleinen Unfall hat, entdeckt er sein Interesse an lodernden Feuern (bitte umblättern).
Der erste Vers stammt wieder aus Schillers *Glocke*:

…
Wohltätig ist des Feuers Macht,
Wenn sie der Mensch bezähmt, bewacht,
…

Den zweiten hat sich Duck vielleicht selbst ausgedacht, und der dritte zitiert den Mephistopheles in der Walpurgisnacht:

…
Das drängt und stößt, das ruscht und klappert!
Das zischt und quirlt, das zieht und plappert!
Das leuchtet, sprüht und stinkt und brennt!
Ein wahres Hexenelement!

POLTER!
PLUMPS!
Mir dreht sic
Kopf brennt
„Heil den Flammen, heil dem Feuer! Heil dem heißen Abenteuer!“

s! Und mein
euer. Gliep!
Pliep!
Feuer! Pliep! Gliep! „Wohltätig ist des Feuers Macht, wenn es der Mensch zur Lust entfacht."
„Das leuchtet und sprüht und flackert und brennt! Ein wahres Hexenelement!"

Auch der Bürgermeister von Entenhausen erinnert sich nicht immer völlig exakt an seine Schulzeit.

Ein »Dichter« hat das denn doch nicht gesagt. Das folgende Zitat stammt aus der Bibel, aus dem apokryphen Buch *Jesus Sirach*, und lautet in der Luther-Übersetzung: »Lasst uns loben die berühmten Männer und unsre Väter, einen nach dem andern!« Vielleicht schwingt auch ein wenig das »Ehrt eure deutschen Meister!« mit, das das Volk am Ende von Wagners *Meistersinger* fordert. Auch hier gibt es offenbar zwei Möglichkeiten: Entweder wollte Erika Fuchs das halb gare Geschwätz von Politikern karikieren, oder sie wusste selber nicht mehr so genau, wie das korrekte Zitat lautet.

Typisch für Erika Fuchs ist, dass sie auch bei diesen Beispielen wieder einmal nicht übersetzt, sondern anderswo geklaut hat. Weder Schiller noch Goethe, noch Jesus Sirach/Richard Wagner besitzen ein Analogon im amerikanischen Originaltext. Ich muss mich hier wohl zu einem gewissen Maß von Schizophrenie bekennen. Einerseits spotte ich über die Bearbeiter, die den *Robinson* und den *Lederstrumpf* verballhornt haben. Andererseits ist mir völlig klar, dass Erika Fuchs genau das Gleiche gemacht hat. Und zumindest die Werke von Carl Barks sind so hervorragend, dass zwar nicht jeder, aber doch Erika Fuchs sie auch näher am Original hätte übersetzen können, und es wäre trotzdem etwas Gutes dabei herausgekommen. Letztlich bleibt mir nichts anderes übrig, als zu sagen: Quod licet Iovi, non licet bovi. Auf gut Deutsch: Was die Juno darf, das darf eine Kuh noch lange nicht.

Bei vielen Büchern im Entenhausener Universum vermute ich, dass sie keine Erfindung sind, auch wenn ich sie nicht identifizieren konnte. Springers *Tanzschule für Anfänger*, das klingt doch ganz so, als wäre das ein Werk, das 1912 in Leipzig verlegt wurde. Vielleicht läuft es mir ja noch einmal über den Weg, aber bisher war das noch nicht der Fall. Wenigstens kann ich es noch zum Anlass für eine Bemerkung nehmen. Springer ist ja ein durchaus häufiger Name. Unsereiner denkt deshalb nicht weiter über seine Bedeutung nach. Erika Fuchs war da anders. Beim Tanzen hat sie gleich auch ans Springen gedacht. In einer Geschichte heißt es zum Beispiel:

In Wirklichkeit singt hier nicht der Götze »Gnihilo«, sondern eine Schallplatte. Aber was für eine Schallplatte? Das Lied wurde vielleicht von Haydns *Jahreszeiten* inspiriert:

Der Frühling
...
Frohlocket ja nicht allzufrüh!
...
Jauchzet, lärmet!
Springet, tanzet!
Lachet, singet!
...

Vielleicht auch nicht. Es ist aber bestimmt kein Zufall, dass das oben erwähnte Buch über den Tanz von Herrn oder Frau Springer stammt.

Um dieses Kapitel abzuschließen, fehlt nur noch eine Erklärung der Kapitelüberschrift. Sie stammt natürlich auch aus dem Mickymausheft und bezieht sich auf den Do-it-yourself-Ratgeber *Selbst ist der Mann*.
Dem kann man als Bibliomane nur zustimmen.

AUS DER JUGENDZEIT KLINGT EIN LIED MIR IMMERDAR

Entenhausen und die Musik

Die Mutter von Erika Fuchs war eine ausgebildete Sängerin. Ob dieses Talent bei ihrer Tochter genetische Konsequenzen hatte, kann ich als eher unmusikalischer Mensch schlecht beurteilen. Im Elternhaus wurde jedenfalls viel gesungen. Man merkt deutlich, dass sie, wie ich, die Musik zumindest als »Ohrenschmaus«, wie sie es nannte, sehr schätzte. Polyhymnia, die Liederreiche, war vielleicht nicht ihre Hauptmuse, aber sie hat an den Übersetzungen immer wieder mitgewirkt.

Im Disney-Kosmos wird auch viel gesungen. Im Fuchs'schen Disney-Heft singt man natürlich auf Deutsch. Nur ganz selten ertönt einmal ein internationaler Hit in der Originalsprache.

Das »O sole mio« von Giovanni Capurro und Eduardo Di Capua ist im Fuchs-Universum sozusagen der Prototyp eines Schlagers. Das war sogar schon der Fall, ehe Elvis Presley den Song 1960 als »It's Now Or Never« erneut populär machte, wie wir am obigen Bild von 1959 sehen. Ich bin mir nicht sicher, was jemand aus meiner Generation da für ein Lied genommen hätte. Vielleicht »Yesterday«. Aber die Welt ist komplizierter geworden. Es gibt solche Prototypen kaum noch. Erika Fuchs war immer konkret. Sie hat oft Einzelheiten eingebaut, die im Original nicht vorkamen. Wenn etwas keinen Namen hatte, dann hat sie sich einen gesucht. Ein schlimmer Tintenfleck in der Tischdecke war nicht irgendein Tintenfleck, das war Eisengallustinte. Wenn jemand anfing, eine Arie zu singen, dann natürlich gleich die *Lohengrin*-Arie.

Erstaunlicherweise ist das Liedgut der Vergangenheit genauso präsent wie das der unmittelbaren Gegenwart (zur Zeit der Veröffentlichung). Tobende Kinder schmettern mit größter Selbstverständlichkeit Theodor Körners Lied von Lützows wilder Jagd:

Lützows wilde Jagd

Auf dem Schneckenberge bei Leipzig, am 24. April 1813

Was glänzt dort vom Walde im Sonnenschein?
Hör's näher und näher brausen.
Es zieht sich herunter in düsteren Reihn,
Und gellende Hörner schallen darein
Und erfüllen die Seele mit Grausen.
Und wenn ihr die schwarzen Gesellen fragt:
Das ist Lützows wilde, verwegene Jagd.

Major Ludwig Adolf Wilhelm von Lützow war ein preußischer Freischärler in den Befreiungskriegen. Als diese Geschichte 1961 erschien, waren uns Kindern solche historischen Fakten natürlich völlig unbekannt. Wir hätten so etwas nie gesungen. Typisch für Erika Fuchs ist übrigens auch die kleine Ungenauigkeit des Zitats – wilde Gesellen statt schwarzer Gesellen –, sie hatte zwar ein Gedächtnis wie ein Elefant, aber auch Elefanten sind nicht immer perfekt. Außerdem hat sie wirklich am Fließband gearbeitet.

Stellen Sie, liebe Leser, sich einmal vor, Sie müssten jede Woche das komplette Mickymausheft übersetzen, bis zu 25 Seiten, ganz ohne Suchmaschine. Heutzutage ist das Heft noch etwas umfangreicher, aber Erika Fuchs hatte dafür immer wieder diverse Zusatzaufgaben.

Manchmal hat man in Entenhausen auch tagesaktuell gesungen. Einmal treten in Entenhausen sogar die »Rolling Bones« auf, aber das Herz der Bürger, ob pubertierend oder schon verkalkt, schlägt doch eher für die muttersprachlichen Gesänge. »Der letzte Walzer«, Peter Alexanders deutsche Version von Engelbert Humperdincks »The Last Waltz« war gerade erst erschienen, da kam das Lied 1968 schon in einer Geschichte vor. Aber eigentlich war das richtig schade. In den späteren Jahren änderte Erika Fuchs nämlich ihre Übersetzungsphilosophie ein wenig.

Entweder hatte ihr das jemand eingeredet, oder sie war von selbst darauf gekommen. Um es mit einem ihrer eigenen Ausdrücke zu sagen: Sie wanzte sich immer mehr bei ihren Lesern an.

Sie bemühte sich immer mehr, die Gegebenheiten der real existierenden Welt zu verwenden, und das hatte leider manchmal etwas Angestrengtes.

Luther sagte auch immer, er schaue dem Volk aufs Maul, aber einen großen Teil seiner Bibelübersetzung hat er sich dann doch selbst ausgedacht. Solche poetischen Formulierungen wie »Perlen vor die Säue werfen« hat er dem Volk beigebracht und nicht umgekehrt. (Shakespeare will ich hier ausnahmsweise gar nicht erst erwähnen.) Die Geschichte mit »Der letzte Walzer« war eine von Erika Fuchs neu bearbeitete Wiederveröffentlichung. In ihrer Originalversion von 1955 wurde noch der alte Gassenhauer »Wer hat denn den Käse zum Bahnhof gerollt?« gesungen:

Wer hat bloß den Käse zum Bahnhof gerollt
Das ist ne Frechheit, wie kann man sowas tun,
Denn er war noch nicht verzollt.
Die Polizei hat sich hineingelegt,
Jetzt ist sie böse sehr und grollt,
Weil man hat einen Käse zum Bahnhof gerollt.

Dieses schöne Lied hat Franz Strassmann 1926 geschrieben. Im Jahr 1994 hat Marius Müller-Westernhagen dann einen anderen Song mit fast dem gleichen Titel veröffentlicht, aber der ist hier nicht gemeint. Womöglich hatte er ja als Kind das Mickymausheft 2/1955 gelesen. Sein Geburtsjahr ist 1948, da wäre das gut möglich. Am Ende dachte er gar, das Lied gebe es noch nicht. Für solch absurdes Strandgut wie den gerollten Käse lieben wir Erika Fuchs. Da war der »letzte Walzer« eindeutig eine biedere Verschlimmbesserung. Aber man darf nicht ungerecht sein. Manchmal hat sie ihre Übersetzungen auch im zweiten Anlauf noch verschönert. Das schöne, oben zitierte »anwanzt« war ursprünglich nur ein banaleres »anschmiert«. Zum Glück gibt es zwei deutsche Carl-Barks-Gesamtausgaben, die eine mit Fuchs in der Urfassung, die andere sozusagen als die Ausgabe letzter Hand, da kann man vergleichen.

Ein kleiner Exkurs zum Käse: Im Jahr 1974 übersetzte Erika Fuchs »Der Käse von Kirkebö«. Die lange Geschichte spielt in Norwegen und der besagte Käse eine wichtige Rolle darin.

Wer das liest, meint anschließend, dass der Kirkebö-Käse mindestens so traditionell ist wie ein Chabichou du Poitou und dass die Kirkeböer jeden Tag Hunderte von Laiben davon zum Bahnhof rollen und in alle Welt exportieren. Nichts davon ist wahr. Norwegen besitzt durchaus eine Kultur der Käseherstellung, wenngleich nicht so ausgeprägt wie Frankreich oder die Niederlande. Es gibt dort auch einen Ort oder Ortsteil namens Kirkebø; wenn wir uns Skandinavien als Hund vorstellen, dann liegt er genau vorne am Hals. Mit etwas Suchen entdeckt man die Firma

»Kirkeby Cheese Export A/S« im dänischen Svendborg, was wohl eher eine falsche Fährte ist. Kirkjubøur auf den Färöer-Inseln, ein Dorf mit etwa 75 Einwohnern, exportiert vielleicht Wolle, aber bestimmt keine Molkereiprodukte. Insgesamt hat uns die Übersetzerin da ganz schön an der Nase herumgeführt. Vielleicht hat sie den Namen Kirkebö ja mal im Urlaub aufgeschnappt, oder sie hat jemanden aus einem dieser Orte gekannt.

Als Erika Fuchs jung war, gab es noch kein Radio. Es gab natürlich das Grammofon, aber im Vergleich zu unserer heutigen Überversorgung mit Tonkonserven war das ein ziemlich lächerlicher Apparat. Wer gut ausgestattet war, besaß vermutlich Schallplatten mit einer Gesamtlänge, die immer noch im einstelligen Stundenbereich lag. Erika Fuchs, die damals noch das Fräulein Petri war, kannte sich mit dieser Technik wohl nicht besonders aus. Ansonsten hätte sie nicht später einen Edison-Phonographen als Grammofon bezeichnet.

(Phonographen waren die Apparate, die man mit Zylindern und nicht mit Scheiben fütterte.) Ich erinnere mich übrigens noch, dass um 1971 meine Nachbarin im Studentenheim genau eine Single-Schallplatte besaß, die sie stundenlang immer wieder spielte. Erstaunlich, dass ich den Titel vergessen habe. War es vielleicht »What Have They Done to My Song Ma«? So etwa hat man wohl früher die Schellackplatten typischerweise konsumiert. Es gab wenige Hits, aber die wurden intensiv gehört und waren Allgemeingut.

In der Jugend von Erika Fuchs wurde noch viel mehr als heute selbst gesungen und musiziert. Eine höhere Tochter lernte das Klavierspielen und übte den »Fröhlichen Landmann« von Robert Schumann. Die Studenten hatten ihre eigenen Gesänge, und Erika Fuchs hat dann später ihre Studentenzeit in jeder Hinsicht genossen. Das von Dagobert Duck (natürlich!) sehr geschätzte »Gold und Silber lieb ich sehr« ist auch ein

Studentenlied. Es gibt da noch ein paar apokryphe Verse, die nicht in jedem Liederbuch stehen und das verdeutlichen:

Liebes Mädchen trag' nicht Leid,
Blicke nicht so trübe,
Weil du nicht die einz'ge Maid,
Die ich ernstlich liebe.
Schau Studenten machen's so,
Lieben mehr als eine,
Bin ich nicht mehr Studio,
Lieb' ich dich alleine.

Wer nur eine einz'ge küßt,
Bis zur Jahreswende,
Und die anderen schüchtern grüßt,
Der ist kein Studente!
Wer noch nie bezechet war,
Der hat nie studieret,
Wär er auch so manches Jahr,
Ins Kolleg marschieret.

Ich habe so etwas als Student nie gehört, geschweige denn gesungen, aber vierzig Jahre zuvor war das vermutlich anders. Aus der Übersetzung von 1977 rechts oben – es handelt sich wieder einmal um die Neubearbeitung eines älteren Textes – spricht vielleicht doch einiges an Frustration über die moderne Zeit. Als Erika Fuchs begann, für das Mickymausheft zu übersetzen, war das Radio natürlich längst überall weit verbreitet. Allerdings hatte es in Deutschland damals noch einen ganz anderen Charakter als heute. Die ausschließlich öffentlich-rechtlichen Sender nahmen ihren Bildungsauftrag ernst. Sie hatten ganze zwei Programme, das erste für die Massen und das zweite für die gebildeten Stände. Der Anteil der Wortsendungen war hoch. An Musik gab es aktuelle deutsche

Schlager, Operetten und viel Klassik. Ich glaube nicht, dass ich vor 1963 im Hessischen Rundfunk auch nur ein einziges Mal Elvis Presley gehört habe, noch nicht einmal seine Coverversion von »Muss i denn zum Städtele hinaus«. Ein fester Programmpunkt war jeden Morgen der Schulfunk. Das waren kleine Sendungen, in denen man etwas von fremden Ländern oder fernen Zeiten erfuhr. Wir haben in der Schule nie Schulfunk gehört, aber meine Mutter hat ihn immer bei der Hausarbeit eingeschaltet. Die Lektüre des Mickymaushefts war auch ein bisschen so wie Schulfunk. Man erfuhr etwas über das Reich der Inkas oder den Goldrausch von Klondyke. Die arme Frau Fuchs musste sich da immer kundig machen. Aber sie wusste ja sicherlich auch manches aus dem Schulfunk.

Erika Fuchs hat zu Hause vermutlich viel Radiomusik gehört und dann auch gleich in ihren Übersetzungen verarbeitet. Die neue UKW-Technik ab 1948 war deutlich besser als das, was es vorher gab. Schon deshalb sendete man wohl hauptsächlich Neuaufnahmen. In den Mickymausheften kommen zwei Arten von Liedern vor: aktuelle Schlager und deutlich älteres Material, Volks- und Kunstlieder sowie Operettenmelodien. Die Zeit des Dritten Reichs fehlt weitgehend, was aber kein herber Verlust ist, wenn man an Goebbels und seine Vorschriften denkt. Manches hat sie sich sicher selbst ausgedacht. Ich vermute aber, dass das weniger ist, als man auf den ersten Blick meint. Sie hatte ein Talent dafür, alle möglichen absurden Sachen wahrzunehmen und abzuspeichern, die unsereiner gleich ausblenden würde.

Bei diesem angeblich Entenhausener Schlager handelt es sich in Wirklichkeit um das Lied »Tirol du bist mein Heimatland«, das sich schon 1914 nachweisen lässt und das gerne von Soldaten gesungen wurde.

Woher kannte Erika Fuchs das? Hat man in ihrer Jugend im pommerschen Belgard an der Persante österreichische Soldatenlieder gesungen, oder hörte sie das doch erst in Bayern im Radio-Wunschkonzert? Jedenfalls hat sie dergleichen aufgesaugt wie ein Schwamm. »Der mächtigste König im Luftrevier« mit der schönen Zeile »Ja, wir sind die Herren der Welt« war zum Beispiel ein Lied, das man immer gerne gesungen hat, wenn es gegen Engelland ging.

Ein ganz anderes Genre ist »Am Sonntag will mein Süßer mit mir segeln gehn«.

Dieses Lied von 1929 gehört in die jüdische Tradition der Unterhaltungsmusik, die von den Nazis abrupt beendet wurde. Sein Komponist Robert Gilbert hat auch am »Weißen Rössel« mitgearbeitet. Noch andere seiner Arbeiten wie das »O mein Papa« aus der Operette »Feuerwerk« hat Erika Fuchs zitiert. Übrigens hat sie typischerweise aus seinem »Das ist die Liebe der Matrosen« »Das ist das Leben der Matrosen« gemacht. Vermutlich war das aber kein Fall von prüder Zensur, sondern nur ein kleiner Lapsus.

»Am Sonntag will mein Süßer mit mir segeln gehn« hat sie 1963 in eine Geschichte eingebaut. Zwei Jahre zuvor war das Lied durch den gleichnamigen Musikfilm mit großem Staraufgebot neu bekannt geworden. Die anderen populären Versionen von Dorthe (Larsen), der späteren temporären Ehefrau des Kammersängers René Kollo, und von Wencke Myhre kamen erst nach der Fuchs-Übersetzung.

Eine Bemerkung am Rande: Auch in dem Fall, dass es ein Mann singt, beschreibt dieses Lied das Leben der jungen arbeitenden Frauen in der Großstadt, die sich am Wochenende vergnügen. Im Jahr 1930 erschien aber eine Variante von Theo Lucas mit einer neuen dritten Strophe:

In der Eldorado-Bar
Saß ein Herr mit blondem Haar.
Ein Fräulein sprach: ›Sind Sie am Sonntag allein?‹
Da lachte der Blonde und sagte: ›Huch, nein!‹

Am Sonntag will mein Süßer mit mir segeln gehn
Sofern die Winde wehn, das wär doch wunderschön
Am Sonntag will mein Süßer mal mein Seemann sein
Mit mir im Sonnenschein so ganz allein.

(Das Eldorado war eine Bar in der Berliner Lutherstraße 31–32.) Angeblich ist das die erste deutsche Schallplatte mit einem eindeutig homosexuellen Text. Ob Erika Fuchs das alles wusste, ist schwer zu sagen.

Wahrscheinlich war ihr das herzlich egal. Im Mickymausheft kamen keine bekennenden Schwulen vor, und tolerant, wie sie war, hat sie die Homosexuellen vermutlich genauso komisch gefunden wie die Heterosexuellen:

In einer Geschichte findet man die »Pfadfindergruppe aus Tuntenhausen«. Diesen Ort gibt es bekanntlich tatsächlich inklusive Marienwallfahrt und Katholischem Männerverein. Erika Fuchs hat bei Namen immer sehr auf die Bedeutungen der Bestandteile geachtet. Von daher zeugt es für ihre Aufgeschlossenheit, dass sie auch das Tuntenhausen noch für kindgerecht gehalten hat.

Zurück zur Musik. Alles in allem hat Erika Fuchs ein umfassendes Spektrum an musikalischen Darstellungsformen in ihre Texte eingebaut. Das beginnt bei Schuberts »An die Musik« (sehr passend in unserem Zusammenhang).

Das Spektrum setzt sich fort über Radeckes »Aus der Jugendzeit« bis zu »Schützenliesel, dreimal hat's gekracht«. Bei Erika Fuchs findet man Gus Backus und Loriots Hund Wum mit seinem Hit von 1972:

Insgesamt kann man aber sagen, dass ihre Musik fast immer Musik mit Text war. Manchmal war es auch Text ohne Musik, zum Beispiel, wenn Donald Duck ein Flammeninferno als »Waberlohe« bezeichnete. Das stammt natürlich aus dem *Ring des Nibelungen.* Die wabernde Lohe umgibt die Burg, in der die schlafende Walküre liegt. Auch die Ouvertüre zum *Untergang Pompejis* von Krachmaninoff – »Nicht gerade ein Schlummerlied« – wurde nur wegen des Namens der Oper erwähnt. Vielleicht hat Erika Fuchs diese Oper ja erfunden, oder sie dachte an *L'ultimo giorno di Pompei*, eine der etwa 74 Opern des fast vergessenen Giovanni Pacini (1796 bis 1867). Wer will das heute noch wissen?

Unabhängig von der musikalischen Qualität hat sie aber immer das eingebaut, was vom Text her gepasst hat. Die Lieder an sich mussten ihr ja nicht gefallen und haben es wohl auch oft nicht. Der folgende Stoßseufzer von 1959 kam sicher ein wenig auch aus ihrem Herzen. So denkt schließlich jeder und jede über fünfzig. Ich auch.

Wenn Erika Fuchs etwas nicht hatte, dann Skrupel. Aus dem fetzigen Rock 'n' Roll, den im Original ein Indianer bei der Feldarbeit singt, machte sie das todtraurige »Cindy oh Cindy« von Margot Eskens, einen Nummer-eins-Hit von 1957.

Rührselige Lieder wie dieses können im Entenhausener Universum den Schnee schmelzen und dadurch Lawinen auslösen, aber lesen Sie selbst:

Cindy oh Cindy,
dein Herz muß traurig sein,
der Mann, den du geliebt,
ließ dich allein.

Er kam als du erst achtzehn warst,
von großer Fahrt zurück.
Er küßte dich so scheu und zart
und sprach vom großen Glück.

Am Kai da riefen die Möwen,
als er dich wieder verließ:

Cindy oh Cindy …

Das Lied kannte Erika Fuchs sicher aus dem Radio, genau wie den bekannten Pianisten Wilhelm Kempff, den sie in einen phonetisch korrekten, aber orthografisch falschen Kempf verwandelt hat. Das war im Jahr 1955. Damals musste man sich manchmal vom Radio mangels Alternative mit Klavierkonzerten berieseln lassen, auch wenn man lieber ein Psychodrama wie »Cindy oh Cindy« oder »Mariechen saß weinend im Garten« gehört hätte. So war es mutatis mutandis auch noch in meiner Jugend, ein paar Jahre später. Wenn ich mein Kofferradio senkrecht in die hinterste Ecke meines Zimmers gestellt habe, dann konnte ich auf Mittelwelle immerhin Radio Luxemburg empfangen. Im Bunde von Donald Duck und Erika Fuchs war ich der Dritte:

ZUCKERMUS MIT DATTELN UND HONIGMILCH

Essen und Trinken in Entenhausen

Die 1950er-Jahre waren keine Hungerzeit. Bei uns auf dem Land war die Versorgung gesichert. Das Fleisch kam vom Metzger, der Tiere schlachtete, die in der Umgebung aufgewachsen waren. Der Honig kam von örtlichen Imkern. Er war in Einheitsgläser gefüllt, die man nach dem Konsum spülte und zurückgab. Viele Bauern hatten noch Pferde wie Oma Duck. Ja, ich erinnere mich sogar dunkel, dass auch mit Kühen gepflügt wurde. Die Einstellung zum Essen war anders als heute. Das lag weniger an uns als an unseren Eltern, die gerade erst den Krieg überstanden hatten. Es war eine Zeit der Grundnahrungsmittel. Kinder mögen natürlich Zucker. Eine durchaus übliche Speise war Butterbrot mit Zucker und sonst nichts. Oder Spiralnudeln mit Zucker und sonst nichts. Die Butter hieß *gute* Butter, so wie ein Dollar damals noch ein *harter* Dollar war. Wie gut die Butter wirklich war, kann ich nicht sagen, es gab nur eine Sorte. Die Milchkutscher brachten jeden Morgen die Milch mit Pferdewagen zur kleinen Molkerei. Dort wurde sie sofort verarbeitet und auch an uns Dorfbewohner en détail verkauft. Die gute Butter war vielleicht nicht gut, aber frisch.

Nicht weit von unserer Molkerei stand der Lebensmittelladen. Erika Fuchs hätte ihn vielleicht noch Kolonialwarenladen genannt. Das war damals noch üblich, wenn auch etwas altmodisch. Deutschland besaß schließlich schon seit 1919 keine Kolonien mehr. Entenhausen besitzt auch eine Molkerei, sie hat sogar ein Kesselhaus.

Im folgenden Bild findet sich wieder so eine Einzelheit, die Erika Fuchs dazuerfunden hat. Vermutlich wollte sie nur das schöne Wort Kesselhaus unterbringen.

Wenn so ein Haus renoviert wurde, verschwand der alte Schriftzug. Der Inhaber unseres Ladens handelte zusätzlich noch mit Öfen und mit Waffen. Neujahrsböller haben wir bei ihm auch gekauft. Später haben sie ihn dann einige Zeit weggesperrt, weil mit den Waffen nicht alles ganz legal war. Das hat seinem Ansehen im Dorf schon etwas geschadet. Es zeugt ja doch irgendwie von Inkompetenz, wenn man sich erwischen lässt.

Erika Fuchs hat erst ihre Kinder großgezogen und dann das Mickymausheft übersetzt. Die Erinnerungen, auf die sie dabei zurückgriff, waren deshalb wohl auch etwas älter. Ein Beispiel dafür ist der Kunsthonig.

Ich habe niemals Kunsthonig, also aromatisierten Invertzucker, als Ersatz für Bienenhonig gegessen. Vielleicht als unsichtbare Lebensmittelzutat, aber nicht pur. Das ist ein Produkt aus Notzeiten. Das Wort habe ich wie so viele andere im Mickymausheft kennengelernt. Ich kann aber gut verstehen, dass selbst ein Verbrecher wie der gerissene Slinkinsky Hemmungen hatte, guten Bienenhonig für seine Schandtat zu miss-

brauchen. Slinkinsky war vermutlich auch ein Kriegskind. Nebenbei bemerkt: Die Genese des Namens Slinkinsky ist kompliziert. Im amerikanischen Original liest Duck einen britischen Kriminalroman und schaut anschließend einen ebenfalls britischen Kriminalfilm im Fernsehen. Der Schurke im Roman heißt Ratmore-Slinky (»rat« = Ratte, »to slink« = sich irgendwohin schleichen), der im Film heißt Junker. Aus Ratmore-Slinky wird auf Deutsch »die minderjährige Tochter der Lady aus erster Ehe, das liebreizende Geschöpf«. Junker ist natürlich kein guter Name für einen Finstermann im Deutschen Fernsehen, deshalb wird das »slink« zu Slinkinsky wiederverwertet. Im Original ist Junker ein Pferdetrainer, bei Fuchs ist es ein – offenbar bolschewistischer – Doppelagent. Ganoven haben bei ihr oft slawische Namen.

Entenhausen ist eine merkwürdige Mischung. Manchmal ist es klein, überschaubar und ländlich, dann wieder ist es eine pulsierende Metropole, wo 1963 sogar eine Weltausstellung stattfindet. Natürlich folgt es amerikanischen Mustern. Donald Duck wohnt meistens in einem Einfamilienhaus in der Vorstadt. Da gibt es aber noch keine Mall, sondern allenfalls einen großen »Selbstbedienungsladen«. In der Regel kauft er aber im Laden an der Ecke ein. Vermutlich auch den Kunsthonig, den er einmal seinem ungeliebten Nachbarn, dem Herrn Knackfuß, auf den Fahrradsattel geschmiert hat. Wenn er einen kleinen Imbiss nehmen will, geht er ein Stündchen zum Sudlerwirt. »Abends zum Gasthof rüberzuschlendern, ist mein Schönstes.« Beim Herrn Sudler gibt es Gerichte wie Leberwurst, Schweizer Käse, Bierschinken, Sardinen und Leberkäse.

Manchmal speist Donald aber auch im Grand-Hotel. Wenn der geizige Dagobert Duck die Familie einmal einlädt, dann eher zu solider preiswerter Hausmannskost.

Übrigens typisch Erika Fuchs: Im Bild ist das billige Hauptgericht, nämlich Hamburger, zu sehen, Erika Fuchs hat daraus die Obsttörtchen zum Nachtisch gemacht. Da kannte sie nichts. Die Übersetzung stammt

von 1973, als vermutlich schon jedes deutsche Kind die amerikanischen Fleischklopse kannte.

Immerhin hat sie diesmal genau hingeschaut. Anderswo hat Erika Fuchs einmal ein »sandwich«, aus dem Ketchup trieft, eine »Wurststulle« genannt.

Erika Fuchs war nichts Essbares fremd. Sie hat in kleinen und in großen Ortschaften gelebt. Sie war Studentin und Fabrikantengattin. In ihren Übersetzungen spiegelt sich die Zeit, als das Essen nicht aus der Fabrik kam, sondern noch von Hand hergestellt wurde. Dabei hat man immer das Gefühl, dass sie alles aus persönlicher Erfahrung kannte. Sie war bestimmt kein Vielfraß und keine Fünf-Sterne-Köchin, aber sie hat genau beobachtet, auch Gourmets und Gourmands. Im Grunde hat sie gelebt wie Donald Duck oder Micky Maus.

Sie war immer auf Achse und führte gleichzeitig noch ein Haus, wo man sich wohlfühlen konnte. Ihr eigener Geschmack war der der Mittel-

schicht, aber sie hat auch die anderen Schichten liebevoll oder mit sanftem Spott vorgeführt. Noch nicht einmal die sentimentale Szene mit dieser armen Familie, die an Weihnachten nichts hat als eine Dose Gurkenmus (im Bild unten links nicht zu sehen), ist ihr besonders peinlich geraten.

Ich bin mir übrigens nicht sicher, ob es wirklich pürierte Gurken in Dosen gibt oder jemals gegeben hat. Mein wichtigstes Nachschlagewerk in solchen Fällen ist die *Dr. Oetker Warenkunde* von 1957, ein 800-seitiges Kompendium, in dem ich schon Dutzende von Entenhausener Produkten wiedergefunden habe. Dr. Oetker weiß jedenfalls nichts vom Gurkenmus. Ein anderes Mal ist bei Erika Fuchs ein wenig attraktives Essen eine Büchse Bohnen. Es war nicht ihre Art, so etwas stereotyp zu wiederholen. Sie hätte ja durchaus die Freiheit gehabt, immer Bohnen oder immer Gurkenmus zu verwenden. So etwas hat sie aber nicht gemacht. Bei ihr sind die Dinge oft ähnlich, aber selten identisch.

Vergleichen wir einmal verschiedene Mahlzeiten im Entenhausener Kosmos. Zunächst ein besonderer Genuss. Donald Duck ist sehr böse zu seiner Daisy. Er verliert ihre Erbbrosche. Dann lügt er sie auch noch an und wird vom Schicksal dafür streng bestraft. Aber Daisy, die treue Seele, verzeiht ihm auf der Stelle. Nach all seinen Aufregungen will sie ihm etwas Gutes zu essen machen. »Magst du lieber Krabbensalat oder eingeschnittene Klöße?« Es ist leider nicht überliefert, was er gewählt hat.

Was sagt Dr. Oetker? Zu Krabbensalat verwendet Daisy vermutlich eine Dose Krabben und eine gute Mayonnaise mit mindestens 65 Prozent Fettgehalt. Eingeschnittene Klöße kennt Dr. Oetker nicht, weil das kein Fertigprodukt ist. Das ist ein typisches Gericht aus Oberfranken: »eigschnidda Glees«. Kartoffelklöße vom Vortag werden in Scheiben geschnitten und gebraten. Der Empfänger solcher Wohltaten ist jedenfalls davon begeistert:

brauchen. Slinkinsky war vermutlich auch ein Kriegskind. Nebenbei bemerkt: Die Genese des Namens Slinkinsky ist kompliziert. Im amerikanischen Original liest Duck einen britischen Kriminalroman und schaut anschließend einen ebenfalls britischen Kriminalfilm im Fernsehen. Der Schurke im Roman heißt Ratmore-Slinky (»rat« = Ratte, »to slink« = sich irgendwohin schleichen), der im Film heißt Junker. Aus Ratmore-Slinky wird auf Deutsch »die minderjährige Tochter der Lady aus erster Ehe, das liebreizende Geschöpf«. Junker ist natürlich kein guter Name für einen Finstermann im Deutschen Fernsehen, deshalb wird das »slink« zu Slinkinsky wiederverwertet. Im Original ist Junker ein Pferdetrainer, bei Fuchs ist es ein – offenbar bolschewistischer – Doppelagent. Ganoven haben bei ihr oft slawische Namen.

Entenhausen ist eine merkwürdige Mischung. Manchmal ist es klein, überschaubar und ländlich, dann wieder ist es eine pulsierende Metropole, wo 1963 sogar eine Weltausstellung stattfindet. Natürlich folgt es

3. Sauerbraten, leicht geschwefelt, mit Sirupsoße
4. Torftörtchen mit reinem Tran
5. Frikassee vom Jungfasan mit Zucker und Zimt
6. Pastinakenpudding

Siegerin wird Fräulein Sirene, aber nur weil sie eine geheime Abmachung mit dem Preisrichter getroffen hat. Ihr Pastinakenpudding ist eigentlich eine besondere Zumutung. Literaturnobelpreise kommen vermutlich ähnlich zustande.

Wenn man sich die obige Liste anschaut, dann kann man raten, was es bei Erika Fuchs in Schwarzenbach manchmal zu essen gab, wenn auch in anderer Zusammenstellung. Es wäre eine Herausforderung, einmal das komplette Menü nachzukochen. Bei den Zutaten ist fast nichts dabei, was man nicht, sagen wir mal, auf dem Münchner Viktualienmarkt bekommt, wenn auch nicht unbedingt gleichzeitig und frisch. Moderne

Köche rühren ja gerne auch etwas unerwartet Süßes wie Schokolade oder Marzipan in ihre Kreationen.

Ein Gericht, das ich tatsächlich einmal ausprobiert habe, ist das Intelligenzbrötchen. Daniel Düsentrieb hält es für seine »genialste Erfindung«. Aber das hat Goethe von seiner Farbenlehre auch gedacht. Das Rezept für den Belag lautet so: »Backsteinkäs' mit Zwiebeln, Senf, Erdnussbutter und einem kräftigen Schuss Tomatenketchup.« Ungestört im Freien unter schattigem Baum genossen, ist das für Düsentrieb »das höchste der Gefühle«.

»Das höchste der Gefühle« zitiert vermutlich nicht Karl May (die beiden Snuffles aus *Silberlöwe I*), sondern noch einmal die *Zauberflöte*. Backsteinkäse ist ein Limburger. Der Käse ist quaderförmig, aber nicht ziegelrot, wie man vielleicht meinen könnte, sondern gelb-rötlich. Ich habe seinerzeit einen sogenannten milden Backsteiner erstanden. Nach dieser Erfahrung möchte ich eigentlich nie einen würzigen Backsteiner kennenlernen. Auf jeden Fall hat mich das Intelligenzbrötchen intelligent gemacht. Solche Dummheiten begehe ich seitdem nicht mehr. Unser Freund Olaf hat auch ein Privatrezept. Er nennt es Bunte Brote. Dafür lässt er sogar seinen norwegischen Zwergaal stehen. Der Alte Fritz hat seinen Kaffee mit Schnupftabak und Senf verfeinert. Aber das alles ist nichts gegen ein Intelligenzbrötchen à la Renarde.

Das Essen in Entenhausen hat aber auch eine dunkle Seite. Erst wer die Pechmarie kennt, weiß die Goldmarie zu schätzen. Im Hause Duck gibt es nichts Furchtbareres als das Abwaschen des Geschirrs. Das geschieht selbstverständlich von Hand. Schlimmer noch: Wer in einem Restaurant absichtlich oder versehentlich die Zeche prellt, der muss wie Donald in dem Bild oben rechts die Rechnung immer tagelang in der Küche abarbeiten, natürlich ohne Geschirrspüler.

Das Duck-Universum ist seltsam statisch. Alles bewegt sich wieder in den Ausgangszustand zurück. Ich könnte gleich zwei Geschichten nennen, in denen die Ducks eine Geschirrspülmaschine erwerben, weil es für den Plot wichtig ist, aber dann verschwinden diese Geräte wieder,

als hätte es sie nie gegeben. In der Quantenmechanik gibt es die Viele-Welten-Interpretation von Hugh Everett. In einer Welt bleibt Schrödingers Katze lebendig, in einer zweiten stirbt sie. So ähnlich ist schon das Entenhausen in den amerikanischen Geschichten. Erika Fuchs hat diesen chaotischen Zustand noch verschlimmert. Einmal heißt der Nachbar Jones auf Deutsch Nebelsiek, einmal heißt er Knackfuß. Ihr war so etwas schnuppe.

Zurück zum Geschirrspülen. Immer wieder gibt es einen Wettstreit zwischen Donald Duck und seinen Neffen, bei dem man im Falle der Niederlage einen Monat oder so das Geschirr abspülen muss. Nichts bringt die Emotionen so zum Kochen wie diese entsetzliche Drohung. Die Ducks sind an sich recht moralische Zeitgenossen, aber wenn so viel auf dem Spiel steht, schrecken sie vor keiner Teufelslist zurück. Mehrmals ist das Geschirrspülen die Strafe, wenn man seinen guten Neujahrsvorsatz bricht. So ein guter Vorsatz ist ja eigentlich etwas sehr Löbliches. »Jeder anständige Mensch macht das«, sagt Daisy. Üblicherweise nimmt sich Donald Duck vor, sich nicht mehr so aufzuregen. Er weiß, dass er einen schwachen Charakter besitzt. Er ist »ein schwankendes Rohr im Wind«, wie es Jesus einmal so schön formuliert hat (siehe Lukas 7,24 oder Matthäus 11,7), und keine knorrige Eiche:

Es ist nicht gut, wenn sich zwei an sich hervorragende Prinzipien fundamental widersprechen. So etwas habe ich leider schon erlebt. Es war furchtbar. In einer Firma gab es zwei unverbrüchliche Regeln: »Das Drehbuch schreibt immer die Frau vom Chef« und »Der Chef heiratet nur Frauen, die dümmer sind als er«. Ähnliches hat sich auch einmal in Entenhausen abgespielt.

An jenem verhängnisvollen Neujahr, von dem jetzt die Rede sein soll, verläuft alles etwas anders als in der Episode, aus der das obige Bild stammt. Donald und die Neffen fassen insgeheim jeweils exzellente Vorsätze, aber diese sind nicht miteinander verträglich. Der Onkel will eine Woche lang nur »Süßspeisen, Backwerk und Näschereien« auf den Tisch bringen. Die Kinder hingegen möchten nur »preiswerte Kartoffeln, gesundes Schwarzbrot und Vitamin-Spinat« essen. »Süßigkeiten sollen ja Gift für die Zähne sein.«

Die Zähne sind übrigens auch so ein Topos, der immer wieder vorkommt. Vögel mit Zähnen hat man seit dem Urvogel Archaeopteryx nicht mehr gesehen. Die Ducks reden aber immer von ihren Zähnen. Sie verwenden Zahnbürsten und Zahnpasta. Sie gehen zum Zahnarzt. Ihr Vorfahr David Fürchtegott Duck hatte ein goldenes Gebiss. Sie essen Salami und Schiffszwieback. Wenn Donald Duck ganz furchtbar wütend ist, dann sieht man sogar seine Zähne.

Egal, jedenfalls hat Erika Fuchs hier übersetzt wie noch nie in ihrem Leben. Natürlich hat sie all das amerikanische Leckerzeug wie »pecan fudge pie« durch gute deutsche Rezepte ersetzt. Dabei hat sie statt der relativ sachlichen Bezeichnungen im Original, die einfach beschreiben, woraus etwas besteht, einige Speisen mit poetischen Namen ausgesucht: Nussschaumküsse, Götterspeise, Apfel im Schlafrock, Windbeutel. Jeder Anlass war ihr recht, mit schönen Wörtern zu spielen. Das klingt alles so, als ob sie es spontan niedergeschrieben hat, doch auch wenn sie ein Buch zurate ziehen musste, was zählt, ist das Ergebnis. Von der bloßen Lektüre kann man schon einen Diabetes bekommen. Donald Duck tischt auf wie ein Zuckerbäcker bei der Meisterprüfung. Beschreiben wir einmal einen kompletten Tag:

Frühstück: Mohrenköpfe mit Schlagsahne und Blätterteigbrezeln
Mittagessen: Zuckermus mit Datteln und Honigmilch
Abendessen: kandierter Kürbis

Unglücklicherweise muss der Onkel Duck auch selbst essen, was er kredenzt. Das schafft er nur mit reichlich Bullrich-Salz gegen Sodbrennen. Die Neffen leiden auch. Sie holen sich notgedrungen aus dem zum Glück noch gut gefüllten Kühlschrank Vitaminreiches wie rohe Rüben auf Salat und gehackten Wirsing mit Sellerie. Immer noch besser als einen Monat lang abzuwaschen, weil man seinen guten Vorsatz gebrochen hat.

Am Zuckermus habe ich lange herumgerätselt. Das ist ein schönes mittelhochdeutsches Wort, das heute eher selten gebraucht wird. Je nach Quelle besteht Zuckermus aus Mandeln, aus Äpfeln oder aus Zuckererbsen. Erbsen sind hier bestimmt nicht gemeint, die wären ein unerlaubtes Gemüse gewesen.

Die Datteln, die es 1956 in Schwarzenbach zu kaufen gab, waren wohl getrocknete Datteln mit einem Zuckergehalt von 60 bis 70 Prozent. Meine Mutter, die die ideale Ehefrau für Donald Duck und seinen Wirsing gewesen wäre, hat immer getrocknete Feigen gekauft, die waren vielleicht nicht botanisch, aber diätetisch etwas Ähnliches wie Datteln. Unser Dorf hatte um die 300 Einwohner. Die Straßen waren nicht geteert. Wir haben noch auf Schiefertafeln geschrieben, aber es gab einen Obst- und Gemüsehändler, den Bananen-Emil, und der bot Feigen feil. Heutzutage muss man auf dem Land ohne Auto verhungern.

Alles in allem glaube ich, dass Erika Fuchs einen ähnlichen Geschmack wie Tick, Trick und Track hatte. Sie liebte Süßes, allerdings nur in etwas kleineren Portionen. Und wenn sie etwas als Erwachsene nicht mehr aß, dann erinnerte sie sich doch immerhin genussvoll an ihre Kindheit.

Eine kleine Liste von Bezeichnungen, die sie verwendet hat, dürfte das beweisen: Knusperflocken, Bienenstich, Türkischer Honig, Liebesknochen, gedeckte Apfeltorte, Hefekringel (für Doughnuts), Süßholz, Puffreis, Puffmais, Rahmstrudel, Dampfnudel, Salzburger Nockerln, Kremhütchen, kandierte Walnüsse, Linzer Torte. Manche Ausdrücke hat sie bestimmt nur wegen ihres Wohlklangs verwendet, zum Beispiel Bärendreck (für Lakritze) und Lutschbonbon. Dann aß sie sicher auch gerne Eis. Vielleicht in der Eisdiele am Bahnhof?

Die Eisdiele ist im amerikanischen Original des folgenden Bildes übrigens nur irgendwo in der Stadt angesiedelt. Aber solche kleinen zusätzlichen Details wie der Bahnhof machen das deutsche Entenhausen zu einer Ortschaft, wie wir sie kennen. Im Fuchs-Text besitzt Entenhau-

sen manchmal sogar Trambahnen, obwohl man im Bild nie Schienen oder Oberleitungen sehen kann. Bahnhöfe kannte Erika Fuchs gut. Sie war schließlich irgendwie Pendlerin. Der Verlag in Stuttgart lag circa 320 Kilometer von ihrem Wohnort entfernt.

Natürlich werden im Duck-Universum, nicht nur Süßigkeiten verzehrt. Wenn es sich ergibt, isst man sogar Hummer zum Frühstück und etwas später dann noch Malossol-Kaviar oder Froschschenkel in Aspik. Malossol ist besonders wohlschmeckend, aber teuer, auch deshalb, weil er recht schnell verdirbt. Die Verwendung dieses Wortes war wieder eine kenntnisreiche Ergänzung der kundigen Übersetzerin. Normalerweise tauchen aber immer wieder die Namen von urdeutschen Gerichten auf, von denen im fernen Nordamerika noch nie jemand gehört hat: Verlorene Eier, Kuddelfleck (anderer Name für Kaldaunen), Königsberger Klopse, Leipziger Allerlei, strammer Max, Rollmops, Buttensuppe, Pumpernickel. Obwohl, ich will nicht ungerecht sein. Vor Jahrzehnten habe ich auch in den USA einmal eine Packung »Pumpernickel« erstanden. Merkwürdigerweise sah der aus wie geschnittenes Toastbrot, er schmeckte wie Toastbrot, aber er hatte exakt die Farbe von Coca-Cola. Auf der gleichen Reise habe ich auch einen Softdrink namens »Bavarian Creme Soda« gekostet. Der erinnerte an Buttercremetorte, und auf der Dose war eine alpenländische Fantasiewelt abgebildet.

Verglichen mit den Speisen sind die Getränke in Entenhausen eher langweilig. Es gibt natürlich das Übliche: Kaffee, Tee, Selterswasser, Milch und selbst gemachte Limonade. Eine Art Energydrink unbekannter Zusammensetzung ist das Blubberlutsch. In hoher Dosierung wirkt es aber eher sedierend als stimulierend.

Übrigens typisch Fuchs, dass hier die Musikbox mit »k« geschrieben wird. Wir Kinder haben natürlich immer pseudoamerikanisch Musicbox gesagt. Korrekt heißt es ja »Jukebox«. Mein Sohn sagt, es gebe die Kisten heutzutage gar nicht mehr. O tempora o mores!

Generell kann man sagen, dass Erika Fuchs keine Angst hatte, Erwachsene Alkoholika trinken zu lassen. Oma Ducks alkoholfreies Root Beer konnte somit problemlos zu Stachelbeerwein werden. Auch Schnaps, Aquavit oder Rumverschnitt kommt schon einmal vor. Ich bezweifle aber, dass es 1953 viele Kinder gab, die mit der Farbe Absinthgrün etwas verbunden haben.

Besonders poetisch finde ich übrigens den folgenden Vergleich, bei dem ich immer an die »wine-dark sea«, das weindunkle Meer, denken muss, das in englischen Homer-Übersetzungen gerne verwendet wird:

WENN DER SALBEI WIEDER BLÜHT

Fauna und Flora in Entenhausen

Welches Tier kann im Dunkeln sehen und fängt Mäuse? Die Gebrüder Duck sind von dieser 1000-Taler-Quizfrage völlig überfordert. Ihre Antwort »die Eule« wird jedenfalls nicht akzeptiert. Vielleicht war Erika Fuchs hier auch überfordert. Im altertümlichen Englisch ist ein »animal« nämlich nur ein Landtier mit vier Beinen. Das Englische liebt ja die allgemeinen Begriffe nicht so sehr. Man denke beispielsweise an »Uhr«, »Schrank« oder »Schildkröte«. Fische und Vögel wie die Eule sind eben keine »animals« im engeren Sinn. Drei Jahre später wurde die

Übersetzerin noch einmal mit genau diesem Phänomen konfrontiert: »Man is the **master** of the **beasts**, the **fishes** and the **birds**!« Das hat sie dann auch brav übersetzt mit »Der Mensch ist der Herr über alle Geschöpfe, über Tiere, Fische und Vögel.« (Die fette Schrift ist nur das übliche Stilmittel in den amerikanischen Heften. Das ist nicht so nervig, wie es hier aussieht. Man gewöhnt sich ziemlich schnell daran.) Aber Tick, Trick und Track stellen sich schon besonders dumm an. Sie dürfen im Prominentenquiz auftreten, weil sie einen musikalischen Kater besitzen, der singen kann, natürlich – typisch Fuchs – gleich Wagner, die *Lohengrin*-Arie fehlerlos vor- und rückwärts: Nie sollst du müch befraaagen ... Negaaarfeb hcüm ud tsllos ein. Die richtige Antwort ist natürlich »die Katze«.

Bei einem Sängerwettstreit wurde 1993 übrigens nachgewiesen, dass das mit der *Lohengrin*-Arie tatsächlich geht. Man kann die Arie so rückwärts singen, dass eine ihrerseits rückwärts abgespielte Tonbandaufnahme gut zu verstehen ist. Der Sieger hieß zwar nicht Trick, aber immerhin Patrick. Und weil wir gerade dabei sind: Die Namen Tick, Trick und Track hat sich der Verlag von Erika Fuchs ausgedacht. Im allerersten Mickymausheft vom September 1951 heißen die drei bei ihr aber noch nach dänischem Vorbild Rip, Rap und Rup. Auch die Währung ist da noch nicht der Taler, sondern die Mark. Die Entstehung Entenhausens war ein evolutionärer Prozess. Den Goofy hätte sie gerne Doofi genannt, was aber nicht erlaubt wurde. Es wäre auch arg plump gewesen.

Doch zurück zu den Tieren. Tiere sind immer gut für Konflikte, und Konflikte sind komisch. Dabei darf man nicht zu hohe Ansprüche an die Konsistenz stellen. Die Lebensumstände im Hause Duck ändern sich von einer Episode zur nächsten. Oft gibt es ein Haustier, das selbstverständlich ein wichtiges Mitglied der Familie ist. Das kann eine Katze sein wie die etwas jähzornige Schnurrli. Als wir einmal Katzen hielten, haben wir eine natürlich auch Schnurrli genannt. Wir hätten sie auch Dr. Fuchs nennen können. Als die Familiennamen entstanden, nannten sich Rothaarige gerne Fuchs, und rothaarig war unser Schnurrli auch. Friede seiner Asche! In der Regel haben die Ducks aber einen Hund als Haustier, häufig einen Bernhardiner. Der hieß in den USA erst Bolivar. Nachdem aber Proteste aus Südamerika kamen, dass das eine Beleidigung des Nationalhelden Simón Bolívar wäre, wurde der Name geändert. Erika Fuchs hat den Bolivar auf Deutsch mal so und mal so genannt.

Ein anderes Mal erwirbt Herr Duck einen russischen Rassehund, einen Rauhaarrollmops.

Mit russischen Romanen kennt sich Duck aus. Er hat sogar schon *Krieg und Frieden* gelesen. »Nur ein Rassehund ist ein Klassehund!« Das adelige Tier ist ein Edler von Ehrenfels. Ein typischer Fuchs-Name, der die Ehre der edlen Herkunft noch hervorhebt. Es gibt tatsächlich mehrere Burgen und Burgruinen dieses Namens. Der vornehme Canide ist leider total degeneriert, wie die Adeligen halt so sind. Am Schluss sieht Duck dann doch ein, dass sein Rassenwahn Unsinn war. Auch ein Rassist kann dazulernen.

In vielen anderen Episoden ist der kleine Herr Duck aber ein strikter Gegner aller Haustiere. Da kommt es dann oft zu einem erbitterten

Streit mit seinen Neffen. Kinder lieben Haustiere, ihre Eltern oder Onkel haben dann Ärger und Arbeit damit. Erika Fuchs ist immer neutral geblieben. In den Geschichten fliegen die Fetzen, und wir können uns mit der einen oder der anderen Seite identifizieren, wenn wir das wollen, keine ist der anderen moralisch weit überlegen. Blut ist eben doch dicker als Wasser.

Micky Maus besitzt einen Standardhund, den Pluto. Dem konnte die Übersetzerin keinen anderen Namen geben, weil er schon im Zeichentrickfilm etabliert war. Ich denke aber, der Name Pluto hat ihr gefallen. Tiere hat sie gerne mit klassischen Namen wie Habakuk oder Hadubald versehen. Ob griechisch, biblisch oder germanisch, ihr war jedes Wort recht, Hauptsache schön. Ich wurde übrigens einmal gefragt, ob der Planet (neuerdings Zwergplanet) Pluto vielleicht nach dem Hund so heißt oder umgekehrt. Sie sind ja beide ungefähr zur gleichen Zeit an die Öffentlichkeit getreten. Seinerzeit musste ich passen. Jetzt, wo es die Wikipedia gibt, weiß ich es. Der Planet kam zuerst. Er wurde 1930 entdeckt und benannt. Der Hund hat 1931 seinen Namen nach dem Planeten bekommen.

Viele Tiernamen verwendete Frau Fuchs nur wegen ihres Wohlklangs.

»Feuerfliege« ist keineswegs eine missglückte Übersetzung von »firefly« (= Glühwürmchen). Feuerfliegen gibt es wirklich, aber es sind doch sehr obskure Insekten aus der Familie Pyrochroidae. Die bekannteste Art ist der *P. noctilucus*, der auf Kuba das Zuckerrohr wegfrisst. Da Daisy hier gerade auf moderne südamerikanische Tänze wie einen feurigen Mambo steht, klingt »Tanz der Feuerfliegen« tatsächlich sehr plausibel. Aber vermutlich war das nur ein Zufallstreffer. Der Mambo kommt nur in der Fassung von 1971 vor. Im Jahr 1960 war es noch ein Rock 'n' Roll. In dieser Episode arbeitet Donald Duck als Feuerwehrmann, und es brennt dann auch mehrfach. Deshalb hat die Übersetzerin wohl die Feuerfliegen eingebaut.

Auch sonst liebte sie poetische Bezeichnungen wie Wassermolch, Bücherwurm oder Brüllaffe. Besonders gut lässt sich ihre Übersetzungskunst analysieren, wenn man Mehrfachübersetzungen vergleicht. Es gibt viele Fälle von Remakes, wo eine alte Geschichte noch einmal von einem moderneren Zeichner neu inszeniert wurde. Da Erika Fuchs über lange Zeit die Alleinübersetzerin war, hat sie dann beide Versionen bearbeitet.

Die Frage ist natürlich, ob sie sich beim zweiten Mal an das erste Mal erinnert hat. Ich glaube nicht. Sie hatte ein gutes, doch kein fotografisches Gedächtnis. Auch das hat aber im Laufe der Zeit nachgelassen. Erinnert sich ein Fliesenleger an ein Badezimmer, das er vor zwanzig Jahren schon einmal gefliest hat? Vermutlich nicht einmal der Nobelpreisträger im Fliesenlegen. Zum Glück gibt es jemanden, der fast die komplette deutsche Disney-Comicproduktion minutiös verfolgt hat. Er hat Dutzende von solchen Fällen entdeckt. Wenn man jeweils den alten und den neuen Text vergleicht, entdeckt man doch immer wieder erstaunliche Ähnlichkeiten.

Noch eindeutiger sind die paar Fälle, wo Fuchs identische Comics zweimal übersetzt hat, vielleicht sogar, ohne es zu merken. Für den Verlag war das wohl billiger als die aufwendige Pflege des Archivs. Ein schönes Beispiel ist »Die Gurkenkrise« von 1977. Die war 1960 schon einmal als »Das verbotene Tal« erschienen. Ein eingeschlepptes Schadinsekt namens Gurkenwurm beziehungsweise Gurkenmurkser (*Ciller Gurcae*) bedroht die Entenhausener Gurkenernte.

Sein natürlicher Feind ist die südamerikanische Brisanzbremse beziehungsweise Pestwespe (*Vespa pestilentiafera*). Man sieht, dass die Struktur der Namen mit den Lautwiederholungen jeweils sehr ähnlich ist. Der Gurkenmurkser als gieriger Zerstörer ist natürlich männlich, die flinke Pestwespe, die ihn ins Verderben führt, weiblich. Cherchez la femme. Der Gurkenwurm sagt »Schnorch!«, der Gurkenmurkser »Schnaub!«. Später in der Geschichte kommt noch eine Nebenfigur namens Mozo, ein eingeborener Diener, vor. Der heißt schon im amerikanischen Original so. Der Name hat Erika Fuchs gefallen, denn sie hat ihn in beiden Übersetzungen nicht geändert. »El mozo« ist auf Deutsch der Bursche. Das ist zwar

Spanisch, klingt aber irgendwie Südamerikanisch-Indianisch. Vermutlich wusste sie nicht, dass Diego de Almagro el Mozo ein Konquistador war. Diese falsche Assoziation hätte sie instinktiv vermieden.

Die Feinheiten der Biologie und Medizin beherrschte Frau Fuchs allerdings nicht. Gegen Hakenwürmer verabreicht man keine Spritzen:

Medikamente gegen Hakenwürmer nimmt man oral ein. Als Vorbeugung empfiehlt sich allerdings gutes Schuhwerk, was im vorliegenden Fall wohl etwas ungewöhnlich wäre. Beriberi und Pellagra sind Vitaminmangelkrankheiten, die bei einer kurzen Reise nach Afrika, wie sie hier bevorsteht, eigentlich nicht auftreten können. Aber »Beriberi, Pellagra und Hakenwürmer« klingt doch sehr gefährlich.

Über sich selbst hinaus wuchs Erika Fuchs immer, wenn von Fischen die Rede war. Ich weiß nicht, ob es an ihrer Grundschule in Belgard ein

Fach wie Heimat- und Sachkunde gab, doch der Fischfang war an der Ostsee sicher eine wichtige Industrie und allgegenwärtig. Weiter oben ist uns zum Beispiel schon der Rauhaar*rollmops* begegnet. In Entenhausen ist auch der Angelsport sehr beliebt. Da geht es zwar eher um Süßwasserfische, aber so oder so, schöne Namen haben die Fische alle, vom Ama-Ama bis zum Zitteraal. Erika Fuchs kannte mehr Fische als ein Politiker Ausreden. Und wenn ihr einmal keiner einfiel, dann erfand sie einen wie den »Tummelfisch«. Manchmal ist allerdings die Fantasie mit ihr durchgegangen. Der Teufelsrochen hat zwar einen gefährlichen Namen, aber er sticht nicht:

Erika Fuchs liebte alle Namen mit »Teufel-« oder »Satan-«. Sie liebte auch die mit »Gold-« oder »Silber-«, vor allem im Zusammenhang mit dem Krösus Dagobert Duck. Deshalb hat sie auch die »Goldforelle« und den »Silberlachs« verwendet. So etwas diente ihr immer dazu, eine gewisse Stimmung herzustellen.

Daniel Düsentrieb trainiert einmal einen Fisch, einen »remora«, auf Deutsch Schiffshalter, als Angelgehilfen. Der saugt sich an anderen Fischen fest, sodass man sie an Land ziehen kann. Erika Fuchs machte daraus einen Schildfisch. Die Schildfische sehen aber ganz anders aus als der Schiffshalter, der in der Geschichte abgebildet ist. Ihr ging es immer mehr um das Wort als um das Bild. Der Name Schildfisch geht mir runter wie Honigseim, beim Schiffshalter käme ich sinnlos ins Grübeln.

Der größte und stärkste aller Barsche im Gumpensee braucht natürlich auch einen würdigen Namen. Im Original heißt er »Bombastro«. Die Übersetzung war eigentlich naheliegend: »Bombastus«. Auch darauf

muss man erst kommen. Wer sein Wissen in Kategorien aufteilt, denkt da nicht dran. Von Paracelsus haben wir alle schon gehört. Aber dass er eigentlich Philippus Theophrastus Aureolus Bombastus von Hohenheim hieß, wissen wir vermutlich nicht. Vielleicht hat Erika Fuchs den Namen auch von einem Mundwasserfläschchen. Die sächsischen Bombastus-Werke sind ein alterwürdiger Hersteller von allerlei Tinkturen. Donald Duck hat den »Bombastus« jedenfalls gefangen. Allerdings ist er dabei so unwaidmännisch vorgegangen, dass ihn die anderen Angler beinahe geteert und gefedert hätten.

In einer anderen Geschichte wird ein Fisch zum »persönlichem Feind« des Eisfischers Duck. Der kann ihn sogar an der Physiognomie wiedererkennen. Er hat »so einen unverschämten Zug um den Mund«. Hier hat Erika Fuchs einmal ganz genau hingeschaut und einen visuellen Gag auch sprachlich umgesetzt. Normalerweise konnte sie so etwas aber schon deshalb nicht, weil sie nur schlechte Schwarz-Weiß-Vorlagen vor ihre dicke Brille bekam.

Kein wirkliches Ruhmesblatt für die Übersetzerin ist allerdings die Sache mit den Ameisen.

Donald Duck staucht seine Neffen ordentlich zusammen: »Nehmt euch ein Beispiel an den Ameisen! Die fragen nicht erst lange, was sie tun sollen, sondern die tun eben was.« Das hat er natürlich aus den Sprüchen Salomonis, Kapitel 6: »Gehe hin zur Ameise, du Fauler; siehe ihre Weise an und lerne!« Solche Bezüge zur Bibel sind aber eher selten im Mickymausheft. Die Kinder tun, was sie später bitter bereuen sollen, sie hören auf ihren Onkel und kaufen sich eine Ameisenfarm. Die Ameisen fressen dann mehr oder weniger alle Möbel auf. Ein Beweis für die unglaubliche kollektive Intelligenz der Insekten ist, dass sie gleich am Anfang im Telefonbuch den Buchstaben K wie Kammerjäger verzehren.

In der Übersetzung sind es aber *weiße* Ameisen.

»Weiße Ameise« ist tatsächlich ein – wenn auch eher antiquierter – Ausdruck für Termite. Insofern ist *Termita blanca enorma* durchaus ein passender Name. Wenn man die lieben Tierchen dann aber später noch öfter im Bild sieht, dann stellt man fest, das sind keine Termiten, und weiß sind sie auch nicht. Sie werden auch immer wieder als Ameisen ohne weiteres Adjektiv bezeichnet. Ameisen fressen zwar im Gegensatz zu Termiten keine Möbel, aber manche Arten zerkleinern Holz und bauen sich aus den Spänen ihr Nest. In einer anderen Geschichte »übersetzte« Frau Fuchs den Satz »One million horn-billed weevils can eat as many dried peas as three million saw-nosed weevils!« in einem Fachbuch mit »Ein Ameisenlöwe ist eine Art Libelle, die in ihrer Freizeit Ameisen fängt.« Einspruch, Euer Ehren! Ameisenlöwen (*Myrmeleontidae*) und Libellen (*Odonta*) sind beides Fluginsekten, aber das ist auch schon alles.

Leider hat Frau Fuchs manchmal auch das Gewissen gezwickt, und sie hatte Angst, ihre kleinen Leser zu überfordern. Aus Frau Meiers schöner Glasmenagerie von 1954 wurde in der Bearbeitung von 1967 ein banaler »Käfig mit Glastieren«. Man kannte diese Staubfänger ja eigentlich nur aus einem ollen Theaterstück von Tennessee Williams, und das war 1967 nicht mehr so aktuell. Die Übersetzerin bemühte sich immer um eine Sprachebene, die jeder verstehen konnte, wenn sie nicht bewusst Fachchinesisch wie »Zyklotron« einsetzte, um einen mysteriösen Effekt zu erzielen. Im Grunde wollte sie immer die Welt als Glasmenagerie erscheinen lassen. Das Wort »Schuppenfisch« ist zwar eine sehr obskure Bezeichnung für Ukelei (*Albumus albumus*) oder Döbel (*Leuciscus cephalus*), aber das fällt uns nicht weiter auf.

Ähnliches wie für die Tiere gilt auch für die Pflanzen. Sie dienen oft nur dazu, Assoziationen zu erzeugen. Wenn Donald Duck als Abbruchunternehmer arbeitet, dann ernährt er sich auch entsprechend:

Mauerpfeffer (*Sedum*) und Steinbrech (*Saxifraga*) sind einheimische Pflanzen, die man oft in Steingärten anpflanzt. Manche Steinbrecharten sind essbar, Mauerpfeffer ist giftig, aber wie schon Paracelsus wusste, kommt es immer auf die Dosis an.

Erika Fuchs hat gerne im Garten gearbeitet, sie kannte sich aus. Ein Apfelbaum ist bei ihr nicht irgendein Apfelbaum, er ist adelig wie ein russischer Rassehund, er heißt »Schöner von Boskop«. Natürlich verwendete sie wie fast immer den eingedeutschten Namen, über den man beim Lesen nicht stolpert. Jemand wie ich hätte hier angeberisch Boskoop geschrieben, um zu demonstrieren, dass er von allem etwas versteht.

Einmal hat Donald Duck einen akuten Anfall von »Pflanzenfimmel«. Er tritt in den »Klub der Blumenfreunde« ein und bepflanzt voller Enthusiasmus die Spielsachen seiner Neffen. Das war natürlich alles vorgegeben für die Übersetzerin, aber wie immer hat sie die Einzelheiten großzügig an deutsche Gegebenheiten und vermutlich auch an ihre persönlichen Erfahrungen angepasst.

Aus den Petunien machte sie Stiefmütterchen und aus dem Kletterefeu Karrenkraut. Karrenkraut ist eine sehr seltene Bezeichnung für das Taubenkropf-Leimkraut (*Silene vulgaris)*, das aber nicht wirklich so aussieht wie die Blüten im zugehörigen Bild. So ganz hat sie sich aber wohl nicht mehr an die Erzählungen ihrer botanisch herausgeforderten Freunde erinnert. Der »Kriechende Gänserich« ist eine Mischung aus dem Kriechenden Günsel (*Ajuga reptans*) und dem Gänserich (= Gänsefingerkraut, *Potentilla anserina*). Kein Zufall ist natürlich wie oft der Bezug zum Geflügel.

Fast alle in der Geschichte vorkommenden Pflanzenarten haben aussagestarke Namen. Rittersporn, Feuermohn, Löwenmaul, Königskerze, Hahnenklee. Ein Irrläufer ist allerdings hineingeraten, der Hahnenklee. Das ist keine Blume, sondern ein Stadtteil von Goslar im Harz. Meiner Ansicht nach ist das ein Indiz dafür, dass die Namen nicht aus einem Buch stammen, sondern aus der Erinnerung. Natürlich passt so ein dummer Fehler auch zur Prahlerei des noch nicht ganz blumenfesten Neophyten Duck, aber das hätte ja kein Leser begriffen. Etwas hat sie aber wörtlich übersetzt, was bei ihr ja ganz und gar nicht die Regel ist: die Fuchsien in der Fechtmaske der Kinder. Hat sie sich hier ein klitzekleines Denkmal gesetzt? Anderswo wird auch einmal aus einem »Hooky Hill« (Schulschwänzerhügel) der Fuchshügel. Ansonsten gibt es noch die Disney-Standardfigur, den Gevatter Fuchs (»Br'er Fox«). Die deutsche Fassung der Negeroper *Song of the South*, in der er mitspielt, ist aber erst 1982 herausgekommen. Da heißt der Fuchs »Patzich«. So etwas Hässliches wie dieser Name wäre ihr aber gar nicht erst eingefallen.

In einer anderen Geschichte ist Ducks Garten etwas unwirtlicher als in der Pflanzenfimmel-Episode. Duck zieht öfter um, die Häuser wechseln ständig. Doch ist es immer die typische amerikanische Kleinbürgeridylle, billig, aber gemütlich. Dazu gehört natürlich ein kleiner Garten. Beim Versuch, die Ödnis zu beseitigen und eine Linde zu pflanzen, wird Duck wagnerianisch: Zum Ruhm der Ruhe, die ich einst in deinem Schatten finde, tauf' ich dich auf den Namen »Ruhelinde«. Fräulein Ruhelinde fällt aber bald den Maulwürfen zum Opfer. Der nächste Kandidat, ein Spitzahorn, wird von Raupen gefressen. Erst eine mongolische Dornmaulbeere trotzt eine Zeit lang der hungrigen Gartenfauna:

Das Bild ist fast wörtlich übersetzt, aber doch eine Spur theatralischer. Das »sturmgepeitscht« ist im Original ein einfaches »windy«. Ich weiß nicht, ob Erika Fuchs Shakespeare geliebt hat, aber da kommt das Wort mehrfach vor, zum Beispiel hier:

Sonett XXXIV

…

'S ist nicht genug dass du durch Wolken siehst,
Und trocken wischst mein sturmgepeitscht Gesicht …
Denn keiner solche Salbe lobt: Sie schließt
Die Wunde aber heilt den Unfall nicht,

…

Den Gegensatz zu der Begeisterung des »Baumschullehrers« bildet der lakonische Kommentar des Käufers: »Aha, widerstandsfähig!« Es ist typisch Fuchs, erst einen Ballon aufzublasen und dann mit der Nadel hineinzustechen. Nur keine Sentimentalitäten! Werd nicht poetisch, Ede!

Ein großes Rätsel waren für mich immer die »nieblühenden Typodermien«:

Im Internet gibt es ja inzwischen alles. Es gibt auch eine Website Typodermic.com. Die hat mich aber noch mehr verwirrt, weil sie nichts mit Pflanzen zu tun hat. Hier geht es um Typografie.

Dabei ist alles so einfach, es ist ein Druckfehler. Im Original heißt es »never-blooming hypodermicus«. *Hypoderma* ist eine Gattung von Pilzen. (Der gleiche Name kommt auch bei den Insekten vor.) Kein Wunder, dass die nie blühen. Ansonsten ist das Œuvre von Erika Fuchs aber eher arm an Druckfehlern. Früher hat man noch gründlich Korrektur gelesen. Häufiger sind allerdings Fälle, wo der Text nicht zum Bild passt.

»Potz Kimme, Korn und Kollerkraut!« So flucht Hilfssheriff Duck im Wilden Westen. Aber was ist »Kollerkraut«? Es hilft nichts, ich muss noch einmal die Suchmaschine anwerfen. »Meinten Sie Hellerkraut?« Nein, ich meinte nicht Hellerkraut! Ich bekomme ganze neun Ergebnisse. Gleich das erste bezieht sich auf Erika Fuchs. Das Wort kommt angeblich noch in mindestens einer anderen Geschichte vor. In einem darin erwähnten Roman zündet der königliche Artischockenpfleger Ratmore Slinky des Königs Kollerkraut an. Das alles bezieht sich aber auf das amerikanische Original, Frau Fuchs hat daraus wieder einmal etwas ganz anderes gemacht. Immerhin dämmert es jetzt: »tumbleweeds«, auf Deutsch Steppenläufer oder Steppenhexe. Das sind diese rollenden Büsche, die man vielleicht aus manchen Western – Erika Fuchs hätte natürlich gesagt Wildwestfilmen – kennt. Das »Kollern« im Herbst ist die Methode der Steppenläufer, ihren Samen zu verbreiten. »Was man nicht weiß, muss man sich ergründen«, sagt unser Freund Olaf und ergründet. Wenn Erika Fuchs ein Wort nicht wusste, dann hat sie es, der Not gehorchend, erfunden. Vielleicht hatte sie das »Kollerkraut« auch aus einem billig synchronisierten Wildwestfilm. Sie liebte Alliterationen und hat sie sich deshalb wohl auch alle besonders gut gemerkt.

Noch mehr als Alliterationen liebte Erika Fuchs Wildwestfilme. In der Potz-Kollerkraut-Episode hat sie beides verbunden. Das hat zwar nur wenig mit Flora und Fauna zu tun, aber irgendwo will ich es unterbringen. Hier ist eine Liste der Wildwestfilme, die Hilfssheriff Duck gesehen hat:

Lodernde Lunten mit Sagebush Savage
Pulverqualm und Paukenschlag mit dem Wilden Bill
Ein Kaktus wird geknickt mit Trigger Trueshot
Männer, die in Zelten zündeln mit Ramrod Ransom
Schlüsselblumen für den Sheriff mit Rimfire Remington
Der Henker und sein Hund mit Horace Mustang
Trau keinem Typ aus Texas mit Stumpalong Hoppity
Keine Gnade für Schakale
Und die Prärie fragt nicht warum mit Trigger Trueshot und Knacky the Kid
Der Killer in der Kiesgrube mit Carson Sage

Zurück zur Fauna und Flora im Wilden Westen. Keine Gnade für Schakale! In Amerika gibt es keine Schakale. Diese ökologische Nische wird dort von den Kojoten gefüllt. Das zweimal vorkommende »Sage« ist eine Anspielung auf den berühmten Westernroman *Riders of the Purple Sage* (1912) von Zane Grey. »Purple sage« (*Salvia leukophylla*) ist eine schöne

Salbeiart, die in kalifornischen Wüsten und ähnlichen Gebieten wächst. Wenn man das nicht weiß, ist der obige Ausspruch des Sheriffs, den der fast sichere Tod erwartet, vielleicht etwas schwer verständlich.

Ich glaube, ich bin persönlich für diese Grausamkeiten verantwortlich. Am 1.4.1978 erzählte ich Frau Fuchs bei einer unserer beiden Begegnungen, dass diese Geschichte beim dänischen Mutterkonzern des Ehapa Verlags, Gutenberghus, in einem Sonderband erschienen war, und regte eine hiesige Veröffentlichung auf Deutsch an. Mea maxima culpa.

Einmal im Leben war Dagobert Duck verliebt. Ich meine jetzt nicht die Affäre mit der Gewerbeoberlehrerin Fräulein Greta Gründlich, die ihn unbedingt heiraten wollte. Das war wohl eher eine einseitige Angelegenheit. Davon steht übrigens nichts im amerikanischen Original, das ist Fuchs pur. Nein, ich meine die schöne Nelly, den »Stern des Nordens«. Nelly war »schön wie eine Moosrose, aber ihr Herz war kalt wie Eis … wie das Eis auf dem Yukon«. In diesem Zusammenhang übersetzt Erika Fuchs das neutrale Wort »girl« übrigens mit »Braut«.

Man muss berücksichtigen, dass die Übersetzung von 1959 stammt. Aber auch damals war »Braut« entweder furchtbar spießig – kein Sex ohne Verlobungsring – oder etwas vulgär. Ich kann mich nur für keine der beiden Lesarten entscheiden. Aber mir geht es eigentlich um etwas anderes. Die Braut war »spangled and flashy«. Erika Fuchs machte daraus »schön wie eine Moosrose«. Das ist ein hübsches Bild, weil eine Moosrose nur als Solitär richtig zur Geltung kommt. Ich glaube aber, sie dachte da mehr an die wunderschöne Königstochter aus dem Grimm'schen Märchen *Die Gänsehirtin am Brunnen*. Die ward »so rot im Gesicht wie eine Moosrose«. In dem Märchen kommen noch andere Begriffe vor, die Erika Fuchs verwendet hat: das Espenlaub und der Zinshahn. Die Blätter der Espe (*Populus tremula*) zittern schon bei ganz wenig Wind, eben wie Espenlaub. Ein Zinshahn ist ein besonders gesunder und wilder Hahn, so wie er früher vielleicht als Grundzins verlangt wurde. Sein Kamm ist leuchtend rot. Deshalb heißt es in dem Märchen einmal, dass der junge Graf »so rot im Gesicht wie ein Zinshahn« wird. Tick, Trick und Track Duck haben ihr Märchenbuch offenbar auch sehr gründlich gelesen.

Wenn meine Kinder auch nur halb so belesen wären!

ORDENTLICHE FRAUENZIMMER

Mann und Weib in Entenhausen

Janet Magaret Morrel muss man nicht kennen. Sie wurde 1906, also im gleichen Jahr wie Erika Fuchs, geboren und unterrichtete Englisch in Essex. Zusätzlich veröffentlichte sie zwei Bücher mit Theaterstücken. Auf einer Taschenbuchausgabe von 1959 findet man eine Selbstbeschreibung der Herausgeberin. Sie endet mit der schönen Charakterisierung »Her recreations, interests and tastes are those proper to a woman«. Einen ähnlichen Satz finden wir in einer Episode von 1952:

Hier bespitzelt Donald seine Daisy mit einem selbst gebauten »Radargerät«. Natürlich waren weder Janet Morrell noch Erika Fuchs, noch Daisy Duck ordentliche Frauenzimmer. Sie haben nicht das getan, was von ihnen erwartet wurde, sondern das, was ihnen Spaß gemacht hat. Entenhausener Frauen scheitern nicht, weil sie von vorneherein wissen, was möglich ist. Sie kennen ihre Pappenheimer:

Erika Fuchs war erfolgreich und selbstbewusst. Und auch wenn ich für diese Formulierung von Feministinnen Prügel mit dem Regenschirm bekomme: Sie war auf eine typisch weibliche Art emanzipiert. Sie hat Entenhausen ihr Weltbild nicht aufgeprägt, das wäre zu viel gesagt, aber sie hat es doch immer wieder auf subtile Art eingebracht. Das Mickymausheft der 1950er- und 1960er-Jahre wurde von einer Frau übersetzt, und man merkt es auch. Was ich von ihr gelernt habe, ist das: Männer und Frauen sind saudumm. Die Hormone machen Affen aus uns allen. Aber Männer und Frauen sind auf unterschiedliche Art saudumm, und es ist ihr gutes Recht, unterschiedlich zu sein. Dass Frauen anders sind, bedeutet nicht, dass sie besser oder schlechter sind, nur anders. Wenn Erika Fuchs sich über Frauen lustig machte – und das konnte sie gnadenlos –, dann machte sie das aus einer Position der Stärke. In Entenhausen scheitern nur die Männer.

Die Geschichte, aus der das Bild stammt, hat übrigens ein ausgesprochenes Happy End, was bei Donalds Erlebnissen ja nicht unbedingt die Regel ist. Daisy verrenkt sich den Kiefer, weil sie zu viel redet, und Donald darf sie hingebungsvoll trösten, während sein windiger Vetter Gustav beim Erntedankfest ihre hässliche picklige Vertreterin zu Tische führen muss.

Die Familien der Hauptfiguren Donald Duck und Micky Maus sind ja eine reine Männergesellschaft. Trotzdem führen sie ein Leben wie eine Familie mit Vater und Mutter.

Und so wie Donald könnte eine liebevolle Mutter reden. In meiner Jugend, in einer Zeit des kriegsbedingten Frauenüberschusses, gab es nur wenige alleinerziehende Väter. Ich kannte nur einen. Sein Sohn war nicht anders als alle anderen. Heutzutage ändert sich das langsam. Die Familie Duck ist nicht mehr so untypisch, wie sie einmal war. Die Comicautoren und genauso ihre Übersetzerin Erika Fuchs, die in einer normalen intakten Familie gelebt hat, haben aber schon damals ein überzeugendes Bild vom gut funktionierenden Zusammenleben abgeliefert. Sie hatten es allerdings leicht damit. Micky Maus, Donald Duck und der große böse Wolf können sich zu Hause um die Kinder respektive Neffen kümmern. Sie arbeiten nicht von neun bis fünf in der Fabrik. Das heißt, Donald schon manchmal, doch er fliegt dann aus der Essig- oder Margarinefabrik bald wieder raus. Eine Familie ohne eine richtige Mutter ist ein schöner Ausgangspunkt für eine Komödie, weil sie ungewöhnlich ist. *Homo sapiens* ist jedoch so anpassungsfähig, dass auch so eine Gemeinschaft in der Regel ohne bleibende Schäden funktionieren kann. Die Einwohner von Entenhausen sind natürlich allesamt Menschen, auch wenn sie Vögel oder Nagetiere sind.

Entenhausen war eben immer auch ein Abbild der privaten Welt von Erika Fuchs. Und sie hat aus Entenhausen nach Möglichkeit eine Stadt geformt, in der sie selbst gerne gewohnt hätte. Ihre Botschaft ist nicht, dass man genau so leben soll. Man lernt aber, dass es Dinge gibt, auf die man nicht ohne Not verzichtet. Man lernt genauso, dass man nicht jeder Torheit hinterherlaufen muss. Vieles in Entenhausen ist, wie Janet Morrell so schön formuliert hat, »proper to a woman«.

Es gibt durchaus ab und zu ein geschlechtsspezifisches Problem, das der Onkel dann auch schamlos in einem Machtkampf ausnutzen kann, gerade weil er als Mann diese Situationen bestens versteht; aber so etwas ist selten (siehe Bild auf der nächsten Seite).

Das Essen kommt bei Donald Duck pünktlich auf den Tisch. Es ist kein Fast Food, sondern sorgfältig und abwechslungsreich zubereitet. Fetttriefende Kraftnahrung wie Bratwurst serviert er selten, von der

obligatorischen Weihnachtsgans einmal abgesehen. Stattdessen gibt es feines Gebäck, vielleicht vom Konditor oder auch selbst gebacken. Zum Frühstück isst man warmen Haferbrei. Die Kinder müssen oft im Garten arbeiten, Rasen mähen oder Salat pflanzen. Sie beten zur Nacht. Sie bekommen regelmäßig neue Zahnbürsten. Auch wenn Donald Duck nicht immer genug Geld hat, achtet er doch auf Wohnkultur. Er besitzt nicht irgendein Bett, sondern ein »gutes schönes Nussbaumbett«. In seinem Wohnwagen findet man eine Kuckucksuhr und »gute Vorhänge«. An Entenhausener Wänden hängen Sinnsprüche wie »Eigner Herd ist Goldes wert«.

Donald Duck ist immer auf einen gewissen kulturellen Standard bedacht, selbst wenn er gerade erst seinen ungeliebten Vetter Gustav mittels einer Teufelslist zum Nordpolarmeer geschickt hat.

Entenhausener Idole sind Filmschauspieler und Schlagersänger, wie sie ja eigentlich mehr bei Mädchen beliebt sind. Wenn Gustav Gans im amerikanischen Original auf seinem Kornett »The Bluebells of Scotland« spielt, ein Lied, in dem ein Mädchen nach ihrem Freund schmachtet, der gerade gegen die Franzosen kämpft, dann macht Erika Fuchs daraus das »Ännchen von Tharau«, in dem ein Pfarrer seine Braut anhimmelt. Das Mickymausheft hatte hauptsächlich Knaben als Leser. Da hätte Erika Fuchs sich ja beliebt machen können, wenn sie öfter mal ein paar Fußballspieler oder Rennfahrer eingebaut hätte. Hat sie aber kaum. Man spürt immer, dass sie für testosteronhaltige Themen wie Leistungssport und schnelle Autos hauptsächlich Spott übrig hatte.

In Entenhausen gibt es selten üble Gerüche. Und wenn doch, dann werden sie gerne verharmlost:

Hier hat die Katze von Nachbar Treuherz den Behälter mit dem Spezialöl des Kammerjägers umgeworfen.

Nebenbei bemerkt, Treuherz ist wieder einmal ein typischer Fuchs-Name. Man meint zunächst, den hat sie selbst erfunden, aber es gibt ihn, wenn auch nicht sehr oft. Schöne Namen hat sie sich immer gleich aufgeschrieben.

Erika Fuchs hat keine Witze mit alten Socken oder Hühnerkacke gemacht. Allenfalls flucht mal einer der Neffen: »So ein verfaulter Käse!« Die Kinder sind eben noch nicht vollständig sozialisiert. Sie müssen regelmäßig baden, gerne mit irgendwelchen Duftwässerchen, ob die nun im amerikanischen Original vorkommen oder nicht. Auch das Waschen der Hände und des Halses wird von Onkel und Oma immer wieder streng überwacht. Die Sprache im Mickymausheft ist meistens damenhaft. Es gibt ja durchaus eine angeborene männliche Neigung zu Kraftausdrücken. Das kenne ich von meinem Sohn: »Der Merlin sagt immer Ferkel, *und ich auch*!« So etwas findet man hier nicht. Nebenbei bemerkt haben Entenhausener Kinder keine so exotischen Vornamen wie Freund Merlin. Bei den Hauptfiguren wie Micky, Donald und Goofy wirkt sich noch die amerikanische Urform aus. Dagobert wurde nach dem gleichnamigen Merowingerkönig benannt. Kinder aber heißen ganz unauffällig Franz, Herbert, Karl, Katharina, Klaus, Otto, Rolf, Ulli oder Trudchen. Erika Fuchs hat die Kleinen nie lächerlich gemacht, nur die Großen. Mit ihrer Sprache wollte sie immer ein Vorbild sein. Sie hat nicht das kindische Idiom einer Volksschullehrerin verwendet, sie hat uns vielmehr gelehrt, dass man Sprache nicht nur wie einen Baseballschläger, sondern auch wie einen Degen verwenden kann. Selbst in Augenblicken höchster Erregung spricht man in Entenhausen noch in ganzen Sätzen und verwendet den Konjunktiv korrekt:

Frauen wie Daisy, Minnie oder Oma Duck spielen eigentlich nur eine Nebenrolle in Entenhausen. Wegen der schieren Menge dessen, was Erika Fuchs übersetzt hat, kennt man die Damen trotzdem recht genau. Daisy ist in mancher Hinsicht ein Rätsel. Sie arbeitet nur selten für ein Gehalt. Trotzdem geht es ihr gut. Sie hat alles, was sie benötigt, und sie ist zufrieden damit. Wenn sie Geld braucht, dann nur für das Rote Kreuz oder andere wohltätige Zwecke:

Erika Fuchs hat Daisys Besitz liebevoll beschrieben. Sie hat sie mit einer Granatbrosche, »gutem Sonntagsgeschirr« und einer Geheimschatulle für Liebesbriefe ausgestattet. Irgendwie erinnert sie mich an meine Großtante Rie, die in ihrer Jugend in »vornehmen Häusern« arbeitete und im Alter »Gesellschafterin« ihrer verwitweten Schwester wurde. Tante Rie hatte sicher auch eine Granatbrosche. Daisy wünscht sich eine

Spieluhr, die »Freut euch des Lebens« klimpert, ein Lied, das man in der Jugend von Erika Fuchs und Tante Rie vielleicht noch gesungen hat.

Freut euch des Lebens
weil noch das Lämpchen glüht
Pflücket die Rose
eh sie verblüht!

Natürlich spottet Erika Fuchs auch hier. Aber wenn man die Botschaft des Liedes auf ein erträgliches Maß verdünnt, dann ist es ihre eigene.

In der Beziehung zwischen Donald und Daisy ist Daisy die Stärkere. Was ihr am Herzen liegt, ordnet sie an. Dafür hat sie, ähnlich wie der Duckkonzern, sogar ihren eigenen Geheimcode:

D. I. K. E. S. E. B. heißt »Das ist keine Einladung, sondern ein Befehl.«

In einer anderen Geschichte wird Donald mit einem Bluthund gejagt, weil er Daisy nicht beim Frühjahrsputz helfen will. Dabei gelten aber durchaus rechtsstaatliche Prinzipien. Donald hätte sich von Doktor Dürrenmatt krankschreiben lassen können, er hat das nur verschusselt. Daisy hingegen verschusselt selten etwas.

Daisy achtet sehr auf Donalds Äußeres. Wenn er als braver Feuerwehrmann die Stadt vor einem furchtbaren Grasbrand errettet und deshalb ein paar Insekten auf dem Sweatshirt herumträgt, dann denkt sie: »Wie peinlich! Und er hat in seinem Hollywoodjäckchen so nett ausgesehen!« Wenn ihm sein Smoking nicht mehr passt, weil er dank körperlicher Ertüchtigung eine athletische Figur bekommen hat, dann schämt sie sich seiner.

Beides, das »Wie peinlich!« und das »Man muss sich ja genieren!« ist übrigens Originalton Fuchs. Die amerikanische Version ist da weniger bösartig. Frauen im deutschen Entenhausen sind dominant wie die Frau Geheimrat Holzstock: »Die hat Haare auf den Zähnen!«

Wenn Daisy kurzfristig einen Partner für das Tanzturnier im Casino braucht, dann muss Donald stante pede oder, besser gesagt, vehemente pede den Wiener Walzer üben, bis er ihn perfekt beherrscht:

Tick, Trick und Track weigern sich aber ihrerseits verbissen, mit Mädchen zu tanzen, als die Reihe einmal an ihnen ist. Sie sind, wie gesagt, noch nicht völlig sozialisiert.

Einmal leidet Donald unter häufigen und heftigen Albträumen. Sein Arzt probiert es zunächst mit der Methode Alpha. Die Methode Alpha besteht darin, dass der Patient eine ganz besonders verhasste Arbeit machen muss, um die imaginären Schrecknisse zu verkraften. (Offenbar hat man in Entenhausen das Prinzip der Homöopathie, Gleiches mit Gleichem zu kurieren, auf die Psychiatrie übertragen.) In diesem speziellen Fall muss er Zierdeckchen häkeln. Die Damen finden das hochinteressant:

Erika Fuchs hat hier das teilweise doch noch respektvolle »This is just darling!« des Originals mit einem vernichtenden »Irgendwie rührend!« übersetzt. Ein häkelnder Mann. Das muss man gesehen haben! Der muss einen Vortrag im Damenklub halten! Frauen in Entenhausen sind solidarisch, viel solidarischer als Männer. Zusammen mit der Kreuzstich-Klicke, der Lochstich-Lobby und den Freunden feiner Filetarbeiten versucht Daisy, den armen Donald einzufangen. Der zitiert in Gedanken wieder einmal Schiller: »Da werden Weiber zu Hyänen!«

Doch auch diese Geschichte geht gut aus. Die Methode Alpha hat nicht gegen die Albträume geholfen, wohl aber die Methode Beta. Das ist sozusagen eine Potenzierung der Methode Alpha: Man muss im wirklichen Leben noch grauenhaftere Ängste erleiden als in den Albträumen vorkommen. Donalds Flucht endet im Zoo. Um den Damen zu entgehen, kämpft er gegen die Haifische im Haifischbecken und die Löwen im Löwenkäfig. Die Therapie hilft. Der Patient gesundet. Ein Hoch auf die Entenhausener Heilkunde!

Man spürt deutlich, mit welchem Vergnügen Erika Fuchs diese Geschichte übersetzt hat. Das war ihr eigenes Leben, nur umgekehrt. Sie hat sich in einer Männerwelt behauptet und blieb dabei weiblich. Sie hat darum gekämpft, an einer Schule für Jungen das Abitur machen zu können. Sie hatte einen autoritären Vater. Sie hat studiert und promoviert. Bei den Nazis bekam sie als Frau keine adäquate Arbeit. Aber nach einer Pause aufgrund von Kindererziehung und Krieg hat sie mit Umsicht und Tatkraft ihre passende Position im Leben gesucht und gefunden. Sie hat die Rosen gepflückt, eh sie verblühten.

Daisys Tyrannei ist nur die eine Seite der Medaille. Fräulein Duck hat ein anderes Wertesystem, doch ihre Autorität beruht zu großen Teilen darauf, dass Frauen vernünftiger sind. Wenn Donald tollkühn sein Haus verwettet, dann versucht sie zu retten, was zu retten ist. Wenn er auf einem Kreuzfahrtschiff von einem bösen Steward verfolgt wird, dann tarnt sie ihn mit ihrer feschen Perücke. Man beachte wieder den fast perfekten Konjunktiv:

Ein kleiner Exkurs über »Gammler«: Ende der 1960er-Jahre war das eine ziemlich pejorative Bezeichnung für die deutsche Version der Hippies. (Diese Übersetzung erschien 1967, mitten im Summer of Love.) Bei dem Wort »Gammler« schwang in der Regel noch ein »ungewaschen und arbeitsscheu« mit. Nicht so bei Erika Fuchs. Bei ihr war es neutral. Es bezeichnete eine Subkultur, der sie nicht angehörte, aber ohne negative Wertung.

Ich hätte da ja so etwas wie »Oberammergauer« geschrieben, aber das wäre Frau Fuchs vermutlich zu wenig allgemeinverständlich gewesen. Und »Beatmusiker« hat sie wohl schon deshalb nicht verwendet, weil sie englische Fremdwörter, und seien sie auch so verbreitet wie »Toast« oder »Grapefruit«, lieber vermieden hat. Sie brauchte einen Mann mit langen Haaren, da blieb nur »Gammler« übrig.

Wenn das Schicksal Donald zu sehr beutelt, dann ruft er Daisy an und bittet sie, ihm ein paar Hoffmannstropfen zu bringen. Wenn er zum

Kegeln geht, passt Daisy auf die Drillinge auf. Und wenn er einmal ein schwieriges pädagogisches Problem mit ihnen hat, dann berät sie ihn äh … fachmännisch:

Das mit der Selbstbeherrschung ist im Prinzip das lebenslange Motto von Erika Fuchs: »Man stellt sich nicht an.« Daisy selbst schafft es trotzdem oft nicht, die Contenance zu wahren. Ihr Mündel Donald ist aber auch wirklich eine schwere Prüfung.

Die klassischen Geschlechterrollen werden im Entenhausen der Erika Fuchs kaum infrage gestellt. Die Männer sind für die Technik zuständig. Nicht weil sie dafür wirklich ein Talent haben, sondern weil sich die Frauen die Hände nicht schmutzig machen wollen:

So etwas geht natürlich meistens schief. In dieser Episode saugt der reparierte Staubsauger ein Loch in den guten Teppich und die Haare vom Silberfuchsmantel. Das ist der Preis, den eine kluge Frau wie Daisy gerne zahlt. Gerade das schlechte Gewissen wegen seines ständigen Versagens macht einen Mann zum willigen Befehlsempfänger.

In Entenhausen ist die klassische Ehe bei Nebenfiguren der Normalzustand. Sie funktioniert oder sie funktioniert nicht, aber meistens funktioniert sie. Herr und Frau Wutz sind ein Beispiel. Die Wutzens besitzen ein schönes Haus mit einem Flügel im Wohnzimmer. Am Abend gehen sie seriös gekleidet in die Oper. Offenbar verbindet sie die Liebe zur Musik. Auf dem Fernseher steht ein geschmackvoller Blumenstrauß. Kinder haben sie keine, oder die sind schon aus dem Haus. Dafür besitzen sie einen Hund, um den sie sich gemeinsam liebevoll kümmern, ohne ihn aber zu verzärteln. Ein weiteres Beispiel, diesmal eher aus dem Prekariat, ist dieses Paar:

Der Lastkraftwagen ist nicht der neueste, aber ein Neffe von Donald Duck sieht sofort, dass das »Einfache Leute, aber herzensgut!« sind. Das »herzensgut« ist wieder so ein typisches Fuchs-Wort. Sie hat nie »gut« geschrieben, wenn ihr etwas wie »herzensgut« eingefallen ist. Auf der Ladefläche verstecken die beiden Reisenden mindestens zehn Kinder. Kein Wunder, dass sie kein Geld haben, ihr Motelzimmer zu bezahlen; doch ehe sie das Weite suchen, wird die Brut noch gründlich gebadet. Arm, aber reinlich!

Manchmal sind die Frauen in Entenhausen allerdings ein wenig dominant, das will ich gar nicht abstreiten. Es gehört sich nicht, in aller Öffentlichkeit zu seinem Mann zu sagen: »Hör mit dem dussligen Gebrüll auf, Ernst-Albrecht, sonst wirst du noch seekrank.« Doch man sollte die liebevolle Sorge der Gattin um Ernst-Albrechts Gesundheit auch positiv würdigen. Entenhausener Männer brauchen manchmal eine starke Hand:

Donald und Daisy führen ebenfalls eine Art Ehe, aber eine von der offeneren Art. Wie die Beziehung angefangen hat, erfahren wir nur andeutungsweise anhand von Relikten aus der Vergangenheit. Sie haben sich bündelweise Liebesbriefe geschrieben. Hier ein Auszug aus einem Brief von ihr an ihn: »Liebstes Duckydickerchen, wie geht es denn meinem süßen Schnubbel-Schnäbelchen heute?« Offenbar hat sie sich lange nicht zwischen Donald und Gustav entscheiden können. Auch Gustav hat ihr anrührende Briefe geschrieben: »Holdes Wesen in Engelsgestalt, so wonniglich und wundersam zu schaun … Wie eine Gazelle gleitest du durch grünende Gefilde …« Diese poetische Ader hätte man dem eitlen Fatzke eigentlich gar nicht zugetraut. Episteln wie diese hat sicherlich das Ännchen von Tharau genauso von seinem Pfarrer bekommen.

In der Realzeit sind Donald und Daisy schon ein festes Paar, selbst wenn sie jeweils in ihren eigenen Häusern leben. So symbiotisch wie die Beziehung von Herbert und seinem Mäuschen ist die ihre aber noch nicht. Doch das wird noch kommen. Wenn Donald mal mit dem Fräulein von Schwan Butterblumen pflücken geht, dann ist das nur eine kurzfristige Verirrung. Bald wird er wieder Daisy zu einem Picknick einladen und ihr eines seiner selbst verfassten Gedichte vortragen. So etwas mögen die Frauenzimmer:

Erheb das trunk'ne Auge zum strahlenden Azur!
Beug nieder dich und sauge den Duft – hatschi – der Flur!
Spring auf, mein Herz, genieße – hatschi, hatschi – dein Glück!
Flieg über Wald und Wiese – hatschi, hatschi – zurück!

In Entenhausen sind die Beziehungen zwischen den Damen und den Herren manchmal etwas stürmisch, aber sie sind immer auf Dauer angelegt. Pack schlägt sich, Pack verträgt sich. Wie schon erwähnt, hat Erika Fuchs einmal gesagt, sie hätte nie an Scheidung gedacht, höchstens an Mord. Ich kann das nachvollziehen, auch ich habe so ein herzensgutes Weib errungen:

WAL NIX KOMMEN! KARACHO! KARUTZI!

Fremde Kulturen im Entenhausener Universum

Zu den dümmsten Erfindungen der letzten Jahrzehnte gehört die politische Korrektheit. Besonders übel ist sie deshalb, weil sie eine sinnlose Pseudolösung eines realen Problems ist. Natürlich ist es nicht der Hit, Minderheiten zu diskriminieren, aber die Redefreiheit ist auch ein hehres Gut. Die Verfechter der politischen Korrektheit sind sich völlig sicher, dass sie und nur sie im Besitz der alleinseligmachenden Wahrheit sind. Eine Diskussion mit ihnen ist wie eine Diskussion mit Kreationisten.

Da ich mich in diesem Kapitel teilweise in sumpfiges Gelände begebe, will ich lieber vorher alles klarstellen. Primitive Regeln, wie zum Beispiel, dass man das Wort Neger überall, also auch in historischen Texten, ausmerzen muss, lehne ich ab. Der Vater von Pippi Langstrumpf war ein Negerkönig, und er soll es bittschön auch bleiben. Wer die Texte von Astrid Lindgren zensiert, wie es inzwischen weltweit üblich ist, gehört homerisch ausgelacht.

Es gibt viele Menschenrechte, aber dazu gehört nicht das Recht, dass man nicht verspottet werden darf. Zur Komik gehört auch das Spiel mit kulturellen Stereotypen, ganz gleich, ob sie nun auf Wahrheit beruhen oder nicht. Der Test für Toleranz ist immer der Grenzfall. Die Reichsschrifttumskammer ist seit 1945 abgeschafft. In Berlin hat sich tatsächlich einmal eine Mutter beschwert, dass ihr Balg in der Schule »Nicht für Kinder ist der Türkentrank … sei doch kein Muselman …« singen sollte. Soll sie sich doch beschweren. Wir leben in einem freien Land. Erika Fuchs hat übrigens den »Muselmann« noch ganz klassisch mit zwei N geschrieben.

In Disney-Comics sind oft solche xenophoben Sentenzen zu finden, die von komischen Figuren gesprochen werden und schon deshalb nicht die Einstellung ihres Autors wiedergeben.

Der Neger im Bild ist kein König. Sein Souverän sieht genauso aus wie er, aber der trägt eine güldene Krone. Manche Autoritäten bezweifeln übrigens, dass es sich hier um eine Fuchs-Übersetzung handelt, ich bin da anderer Meinung.

Der Negerkönig ist in anderen Bildern dieser Geschichte wohl etwas jähzornig, der Geist der Bergpredigt ist in ihm nicht lebendig. Ich würde sagen, er ist kein schlimmerer Haderlump als der Italienerkönig Silvio Berlusconi. Wenn es hier eine Botschaft gibt, dann die, dass wir Menschen – und die Enten sind in Wirklichkeit Menschen – überall auf der Welt eine ziemlich bösartige Spezies sind.

Zumindest in den besseren von solchen Geschichten hat sich Erika Fuchs nicht über die »primitiven« Völker lustig gemacht, sondern über unsere eurozentrischen Vorurteile. Mir kommt das jedenfalls so vor, und ich finde vieles davon sehr komisch. Die Disney-Comics wurden freilich am Fließband produziert. Insgesamt haben da Dutzende von Zeichnern und Textern mitgearbeitet. Der Beste von allen war immer wieder Carl Barks. Meine Beispiele stammen meistens von ihm, aber auch andere haben immer wieder schöne Storys geschaffen, für die das, was ich hier schreibe, ebenso gilt.

Aber Schluss jetzt mit dem Vorgeplänkel. Thema dieses Kapitels ist, was Erika Fuchs solchen Figuren in den Mund gelegt hat, die eine andere Sprache sprechen als der normale Entenhausener. Das können »Neger« sein, Indianer, australische Aborigines, Araber, Mexikaner sowie Bewohner einer unterirdischen Höhlenwelt oder eines fernen Planetoiden. Im Laufe der Jahre ist da einiges zusammengekommen. Bei uns im Dorf in der Provinz war übrigens vor einem halben Jahrhundert einmal ein Inder beim Pfarrer der katholischen Minderheit untergeschlüpft. Ich weiß nicht, wie er da hingekommen war. Ich weiß nicht, ob es ihm bei uns gefiel. Eigentlich erinnere ich mich nur, dass er ausgerechnet »der Tchibo« genannt wurde. Kommunikation mit Ausländern läuft manchmal sehr seltsam ab.

Erika Fuchs war keine Sprachwissenschaftlerin. Sie hat einfach nur ein bereits vorhandenes Schema verwendet, und das hat sie gut gemacht. Meine Großmutter war berühmt für ihre eingelegten Heringe. Meine Mutter konnte die gleichen Zutaten aus der gleichen Speisekammer verwenden, und das Ergebnis war mittelmäßig. Pablo Picasso hat Bilder gemalt, die nicht den Gesetzen der Anatomie oder der Perspektive entsprechen. Es wäre absurd, daraus eine Regel zu destillieren wie »Male Menschen, die wie ein Plattfisch beide Augen auf einer Seite des Kopfes haben, dann sind deine Bilder so gut wie die von Picasso«. Danach geht's nicht. Nehmen wir als Beispiel einmal die »schwarzhaarige Atombombe aus dem heißen Süden«, die gerade ein Telegramm bekommt:

Die Lady heißt übrigens Señorita Casaba Cantalupa. Wir können dankbar sein, dass man 1958 noch nicht so kosmopolitisch gebildet war. Beide Bestandteile des Namens, der eher untypisch direkt aus dem amerikanischen Urtext stammt, bezeichnen Melonen. Dieser deutliche Hinweis auf das, was hier im Mieder steckt, wäre natürlich gnadenlos eliminiert worden, wenn man ihn denn begriffen hätte. Wenn ich selbst mich einmal brüsten darf: Vor Jahren habe ich einmal in einem Quiz für Kinder bei der Frage nach dem höchsten Berg der Welt als einen Lösungsvorschlag den »Mount Anderson« angeboten. Das hat auch niemand gemerkt.

Zum Vergleich hier der Urtext: »... ZAT BOM! ZAT WORM! AND I TOLD HEEM NEVAIR TO SPEEK TO ME AGAIN!« In den amerikanischen Heften wurde immer in Versalien gesprochen und jeder Satz endete mit einem Ausrufe- oder Fragezeichen. Im deutschen Mickymausheft wurden bis circa Ende 1956 auch Versalien verwendet, dann kam der Wechsel zur Groß- und Kleinschreibung. Das hat zwar etwas langweiliger ausgesehen, aber es hat die Lesbarkeit erhöht.

Fräulein Cantalupa hat ein Problem mit dem Akkusativ, mit der Wortstellung und mit der Aussprache. Aber das ist, wie wenn ich sage, Picassos Figuren haben ein Problem mit der Nase. Entscheidend ist, wir können uns die Dame gut vorstellen, und sie ist komisch. Wir bedauern nur den armen unschuldigen Boten, der der leicht erregbaren Empfängerin die Depesche ja nur zustellt. Die Übersetzung ist kongenial und sie passt in den vorgegebenen Sprechblasenraum. Wenn die Señorita eine rassige Russin wäre, dann hätte man mehr oder weniger das Gleiche schreiben können, obwohl der Akzent ganz anders klingt. Eine Bulgarin käme in so einer Geschichte vermutlich nicht vor, weil hier Stereotypen veralbert werden, die natürlich möglichst vielen Lesern vertraut sein müssen. Und die Leserschaft besteht eben hauptsächlich aus Kindern.

Eine besonders schöne Episode ist »Düsenritter« aus dem Winter von 1960/61. Donald Duck und seine Neffen lesen ein Buch über die Ritterzeit und spielen dann auch Ritter. Statt Pferden reiten sie aber von Daniel Düsentrieb erfundene fliegende Schlitten. Dabei verfallen sie in die Sprache der Ritterzeit oder besser gesagt das, was sich ein guter Schundromanverfasser aus dem 19. Jahrhundert darunter vermutlich vorgestellt hätte.

Natürlich ist diese Grundidee völlig sinnlos, aber sie funktioniert. Niemand beherrscht spontan eine Art Fremdsprache. Aber das wird alles so mühelos durchgezogen, dass es uns sofort in seinen Bann zieht. Hier merkt man, welch einen großen aktiven Wortschatz Erika Fuchs hatte. Wir verstehen fast alles, aber wir könnten selbst nie solche Sätze schreiben. Die drei Ritter vom fliegenden Vlies gebrauchen so wunderbare Formulierungen wie »Tod und Teufel! Das ist ein böser Handel! Flieht, tapfere Mannen! Was in jenem Schlosse sich begibt, ist schlimmer als ein Drachenkampf«.

Der »böse Handel« ist ein Ausdruck, den man zum Beispiel auch bei Schiller, Goethe oder Schlegel und Tieck findet. Ob die alten Rittersleut' auch so geredet haben, weiß ich nicht. Es klingt aber gut. Bei der Recherche für ihre Doktorarbeit musste Erika Fuchs viele Texte aus dem 18. Jahrhundert lesen, das hat ihr an solchen Stellen vermutlich bei der Formulierung geholfen.

Der Südafrikaner Mister Mac Moneysac, reichster Mann von Geldpörsia, Ölcannia, Simililand sowie Uranjika und einer der wenigen ernst zu nehmenden Konkurrenten von Dagobert Duck, tritt in seiner zweiten Geschichte – die erste ist in Deutschland verspätet erschienen – unter diversen falschen Namen auf. Er ist ein Spanier namens Señor Sacco de Moneda, ein Franzose namens Monsieur Portemonnaie und ein Holländer namens Mynheer Geldenbuytel. Dieses Jonglieren mit den Sprachen ist Erika Fuchs pur. Den schottisch klingenden Klarnamen hat sie ihm wohl verpasst, weil seine Mütze irgendwie schottisch ausschaut. Die anderen ausländischen Identitäten sind nur Narrenpossen. Bei den Betrügereien hätte Moneysac viel glaubwürdiger mit seiner Muttersprache auftreten können.

Ich besitze ein Niederländisch-Deutsches Wörterbuch. Doch ohne nachzuschauen, würde ich sofort um eine Doppelportion Erdbeereis wetten, dass es das Wort »Geldenbuytel« nicht gibt. Aber Entenhausen hat zum Glück genauso seine proprietäre Logik wie Alice' Land hinter dem Spiegel. Man könnte sogar sagen, die Erika-Fuchs-Version von Entenhausen ist ein Land hinter zwei Spiegeln. Das originale Duckburg ist ein Zerrbild der USA. Entenhausen ist ein Zerrbild Duckburgs mit deutschen Kulissen.

Im weiteren Verlauf der Mac-Moneysac-Geschichte tritt ein Medizinmann der Jivaro-Indianer auf. Jivaro ist ein kollektiver Name für Volksstämme in Ecuador wie die Shuar. Die Shuar sind dafür bekannt, dass sie früher aus den Köpfen der getöteten Feinde Schrumpfköpfe hergestellt haben. So etwas ist natürlich zu grausam für Kinder. Aber es gibt doch einen Zusammenhang.

Der Medizinmann verkauft eine Schrumpelbrühe, die Moneysac für seine ruchlosen Taten verwenden will. Erika Fuchs verwendete für ihn eine eigentümliche Sprechweise, die ihn im Gegensatz zu seinem martialischen Aussehen als geschäftstüchtigen, überhöflichen Händler charakterisierte.

Im amerikanischen Original redet er völlig anders, wie ein skrupelloser Kleinkrimineller mit einem Anklang der spanischen Sprache seiner südamerikanischen Heimat. Die Fuchs-Übersetzung, so schön sie auch ist, kann man leider nicht unkommentiert lassen. Sie erinnert nämlich deutlich daran, wie im Dritten Reich manchmal jüdische Händler dargestellt wurden. Erika Fuchs ist es vermutlich gar nicht aufgefallen, welches Klischee sie da versehentlich übernommen hat.

Nachbarn der Jivaros sind die von ihnen gefürchteten blutrünstigen Aucas, heute eher als Huaorani bekannt. Ihre Sprache ist so eindeutig, dass man sie auch ohne Übersetzung versteht. Das folgende Bild ist allerdings falsch koloriert, denn die Huaorani sind eher hellbraun, so etwa wie Milchkaffee. Aber dafür konnte Erika Fuchs nichts, die Druckvorlagen kamen aus Dänemark:

Oft sprechen die indigenen Völker aber ein gebrochenes Deutsch. »Eskimo nix fangen Wal. Eskimo serr hungrig.« Erstaunlich, wie man sich in aller Welt notdürftig auf Deutsch verständigen kann. Der Eskimo, der so spricht, lebt übrigens in Westalaska. Dort nennen sie sich selbst tatsächlich nicht Inuit. Gegen seinen Hunger auf Meeressäuger verkauft ihm Gustav Gans einen Talisman. Der Zauberspruch für den Walfang lautet: »Fischlein, Fischlein, Timpeteh!« Das ist natürlich von dem »Manntje, Manntje, Timpe Te« aus dem Grimm'schen Märchen von dem »Fischer un syner Fru« abgeleitet. Der Glückspilz Gans demonstriert auch, dass die Fangmethode mittels Amulett funktioniert: »Du kriegst die Motten! Es kommt wirklich einer.« Da redet Gustav Gans tatsächlich wie Pony Hütchen aus *Emil und die Detektive*. Erika Fuchs hat immer wieder berlinerische Sprache eingebaut. Als der Eskimo dann kurz darauf gleich noch einen Wal fangen will – er ist wirklich serr hungrig, schließlich sollte ihm und seiner Sippe ein vollfetter Wal erst einmal reichen –, gelingt es ihm aber nicht. Das erregt ihn maßlos.

Im Entenhausener Universum sind indigene Völker wie diese Eskimos oft sehr jähzornig, was in dieser Episode gleich anschließend noch schlimme Konsequenzen haben wird.

Nicht leicht hatte es die Übersetzerin mit den Zwergindianern. Deren Sprache parodierte eigentlich das lange Gedicht *The Song of Hiawatha* des amerikanischen Volksdichters Henry Wadsworth Longfellow.

Das kennt hier bei uns natürlich niemand, wer es kennt, der hat es nicht gelesen und Kinder schon gar nicht. Zusätzlich waren die Sprechblasen der redseligen Indianer sehr groß. Bei anderen Disney-Lizenznehmern wurden damals die Sprechblasen routinemäßig umgezeichnet, aber nicht beim deutschen Ehapa Verlag. Zum Glück war das so. Sprechblasen sind Teil der Bildkomposition. Dass Comics auch Kunst sein können, hat sich aber in den einschlägigen Verlagen erst sehr spät herumgesprochen. Erika Fuchs hat sich jedenfalls mit Anstand aus der Affäre gezogen. Sie hat die großen Sprechblasen mit einer schönen blumigen Sprache gefüllt.

Erstaunlicherweise benutzen ihre Zwergindianer niemals das Pronomen »ich«, wohl aber das »wir«. Wenn die Ameisen eine Sprache hätten, dann wäre das da vermutlich ähnlich.

Auch sonst musste Erika Fuchs immer wieder exotische Sprachen imitieren. Einmal werden Donald Duck und seine Neffen von einem irren Professor nach Persien verschleppt und müssen dort helfen, den König Kombüses und seinen Hofstaat neu zum Leben zu erwecken. Dabei handelt es sich wohl um Kambyses I. oder seinen Enkel Kambyses II. aus der Dynastie der Achämeniden, den Vater beziehungsweise Sohn von Kyros dem Großen. Näheres steht bei Herodot. Die Verständigung auf Altpersisch ist kein Problem, wenn man etwas von den Denkprozessen der alten Perser eingeatmet hat. Im Palast des Königs erfährt man erstaunliche Dinge, zum Beispiel, dass es in Dolestan ein Dromedar mit zwei Höckern gibt.

Dolestan klingt zwar wie eine Stadt im Persischen, ist aber in Wirklichkeit ein gut eingeführter Markenname für Schlaf- und Beruhigungstabletten.

Was Erika Fuchs ebenfalls sehr schön nachmachen konnte, war die Sprache des Militärs. Das ist ja auch ein exotischer Volksstamm. Obwohl, ich muss präziser sein. Ich habe nicht gedient und kenne den Umgangston auf dem Kasernenhof hauptsächlich aus ihren Übersetzungen. Die haben mich aber voll überzeugt. Vermutlich habe ich mich deshalb auch gleich vor der Bundeswehr gedrückt.

Der Ehemann von Frau Fuchs gehörte im Krieg zum Stab von Panzergeneral Heinz Guderian. Als Maschinenbauingenieur hat er da an der

Verbesserung der Panzer mitgearbeitet. Ein Problem, mit dem er sich beschäftigte, war, dass der Treibstoff im russischen Winter nicht zünden wollte. Da mögen sich auch Szenen wie diese abgespielt haben.

Für einen namenlosen Indianerstamm in Hondurica in Südamerika musste Erika Fuchs gleich die komplette Mythologie auf Deutsch nachempfinden. Vor langer Zeit nahm Bru, der Geist der Finsternis, den Gott der Lebensfreude, Chu, gefangen. Bru sah erstaunlicherweise aus wie ein Hubschrauber. Deshalb haben die Eingeborenen einen Hass auf alle Helikopter der weißen Zivilisation und auf die Weißen gleich dazu. Das ist sozusagen die Umkehrung eines melanesischen Cargo-Kults, der darauf hofft, dass die Flugzeuge der Weißen Reichtümer ausschütten werden. Die Sprache der Eingeborenen ist kurz und prägnant. »Om Chu Sklom Stu!« heißt zum Beispiel: »Streut Blumen, Chu ist zurückgekommen.« Die indianischen Sätze scheinen nur aus Substantiven, die meisten davon einsilbig, zu bestehen. Jedenfalls wird alles groß geschrieben.

Lore ist ein Papagei aus Singapore. Wenn es eine Logik im Fuchs'schen Universum gäbe, würde sie ja Barbara aus Batavia oder so ähnlich heißen, aber diesmal ersetzt der Reim die Alliteration. Tick, Trick und Track bekommen Lore geschenkt, weil diese ihren vorherigen Besitzer, einen Matrosen, auf »allen sieben Weltmeeren blamiert« hat. Lore ist intelligent wie eine – beinahe hätte ich geschrieben menschliche – Einwohnerin Entenhausens und sie neigt zu Verbalinjurien. Sie ist aber offensichtlich ein Haustier, wenn auch ein sehr ungebärdiges, und keine Bürgerin. Sie beißt die Katze der Ducks brutal, was bei Donald Duck, der wieder einmal nicht durchblickt, die Frage »Schnurrli, was soll das? Was ficht dich an? Aua!« provoziert. Das ist eines der beliebtesten Fuchs-Zitate überhaupt. Lore spricht, besser gesagt, flucht die ganze Zeit wie ein Seemann von der übelsten Sorte. Besonders gemein ist sie zu Frau Bergassessor Bollmann, die ihren Titel wohl nur erheiratet hat.

Erika Fuchs wuchs in Meeresnähe auf, sie kannte sich aus mit dem nautischen Vokabular. Ich habe immer wieder überlegt, warum ich »Kombüsenschlot« (siehe Bild rechts) so komisch finde. Eine schlüssige

Antwort weiß ich nicht, aber vielleicht liegt es daran, dass es zwar absurd ist, aber gerade noch im Bereich des Möglichen. Man stelle sich vor, man zielt mit einem Wurfpfeil nicht auf das Schwarze, sondern genau auf den alleräußersten Rand der Dartscheibe. Und man trifft. Übrigens ist Lore im Original ein männlicher Papagei. Die Übersetzerin hat eine Papageiendame daraus gemacht. Ist dieses Bild dadurch jetzt mehr oder weniger frauenfeindlich geworden?

Am besten finde ich Erika Fuchs aber, wenn sie arabisch redet. Ich weiß nicht, ob sie viel von Karl May gelesen hat. Der war ja ein Fantast, der immer den Eindruck erwecken wollte, dass er die volle Wahrheit schildert. Das Arabisch, das er in seinen Büchern auf Deutsch wiedergibt, ist eine Mischung von bildreicher Sprache, ungewohnter Grammatik und eingestreuten arabischen Vokabeln. Nichts anderes machte Erika Fuchs in parodistischer Absicht. Aber irgendwie war sie ein König Midas. Alles, was sie anfasste, geriet ihr zu Gold. Im Grunde ganz einfache Sätze wie »Eine weise Frage, junger Effendi« sind schiere Musik. Von Leuten, die mehr davon verstehen als ich, wird ja auch behauptet, dass das Arabische eine hochpoetische Sprache ist. Das glaubt man gerne. Vielleicht hat Frau Fuchs ja auch »Tausendundeine Nacht« imitiert, aber für eine Parodie ist der manchmal doch etwas einfältige Karl May vermutlich besser geeignet. An der »Tausendundeine-Nacht«-Übersetzung von Claudia Ott wurde gelobt, dass sie auf »orientalisierende Ausschmückungen« verzichte. Das mag ja sein. Ich liebe Erika Fuchs, wenn sie orientalisiert. Eine Geschichte heißt bei ihr dann auch gleich »Zauber des Orients«.

Besonders schön ist die Sprache in der ansonsten wenig spannenden Geschichte »Die Goldgrube der Königin von Saba«. Hier reden die erwachsenen Araber durchgehend wie Harun al-Raschid persönlich.

Das Original ist adäquat, aber wenig poetisch: »You'll feel even more disgraced after ten years on the rockpile!«

Nur die arabischen Kinder vom Fähnlein 606 der 2. Brigade des Wüstenpfadfinderkorps sprechen ein ganz nüchternes Deutsch. Sie schwafeln nicht, sie handeln. Irgendjemand muss schließlich der Gerechtigkeit zum Sieg verhelfen. Nur keine Sentimentalitäten!

UNTERMENSCHEN IM UNTERGRUND

Rechte und linke Ideologien in Entenhausen

Ich bin zu jung, als dass ich mich wirklich als Zeitzeugen bezeichnen könnte, aber soweit ich es beurteilen kann, gab es in den 1950er- und 1960er-Jahren wenige, die noch an Hitler und Konsorten glaubten, aber viele, die sich noch nicht ganz von ihnen gelöst hatten. Die Verbrechen der jüngeren Vergangenheit wurden mehr ignoriert als aufgearbeitet. Eine völlig normale ältere Deutschlehrerin zitierte einmal ungerührt irgendetwas Banales von Joseph Goebbels. Worum es ging, ist unerheblich, auch ein Goebbels kann durchaus einmal recht haben. Der Punkt ist, dass sie ihn genau so zitierte, wie sie vielleicht auch Brecht oder Kaiser Wilhelm zitiert hätte. Mein 1929 geborener Vater, der keine Taube war und kein Falke, sondern irgendwo dazwischen einzuordnen, fluchte wie ein SA-Mann, wenn die »Zigeuner« mit ihren Wohnwagen den Verkehr behinderten.

Erika Fuchs hat mich und ihre anderen Leser Toleranz gelehrt. Manchmal fliegen gewaltig die Fetzen, aber am Ende vergisst man das auch alles wieder. Einmal im Jahr treffen sich sogar der große böse Wolf und die drei Schweinchen zu einem gemeinsamen Festessen. Die Geschichten aus dem Wolfsbereich verwirren einen sowieso immer mehr, je länger man darüber nachdenkt. Schließlich sind Wölfe Raubtiere, und Schweine sind dazu da, verspeist zu werden. Da muss man ja ein gewisses Verständnis für den Bösewicht Ede Wolf aufbringen. Und er ist zwar einerseits ein miserabler Vater, aber sein Sohn, der kleine Wolf, ist trotzdem wohlgeraten, und die beiden bilden letzten Endes eine glückliche Familie, glücklicher als die meisten von uns sie vermutlich kennen.

Die 1950er- und 1960er-Jahre in der BRD waren noch eine ziemlich autoritäre Zeit. Über andere Staaten kann ich nichts sagen, da habe ich nicht gelebt. Gerade bei uns auf dem Dorf, hinten in der Provinz, war die moderne Zeit noch nicht ganz angekommen. Da tat ein wenig Erziehung zur Toleranz ganz gut. Es gibt aber immer eine Grenze. »Einen Professor der Pädagogik an die Decke zu sprengen, ist nicht erlaubt«, heißt es nach dem folgenden Bild. Das denn doch nicht.

Im Zusammenhang mit unserer Nazivergangenheit hat Erika Fuchs diese Grenze auch schon einmal überschritten. Es wird natürlich niemanden verwundern, dass das Thema Nationalsozialismus im Mickymaus-Universum kaum vorkommt. Selbst die Andeutung, dass es vor einiger Zeit einen Krieg gab, ist 1955 wohl eher versehentlich ins Heft gerutscht.

Hier sehen wir einmal ein Beispiel für eine Fuchs-Übersetzung, die weniger interessant ist als das Original. Auf Amerikanisch heißt das Schiff »Cuspidoria«. Ein »cuspidor« ist ein Spucknapf oder ein Spuckbecken wie beim Zahnarzt. »The Khan of Kuspidor« ist übrigens ein altes schweinisches amerikanisches Lied.

Wie Sherlock Holmes muss man manchmal aus kleinen Hinweisen weitreichende Schlüsse ziehen. Wo verstecken sie sich, die Nazis? Die Panzerknackerbande wurde von Erika Fuchs mit eindeutigen Drittes-Reich-Attributen versehen. Das beginnt schon beim Namen. Panzerknacker war die umgangssprachliche Bezeichnung für das Flugzeug Ju 87 G der Wehrmacht, das mit zwei Kanonen und einem Maschinengewehr speziell für die Jagd auf Panzer ausgerüstet war. (Ich hoffe, das ist korrekt, so gut kenne ich mich da nicht aus.) Natürlich denkt man auch an Tresor-, also Panzerschrankknacker. Und Knackies waren die Panzerknacker ja zeitweilig auch. Der Strafvollzug in Entenhausen ist aber sehr human und ganz auf Resozialisierung ausgerichtet.

Was die Panzerknacker aber auf keinen Fall in ihrer Volkshochschule für die gestrauchelten Brüder gelernt haben, ist politische Korrektheit. Mit Begeisterung grölen sie ein rechtsradikales Lied:

Das spielt natürlich auf »Es zittern die morschen Knochen«, die Hymne der Hitlerjugend, an.

Es zittern die morschen Knochen
Der Welt vor dem roten Krieg,
Wir haben den Schrecken gebrochen,
Für uns war's ein großer Sieg.

Wir werden weiter marschieren
Wenn alles in Scherben fällt,
Denn heute da hört uns Deutschland
Und morgen die ganze Welt.
et cetera ad nauseam

Was mich daran stört, ist nicht der Gesang an sich. »Sticks and stones may break my bones, but words will never hurt me.« Meinetwegen können Neonazis das von morgens bis abends schmettern. Dann sind sie wenigstens beschäftigt. Aber die Panzerknacker sind im Grunde nicht so übel. Eigentlich mag ich sie. Nicht gerade so, dass ich mich freuen würde, wenn sie in die Nachbarwohnung einzögen, aber ich mag sie wie zum Beispiel die englischen Posträuber. So harmlos waren die Nazis denn doch nicht, dass man den Panzerknackern dieses Lied unterschieben sollte.

Erstaunlicherweise redet auch der feine Bankier Dagobert Duck – hier als sein eigener Neffe verkleidet – von seinen morschen Knochen.

Das ist leider kein einmaliger Lapsus, der Herr Direktor kennt die Sprache des Dritten Reichs:

Der »jüdisch-bolschewistische Untermensch« war einer der ekligen Begriffe der NS-Propaganda. Ich will Erika Fuchs hier beileibe nicht rechte Gedanken unterstellen. Vermutlich war ihr der Untermensch einfach so vertraut, dass sie nicht weiter darüber nachgedacht hat. Wie Walter Moers mit seinen »Adolf«-Büchern bewiesen hat, kann man aber auch bessere Witze über die Nazis machen.

Ich finde es trotzdem völlig richtig, dass diese Übersetzungen weiter nachgedruckt werden. Zensur funktioniert sowieso nicht. Ich erinnere mich dunkel an eine alte Schulausgabe des *Götz von Berlichingen*, wo zwei oder drei Wörter ausgelassen wurden. Wer meint, dass er so seine heile Welt rettet, der macht sich nur lächerlich und kann mich im ...

In »April! April!«, einer Episode, die in den USA 1951, auf Deutsch aber erst 1992 erschien, liegt auf einer Entenhausener Müllhalde das Buch *Mein Kampf*, ohne dass weiter darauf Bezug genommen wird. Da hätte es natürlich nicht viel zu übersetzen gegeben. In der ersten deutschen Version fehlte aber der Buchtitel. Da die Übersetzungen nie wörtlich waren, hat mich das auch nicht gestört. Der Müllplatz ist sowieso viel zu gut für dieses Werk. Wenn man es schon entsorgen will, dann sollte man es am besten gleich anpinkeln und verbrennen.

Das folgende Bild von 1960 wurde bei allen Nachdrucken geändert:

Man wundert sich ja doch etwas, dass die Übersetzung beim ersten Mal einfach so durchgerutscht ist. Immerhin sollte man der Übersetzerin zugutehalten, dass sie bei dem Wort »Heil« vielleicht mehr an Richard

Wagner als an Adolf Hitler gedacht hat. Im *Lohengrin* beispielsweise kommt dieser Gruß inflationär vor. Womöglich wollte sie ja nur über die Wagner-Begeisterung in ihrem Elternhaus spotten. Hier vermute ich wirklich einen Blackout.

Das ist Herr Studienrat Streicher:

Auf diesem Bild gleicht er deutlich seinem Namensvetter Julius Streicher, dem Volksschullehrer und späteren Herausgeber der Zeitung *Der Stürmer*, der sich ebenfalls sehr gründlich mit den Problemen der Vererbung befasst hat. Der Studienrat ist im amerikanischen Original der Geschichte ein Pfadfinderführer und trägt deshalb Uniform. Julius Streicher ist auf manchen seiner Fotos ähnlich gekleidet und nimmt auch eine ähnliche Pose ein. Da er eher klein war, hat er gerne nach oben geschaut. Ich vermute, dass Erika Fuchs den Namen deshalb unbewusst gewählt hat. Ich will nicht zu viel hineininterpretieren, aber Streicher ist einfach kein passender Name für so eine doch relativ harmlose Gestalt.

Etwas verwirrt hat mich auch immer der Name Salomon Seelenbinder. Das ist in einer Düsentrieb-Geschichte der Verfasser des Psychoratgeberbuchs *Liebe deine Feinde! Ein Leitfaden zur Meisterung persönlicher Schwierigkeiten*. Auf Englisch ist er nur ein schlichter Treatem Nyce.

Erst die Segnungen des weltweiten Netzes haben mir da Klarheit verschafft. Es gab eigentlich nur einen bekannten Herrn Seelenbinder. Werner Seelenbinder war ein kommunistischer Sportler, ein Ringer aus der ostdeutschen Heimat von Erika Fuchs, der 1944 als Mitglied des Widerstands hingerichtet wurde. Vielleicht erinnert sich ja noch jemand an die längst abgerissene Werner-Seelenbinder-Halle in Ostberlin. Fuchs hat oft Namen verwendet, die erfunden scheinen, aber nicht erfunden sind. Seelenbinder klingt halt nach einem psychologischen Therapeuten. Salomon ist der Friedensstifter. Mehr steckt da wohl nicht dahinter. Ein Naziopfer muss man dennoch nicht unbedingt über Feindesliebe faseln lassen.

Ich will das alles aber nicht überbewerten, die Zeiten waren halt so. Ich werfe Erika Fuchs keine rechten Sympathien vor, sondern allenfalls eine gewisse Hyposomie, die sie daran gehindert hat, den tausendjährigen Schwefelgeruch deutlicher wahrzunehmen. Links war sie aber auch nicht. In solch ein Koordinatensystem hat sie wirklich nicht gepasst. Erika Fuchs hatte für alles Verständnis und konnte über alles spotten. Ihr war nichts heilig, außer vielleicht ein gutes Stück Bienenstich zum Kaffee.

Keine Bauchschmerzen bekomme ich aber, wenn Gustav Gans »Lustig ist das Zigeunerleben« singt. Man darf ja heutzutage nicht mehr von Zigeunern reden. Ich habe mir das Lied vom Anfang bis zum Ende durchgelesen, und ich kann nichts wirklich Beleidigendes daran finden. Im Grunde wird hier ein alternativer Lebensentwurf dargestellt, der mir teilweise sehr wohl gefällt.

Eine emanzipierte Frau müsste doch ihrerseits von der folgenden Strophe begeistert sein:

Mädel, willst du Tabak rauchen,
Fa-ria, fa-ria, ho.
Brauchst dir keine Pfeif' zu kaufen,
Fa-ria, fa-ria, ho,
Pfeif' und Tabak hab' ich hier,
Geb' ich gerne, gerne dir.
Fa-ria, fa-ri-a, fa-ria, ho.

Einmal habe ich tatsächlich eine junge Frau beobachtet, die genüsslich Pfeife rauchte. Das war in einem Biergarten, wo sie auf ihren Freund wartete. Als er dann endlich kam, war es ein spießiger Anzugträger, Typ BWL-Student. Wenn diese Geschichte eine Moral hat, dann kenne ich sie nicht.

Vermutlich würde auch Erika Fuchs heute nicht mehr von »Zigeunern« reden. Man ist ja sensibler geworden. Ich möchte hier nur mal festhalten, dass die Nationalsozialisten deshalb Verbrecher waren, weil sie die Sinti und Roma vergast haben, und nicht, weil sie sie als Zigeuner bezeichnet haben. Als Jugendliche haben wir immer gesagt: »Wer Roth-Händle raucht, malt Männchen in die Bibel und frisst kleine Kinder.« Unsinn! Wer Roth-Händle raucht, hat gelbe Finger und stinkt. Mehr nicht.

Im Jahr 1969 beschuldigte ein Wolfgang Wurm im *Bayernkurier* das Mickymausheft, die Jugend politisch zu beeinflussen. In der Geschichte »Ein schwerer Reinfall« besaßen die Panzerknacker nämlich einen »Verbandsideologen«, der ihnen riet, sich »in den Besitz der Produktionsmittel« zu setzen und dem »Kapitalisten« Dagobert Duck die Hochseejacht zu klauen. Die Story war langweilige Massenware, und am Ende siegte natürlich der Kapitalist. Erika Fuchs hatte nur – wenig erfolgreich – versucht, den schwachen Plot mit ein paar Begriffen aus dem Wortschatz der damaligen außerparlamentarischen Opposition aufzubrezeln. Zunächst stellte Wurm herablassend fest: »Die Sprache dieser Kinderheftchen ist zwar einfach, aber nicht primitiv.« Da hatte er es sich mit mir schon verdorben. Dann fuhr er schwerere Geschütze auf: »Dem kleinen Kind wird bereits eine Phraseologie eingeimpft, zumeist im falschen Zusammenhang, deren Sinn es nicht begreifen kann. Was beim Kind zurückbleiben wird, ist eine Nomenklatur, die sich – wenn sie nicht sinnvoll später interpretiert wird – rasch mit Schlag-Inhalten füttern läßt.« Die paranoide Vorstellung, dass so ein paar lächerliche Vokabeln bereits die kleinen Kinder verderben, ist ungefähr so realitätsnah wie die Angst, dass aus unseren Grundschülern Selbstmordattentäter werden, nur weil ihre Lehrerin ein Kopftuch trägt.

Erika Fuchs hat viele ihrer Übersetzungen für einen späteren Nachdruck neu überarbeitet. Unter anderem hat sie auch aus einer vierschrötigen Pfadfinderinnen-Generalin, die als Wehrmachtshelferin bei den Pionieren gedient hatte, eine Kantinenwirtin bei den Pionieren gemacht. Warum freut mich das? Denke ich auch so wie der Herr Wurm? Ich hoffe nicht. Die Hauptaussage, dass die Entenhausener Pfadfinderinnen und Pfadfinder ein ziemlich militaristisches und autoritäres Pack sind und trotzdem noch irgendwie sympathisch, bleibt erhalten. Aber muss man dafür unbedingt Hitlers Armee einbauen? Pioniere gibt es auch anderswo.

Das war übrigens auch 1969. Auch sonst meint man manchmal tagesaktuelle Anklänge zu hören. In der *Zeit* 12/1977 titelte Theo Sommer nach der Geiselbefreiung von Mogadischu: »Der Kampf geht weiter«. Aus einer Geschichte, die vielleicht ungefähr gleichzeitig übersetzt wurde, tönt es im Bild oben rechts ganz ähnlich.

Ein wenig spürt man da doch das leise Wehen des Zeitgeistes. Doch man sollte nicht zu viel Politisches in die Hefte hineininterpretieren. Das sind Randaspekte. Es gibt ein Buch von 1971, *Para Leer al Pato Donald* von Ariel Dorfmann und Armand Mattelart, deutsch 1977 als *Walt Disney's Dritte Welt.* Darin werden die Disney-Comics in Chile als verlängerter Arm des US-Imperialismus interpretiert. Für mich ist das eine vulgärmarxistische Verschwörungstheorie. Da ist sicher auch etwas dran,

aber nicht viel. Ich mache mich anheischig, ein ähnlich überzeugendes Buch über die Platten von Elvis oder die Knusperflocken von Kellogg's zu schreiben. Amerikanische Disney-Comics waren 1971 längst im Niedergang begriffen, weil die US-Kinder nicht mehr lesen, sondern lieber glotzen wollten. Der erzkonservative Walt Disney war seit 1966 tot und hatte schon lange vorher sein Interesse an Micky und Donald verloren. Wer versucht hätte, aus so einem kränkelnden Nischenprodukt eine politische Waffe zu schmieden, der wäre dümmer gewesen, als das FBI erlaubt. Unser Deutschland war ein Sonderfall. Hier erteilte Erika Fuchs, um zum Thema zurückzukommen, dem Jungvolk Unterricht, aber nicht in Nationalökonomie, sondern im richtigen Gebrauch des Konjunktivs. Selbst das hat vermutlich nur bei einer kleinen Minderheit funktioniert.

DIE ZUNGE IM RÜHRFIX

Was Erika Fuchs alles aus unserer Welt übernommen hat

Ob Erika Fuchs wohl jemals einen Rührfix besessen hat? Dann hätte sie es eigentlich besser wissen müssen. Von einem Rührfix geht keine Gefahr für die Zunge aus. Das ist nämlich ein handbetriebenes Rührgerät, mit dem man zum Beispiel Schlagsahne herstellen kann. Es besteht aus einem Becher und einem Deckel mit der Rührmechanik. Das Rühren erfolgt zungenschonend in dem geschlossenen Behälter. Aber im Hause Duck ist Rührfix wohl nur ein Synonym für Mixer.

Rührfix ist einfach das schönere Wort, und englische Ausdrücke wie Mixer hat Erika Fuchs, wie wir inzwischen wissen, immer vermieden. Früher war der Behälter eines Rührfix aus Glas und der Deckel aus Bakelit, heute ist beides aus haptisch unbefriedigendem Kunststoff. Selbst der Rührfix, den der Retroversand Manufactum heute anbietet, besteht nicht aus den klassischen Materialien. Die Herstellung wäre zu teuer. Bakelit ist ein Pressstoff oder Duroplast. Diese Kunstharze werden heiß gepresst und sind dann unschmelzbar. Bei einer Wohltätigkeitstombola findet Donald Duck einmal in einer Wundertüte eine Hasenpfote. »Sie ist aber nur aus Pressstoff«, sagt Daisy. Wie nicht anders zu erwarten, bringt ihm dieser unechte Talisman zwar schon irgendwie Glück, aber nicht die Sorte Glück, die ihn befriedigt hätte. In der Zweitübersetzung von 1968 wurde dann aus dem schönen Pressstoff ein schnöder Kunststoff. Etwa zeitgleich wurden in meinem Elternhaus die alten schwarzen Lichtschalter aus Bakelit durch neue weiße ersetzt.

Die Lektüre der alten Fuchs-Übersetzungen der 1950er- und frühen 1960er-Jahre ist nicht nur Nostalgie, aber wohl ein bisschen. Schon als die Hefte erschienen, waren sie voller Anachronismen. Das hatte wohl mehrere Gründe. Die Übersetzerin war jung geblieben, aber nicht mehr ganz jung. Die Geschichten, die in Deutschland abgedruckt wurden, waren teilweise auch etwas älter. Und last but not least war der Zeitgeist anders als heute. Die alten Männer waren an der Macht, die jungen waren an der Front gefallen, oder sie hatten im Krieg zumindest wertvolle Jahre auf der Karriereleiter verloren. Die Unterhaltungsindustrie produzierte auch für Kinder und Jugendliche eher altväterliche Produkte. Viele Schlagersänger waren bei allen Altersschichten beliebt.

Freddy ist natürlich Freddy Quinn. »Die Gitarre und das Meer« war der Titelsong seines Films *Freddy, die Gitarre und das Meer*. Das Lied hat Erika Fuchs auch anderswo noch einmal verwendet, so gut hat es ihr gefallen. Im Jahr 1965, aus dem dieses Bild stammt, hätten Kinder im Alter von Tick, Trick und Track aber vermutlich nicht mehr Freddy, sondern etwas Englisches oder Amerikanisches gehört. Doch sie blieb bis zum Ende konsequent bei ihren deutschen Bezügen. Ansonsten hätten vielleicht die Beach Boys gepasst. »*And with the radio blasting, goes cruising just as fast as she can now.*« Dass bei Erika Fuchs zu einer Szene am Meer im Kofferradio gerade ein Lied über das Meer aus einem sechs Jahre alten Film erklingt ... So ein Zufall aber auch!

Das Fuchs'sche Entenhausen ist ein Deutschland wie aus dem Manufactum-Katalog. Donald Ducks Neffen verwenden noch Eisengallustinte. Das ist diese mittelalterliche Tinktur aus Eisenvitriol und Galläpfeln, die die Archivare gar nicht mögen, weil sie im Laufe der Jahrhunderte das Papier zerfrisst. In einer Übersetzung von 1965 ist der am meisten geliebte Besitz der Neffen ein Zigarettenbilderalbum. Ich bin Zeitzeuge, meine Oma hatte eine Gastwirtschaft, da kauften die Einheimischen ihre Glimmstengel Marke Eckstein und Overstolz. Neue Zigarettenbilder gab es damals nicht mehr. Sie wurden etwa um 1955 endgültig abgeschafft, waren aber schon lange vorher nicht mehr populär. Wir wussten vielleicht gerade noch, was das ist, aber interessiert hätten sie niemanden von uns. Was hätte uns dann interessiert? Nichts Altes auf jeden Fall, vielleicht aktuelle Popstars oder Fußballspieler. Außerdem natürlich unbekleidete Schönheiten, wie sie ab 1965 auch im Verlag des Mickymaushefts erschienen sind. Über den damaligen Geschmack der pubertierenden Mädchen kann ich nicht viel sagen. Das war eine andere Welt. Ein besonderes Interesse an Pferden hatten die Girls jedenfalls nicht.

Wenn Donald Duck sich sehr aufregt, muss Daisy oder Tick mit den Hoffmannstropfen kommen. In unserer Hausapotheke fanden sich noch Hoffmannstropfen. Die gehörten aber zur Grundausstattung und waren nicht separat gekauft worden. Hoffmannstropfen, eine Mischung aus Alkohol und Äther, sind ein altes Hausmittel bei – zum Beispiel – Ohnmacht. Man kann sie heute noch erwerben, aber man kann vermutlich auch noch Keuschheitsgürtel kaufen. Doch die Zeit der Hoffmannstropfen ist schon lange vorbei. In unserer Familie hat man sie jedenfalls nicht verwendet. Aber wir neigten auch nicht zu Ohnmachtsanfällen.

Heimlich probiert habe ich die Hoffmannstropfen natürlich trotzdem und keinerlei Wirkung verspürt. Im Fuchs'schen Entenhausen gehören sie zur medizinischen Grundversorgung. Auch andere Mittel der traditionellen Medizin wie Hirschtalg, Glaubersalz, Bittersalz, Borwasser, Baldrian, Rizinusöl und Lebertran sind in Entenhausen noch verbreitet.

Einen bärtigen und barfüßigen Einsiedler, der sich selbst als Vegetarier bezeichnet, aber erstaunlicherweise als einziges Kleidungsstück eine kurze Fellhose trägt, nennt Donald Duck einen »Kohlrabiapostel«. Das ist eigentlich ein Begriff aus der Zeit noch vor dem Dritten Reich. Der prototypische Kohlrabiapostel war der 1851 geborene Maler und Lebensreformer Karl Wilhelm Diefenbach. Die Bezeichnung wurde aber auch für seine Geistesverwandten verwendet. In München war er

1888 ein Pionier. Er war Nudist, Sexualreformer, Vegetarier und gründete Landkommunen. Einmal wurde er von Münchner Metzgern verprügelt, weil er sie als »bezahlte Mörder, gedungen von der ihr Gewissen bemäntelnden fleischfressenden Gesellschaft« bezeichnet hatte. Der bekanntere Fidus (Hugo Höppener), der immer wieder neue Variationen seines Gemäldes *Lichtgebet* produziert hat, war sein Schüler. Ein Eremit war der Kohlrabiapostel Diefenbach freilich nicht, aber er hatte schon einiges mit seinem Entenhausener Kollegen gemein.

Dieser wohnt übrigens im Herzogshain am Stadtrand. Den Namen hat Erika Fuchs vermutlich nur wegen seines Wohlklangs von der gleichnamigen Ortschaft in Schlesien (heute Księży Las) übernommen. Erika Fuchs lebte bis zum Abitur im Osten und verwendete immer wieder geografische Bezeichnungen von dort als Rohmaterial. Drei Beispiele für viele sind Putbus, Gutenfürst und die Sosnowitzer Wälder.

Man darf immer wieder staunen, mit welcher Dreistigkeit Erika Fuchs mit der Geografie umgegangen ist. Sosnowitz (Sosnowiec) liegt in Oberschlesien, unweit von Kattowitz. Elche könnte es dort tatsächlich geben oder gegeben haben. Vielleicht verbirgt sich ja eine Jugenderinnerung dahinter. Die Geschichte liefert eine teilweise Antwort auf die alte Frage »Wo liegt Entenhausen?«. Darin heißt es nämlich, dass die Sosnowitzer Elchherden »im Norden« der Heimat der Ducks zu finden sind. Da Entenhausen am Meer liegt, müssten wir es wohl irgendwo am Mittelmeer suchen, so etwa an der Adria. Leider Gottes hat sich Erika Fuchs bei solchen Dingen permanent widersprochen. Wer das alles liest wie die Zeugen Jehovas die Bibel, der kommt in Teufels Küche. Sie war durchaus fähig, »Africa« mit »Belutschistan« zu übersetzen.

Oft findet man Bezüge zu Österreich. Vielleicht ist die Übersetzerin ab und an dorthin in den Urlaub gefahren. Einmal lädt Dagobert Duck die Oma Lisette Duck in die Eden-Bar ein. Er bereut diese Extravaganz hinterher, denn das Eden ist kein Paradies für Geizhälse. Die

Portion Hummer mit Mayonnaise kostet dort zehn Taler (Preise von 1961). Nicht in Entenhausen, aber in der Liliengasse zu Wien findet man die altehrwürdige Eden-Bar. Hier würde noch nicht einmal dem reichsten Mann der Welt ohne Sakko und Binder Einlass gewährt. Die Portion Kaviar kostet 84 Euro (Preise von 2008).

Das Entenhausener Münster soll so groß sein wie der Stephansdom in Wien, nur nicht ganz so schön.

Das legte die Übersetzerin einem Herrn in den Mund, der mit seiner Fliege auch in der Eden-Bar eine gute Figur machen würde. Man kann da jedoch geteilter Meinung sein. Das Entenhausener Münster sieht auf diesem Bild der Nordostseite genauso aus wie die imposante gotische Kathedrale von Reims, in der die Könige von Frankreich gekrönt

wurden. Ja, sie besitzt sogar all die Türme, die man in Reims bauen wollte, aber nicht gebaut hat, weil den Reimsern das Geld ausgegangen war.

Im Burgenland liegt unweit von Wiener Neustadt das Bad Sauerbrunn. Es heißt so, weil das dortige gesundheitsfördernde Wasser laut Selbstdarstellung ein Magnesium-Calcium-Natrium-Hydrogencarbonat-Sulfat-Säuerling ist. Als Deutscher kennt man so einen Ort natürlich normalerweise nicht. Erika Fuchs hatte ihn aber 1958 gleich parat, als sie einen Namen für ein Kurbad brauchte. Donald Duck soll sich hier als Geschäftsführer des Bad-Hotels bewähren. Ich will nicht zu viel in den Fuchs-Text hineininterpretieren, aber man hat doch gleich am Anfang schon eine gewisse Vorahnung. Saure Äpfel, saure Trauben, saure Milch, säuerliche Gesichter, das ist alles negativ konnotiert. Doch Donald Duck ist kein Charlie Brown, kein ewiger Verlierer. Das wäre auf Dauer etwas langweilig. Manchmal ist er ein strahlender Sieger, manchmal kann er sich glücklich schätzen, dass alles nicht schlimmer gekommen ist, manchmal besteht sein Unglück gerade darin, dass er sein Ziel erreicht. Diesmal ahnt man, dass alles böse enden wird, doch man weiß es nicht. Das vergrößert die Spannung. Aber ich verrate nicht, wie es endet. Die Geschichte sollte man selbst lesen.

Bei Erika Fuchs kann man immer erst einmal davon ausgehen, dass sich in einem Wort etwas versteckt. Wenn man dann nachforscht, ist es etwas ganz anderes, als man gedacht hat. Sie hat nicht so assoziiert wie gewöhnliche Sterbliche. Nehmen wir zum Beispiel die Reisetaube. Im amerikanischen Original heißt sie »Rocket Wing«. Ein passender Name für eine Brieftaube, poetisch, aber nicht unerwartet. »Rocket Wing« klingt schon irgendwie wie der Name eines Rennpferds. Erika Fuchs hat daraus 1952 »Turbodüse« gemacht.

»Turbodüse« ist wohl eine selten verwendete Bezeichnung aus dem Flugzeugbau für ein Düsentriebwerk. Eine Turbodüse – wir Männer kennen uns da nicht unbedingt aus – ist aber vor allem ein teures Zubehörteil für einen Staubsauger. Eine Turbodüse saugt und bürstet zugleich.

In einer Geschichte von 1985 treffen wir den schrecklichen alten Medizinmann Fuda vom Stamme der Zudus:

Im Original heißt er Foola Zoola. So etwas ist natürlich kein Fuchs-Name. Die Wörter von Frau Fuchs kann man in der Regel ohne Fremdsprachenkenntnisse aussprechen. So wie Wudu (= Voodoo). Aber wie ist sie auf »Fuda« gekommen? Vermutlich auch in der Besenkammer. Fuda ist nämlich eine Staubsaugermarke. Noch ein Beispiel: Eine Katzenfutterfabrik in Italien heißt bei ihr »Felina«. Offenbar nach dem italienischen Wort »felino« (= katzenartig, Katze). Felina ist aber auch seit 1922 ein deutscher Markenname für Miederwaren. Bei Erika Fuchs war am Anfang das Wort und nur das Wort. Wenn ich »Hahnemann« lese, sehe ich einen Glatzkopf vor mir, der die Homöopathie erfunden hat. Sie dachte sofort an einen Gockel. Einen elektronischen Wetterhahn hat sie einmal so genannt.

Ein Nachbar von Donald Duck ist der Herr Brummel, der tatsächlich manchmal ein bisschen brummig ist. »Brummel« ist ein seltener Name, den man am ehesten noch in Ostwestfalen findet. Ich schätze einmal, man muss sich in Paderborn zehn Tage mit einem Schild an den Bahnhof stellen, bis sich ein Herr Brummel meldet. Deshalb vermute ich, dass da eher der berühmte Dandy Beau Brummell (1778 bis 1840) dahintersteckt.

Ein ähnlicher Fall ist »Brakenburgh«:

Diese Ritterrüstung steht in Schottland. Brakenburgh erinnert an Edinburgh. Man muss es deshalb wohl als Brakenbarrow aussprechen. Und wo kommt der Name wirklich her? Richard Brakenburgh (1650 bis 1702) war ein obskurer niederländischer Maler. So obskur, dass sie noch nicht einmal im Rijksmuseum von Amsterdam ein Bild von ihm haben. Aber Erika Fuchs hat ja Kunstgeschichte studiert.

Der Herr im folgenden Bild von 1966 ist der brutopische Konsul in Entenhausen.

Er nennt seinen Namen nie, aber der ist vermutlich sowieso falsch. Interessant für uns sind hier die Flaschen auf der Anrichte, vor allem die große. Im amerikanischen Original ist sie mit »100% Molotov« beschriftet. Sie sieht auch wie ein Molotowcocktail aus. Bei Erika Fuchs steht da – etwas schwer lesbar – »Plastikbombe«. Das Wort wird heute hauptsächlich von Witzbolden im übertragenen Sinn verwendet, für technische Geräte mit Kunststoffgehäuse und besonders guten Leistungsdaten. Erika Fuchs war es vielleicht noch vom Algerienkrieg her geläufig. Aber was ist eine Plastikbombe genau? Ich weiß es nicht. Der Begriff ist etwas unscharf. Das »Plastik« bezieht sich wohl auf die Verwendung von verformbarem Sprengstoff, den man besonders unauffällig irgendwo, zum Beispiel in einer Aktentasche, verstecken und zünden kann. Eine Flasche mit einer Zündschnur wie im Bild stellt jedenfalls eine sehr unkonventionelle Form der Plastikbombe dar. Warum die Brutopier ihre Bomben so verräterisch etikettieren, erschließt sich mir auch nicht ganz. Möglicherweise haben sie Angst, dass sie sie ansonsten für Wodkaflaschen halten.

Besonders wichtig für Donald-Verehrer ist der Cäcilienverlag, weil Erika Fuchs 1952 berichtet hat, dass dort sein bedeutendstes Werk angekauft wurde: das Lied »Der rührselige Cowboy«. Das ist auch so eines dieser Details, wie sie Erika Fuchs so gerne ergänzt hat. Im amerikanischen Original wird der Verlag nicht genannt. Den Cäcilienverlag hat es tatsächlich gegeben. Das war ein anscheinend winziger Verlag für geschichtswissenschaftlicher Fachliteratur in Düsseldorf. Die Suchmaschine zeigt gerade einmal Hinweise auf zwei obskure Bücher von 1918 und 1919.

Erika Fuchs war offenbar völlig unfähig, irgendwelche Zufallsentdeckungen aus ihrer Jugendzeit zu vergessen. Cäcilienverlag ist natürlich ein sehr passender Name für einen Musikverlag, weil die heilige Cäcilia die Patronin der Kirchenmusik ist.

In dem Entenhausener Labor der Professoren Uranus und Sirius findet man 1958 die erstaunlichsten Dinge, zum Beispiel Neutronen in Gelee, getrocknete Atomkerne und echte Kometenschwanzsuppe. Besonders interessant sind die frischen Atomeier im Bild oben rechts.

Dabei handelt es sich um eine Anspielung auf den Garchinger Forschungsreaktor der Technischen Universität München, im Volksmund »Atom-Ei« genannt. Dieser wurde ab 1957 betrieben. Die Fuchs-Über-

setzungen sind voll von solchen Anspielungen, aber wir gewöhnlichen Sterblichen können immer nur einen Teil davon dechiffrieren. Doch das sind nur die Kirschen in der Mitte. Selbst wenn man nichts davon begreift, macht die Lektüre Spaß.

Im Entenhausener Universum kommen viele lebende oder verstorbene Personen aus unserer Welt vor, oder sie haben zumindest ihre Spuren hinterlassen.

Zum Beispiel heißt ein biederer Besitzer eines Ladens für Sportkleidung Eitel Friedrich Eidergans. Eitel Friedrich ist ein traditioneller Name bei den Hohenzollern. Das »Eitel« besagt eigentlich nur, dass der Mann keinen weiteren Vornamen hat, »eitel« heißt »nur« wie in »eitel Sonnenschein«. Das haben die Hohenzollern allerdings offenbar selbst irgendwann vergessen. Der zweite Sohn von Kaiser Wilhelm nannte sich gar Wilhelm Eitel Friedrich Christian Karl von Preußen. Der große korpulente Eitel Friedrich Eidergans aus Entenhausen sieht ihm durchaus ein bisschen ähnlich.

Die populäre Musik in Entenhausen, in Funk und Fernsehen, auf Schellack oder Vinyl stammt oft von Interpreten, die auch bei uns Starruhm genießen. Erika Fuchs ist natürlich immer mit der Zeit gegangen. Im Jahr 1955 singt da noch Bully Buhlan, von dem Erika Fuchs leider nur den Namen nennt. Seine schöne deutsche Fassung von Glen Millers »Chattanooga Choo-Choo« mit dem Titel »Kötzschenbroda-Express« und dem wunderbaren Reim »Nachts in Wusterhausen lässt man sich entlausen« will ich hier aber wenigstens mal erwähnen. Sieben Jahre später kennen sogar die Muskateller-Indianer im Amazonasgebiet unseren großen Gus Backus:

In der Zweitfassung wird aus ihm aber dann der ebenso große Heino. Und im Jahr 1985 spielt das Radio auf Donald Ducks Jacht Udo Jürgens: »Ich hab' alles im Griff auf dem sinkenden Schiff!«

Auch sonst kennt man in Entenhausen unsere europäischen Prominenten: Graf Zeppelin, Winnetou, Victor Hugo, Justus von Liebig und viele mehr. Man ist sogar mit ihren Ernährungsgewohnheiten gut vertraut.

Für die, die sich nicht für Sport interessieren: Ulrike Meyfarth (seit 1987 Nasse-Meyfarth) ist eine zweimalige Olympiasiegerin im Hochsprung (1972 und 1984).

Wenn ich Erika Fuchs in zwei Wörtern beschreiben müsste, dann würde ich sagen, sie war ein fleischgewordener Rührfix.

DER HERING DER OSTSEE

Fug und Unfug im Fuchs'schen Werk

Was hat sich Erika Fuchs beim Übersetzen so gedacht? Ist dabei auch manchmal etwas schiefgegangen?

Hier bereitet sich Donald Duck 1976 auf die Teilnahme an einer Quizsendung vor. Gründlich, wie es seine Art ist, studiert er unter anderem den Band *Fischerei*. »Der Hering der Nordsee ist fetter als der Hering der Ostsee.« Man sieht, dass Erika Fuchs wieder einmal auf ihre eigene Biografie zurückgegriffen hat. Sie war in Ostseenähe aufgewachsen, sie kannte sich aus mit Heringen. Die Heringe der Nordsee und der Ostsee gehören zur gleichen Spezies (*Clupea harengus*), aber das heißt nicht, dass es keine Unterschiede gibt. Die Amerikanerinnen sind schließlich auch fetter als die Französinnen. Ich gehe aber einmal davon aus, dass Fett bei Heringen etwas Gutes ist. Fette Heringe schmecken besser. Ihr Fett enthält viel von den gesunden Omega-3-Fettsäuren. Aber dafür interessierte man sich 1976 noch nicht. Man ahnt hier den Widerhall eines gewissen Minderwertigkeitskomplexes der Ostseeanrainer. So dachte ich jedenfalls lange Zeit, dann erlebte ich mein Waterloo. Einem langen Artikel von Ursula Heinzelmann in der *Frankfurter Allgemeinen Sonntagszeitung* vom 2.3.2003 entnahm ich, dass es genau umgekehrt sei. Der Hering der Ostsee ist klein, fett und besonders hochwertig. Eine genauere Recherche ergab dann, dass alles noch viel komplizierter ist: Beim Fettgehalt und damit auch beim Geschmack kommt es hauptsächlich auf den Fangzeitpunkt an. Durch den niedrigen Salzgehalt der Ostsee sind aber die dortigen Heringe generell kleiner und delikater. Erika Fuchs war mit dem seinerzeitigen Arme-Leute-Essen Hering wohl doch nicht so vertraut.

In meiner Kindheit in den Fünfzigerjahren des letzten Jahrhunderts haben wir unsere Salzheringe vom Fischheinrich bezogen. Der gute Heinrich wohnte im übernächsten Dorf und erledigte seinen ganzen Handel, so weit ich das mitbekommen habe, mit dem Fahrrad. Ich nehme an, es waren Nordseeheringe. Jedes Jahr an Weihnachten kam von ihm eine Standardpostkarte der Bundespost für ursprünglich zehn Pfennig, später dann fünfzehn oder zwanzig, mit dem Abdruck eines Gummistempels: »Die Vögel pfeifens von den Dächern, Heinrichs Heringe sind die besten.« Das war seine komplette Werbekampagne. Ob die Heringe wirklich die besten waren, darüber will ich mir aber kein Urteil anmaßen, es gab bei uns nur die Heringe vom Heinrich. Ähnliche Slogans hat sich auch Erika Fuchs ausgedacht: »Prickelwasser-Entenwein kostet wenig und schmeckt fein.«

Sie hat manchmal nicht lange überlegt, wenn sie etwas übersetzt hat. Ganz erstaunlich ist das folgende Bild:

Donald Duck mit einem Hockeyschläger auf dem Weg zum Fußballplatz! Ein Hooligan? Was hier ausnahmsweise etwas danebenging, hat Erika Fuchs immer wieder gemacht. Alles, was einem deutschen Kind vermutlich fremd war, wurde durch etwas Bekannteres ersetzt. Feldhockey gab es zwar in Deutschland, wir haben schließlich schon 1928 bei den Olympischen Spielen in Amsterdam die Bronzemedaille gewonnen, aber es war wohl doch ein eher seltener Sport. So wurde auch aus dem Truthahn an Weihnachten im Mickymausheft eine Gans, zumindest wenn er im Bild nur geschlachtet und gerupft zu sehen war.

Es ist vielleicht nur ein Schreibfehler, aber ein sehr schöner. Was ist ein Tattersaal? Als Kind kannte ich diesen Ausdruck nicht. Aber was man nicht weiß, muss man sich ergründen. Ein Tattersaal ist ein Saal, in dem man tattert, also zittert wie ein Tattergreis? Der *Datterich* ist eine bekannte Darmstädter Lokalposse von Ernst Elias Niebergall. Die Hauptfigur, der Particulier Datterich, zittert vielleicht auch von wegen beginnendem Delirium tremens?

In Wirklichkeit ist ein Tatter*sall* eine Reithalle. Der Name kommt von dem Engländer Richard Tattersall. Erika Fuchs kannte den Begriff vielleicht aus Berlin. Dort ist an einem Haus in der Grolmannstraße heute noch der Schriftzug »Tattersall des Westens« erhalten.

Im folgenden Bild sehen wir die armen kleinen Brösels, die keinen Vater mehr haben:

Man sollte meinen, rechts im Bild wäre ein Mädchen zu sehen. Erika Fuchs sagt aber, die Brösels sind »Bürschlein«. Kopftuch tragende Männer findet man in Entenhausen sonst allenfalls bei »Zigeunern«. Ein solcher Fall von Cross-Dressing ist eine wissenschaftliche Entdeckung höchsten Ranges. Oder die Übersetzerin hat eine neue Brille gebraucht.

Die Schiefe Ebene im Fichtelgebirge ist eine steile Eisenbahnstrecke irgendwo zwischen Hof (Saale) und Bamberg. Vielleicht ist Erika Fuchs dort auf dem Weg von Schwarzenbach nach München oft entlanggefahren. Hier droht in einer Donald-Duck-Geschichte von 1957 eine entsetzliche Zugkatastrophe.

Professor Cosinus, der berühmte Mathematiker, und das Elektronengehirn im Finanzamt stehen leider gerade nicht zur Verfügung, um das Unheil zu verhindern. Im Jahr 1957 hat man tatsächlich manchmal die Computer als Elektronengehirn bezeichnet. In unserem Finanzamt gab es aber wohl noch keines. Zum Glück haben die drei Knaben Tick, Trick und Track sehr fleißig für die Schule gelernt und verhindern mithilfe ihres Großonkels ein Inferno. Ob manche kindlichen Leser des Mickymaushefts sich wohl gewundert haben, welche merkwürdigen amerikanischen Lokomotiven mit nur einem Scheinwerfer in der Mitte der Stirnseite hier in Oberfranken eingesetzt wurden?

In der gleichen Geschichte ist bei Fuchs die Rede davon, dass in einer Kurve die äußeren Antriebsräder einer Lokomotive auf der Schiene rutschen. Im amerikanischen Original klingt das irgendwie noch ganz anders. Hier wird zwar auch gerutscht, aber es ist nicht klar, ob außen oder innen. Ich denke, diese Diskrepanz ist darauf zurückzuführen, dass Erika Fuchs ihren Mann, den Diplomingenieur, um Rat gefragt und dann seine Antwort eingebaut hat. Mir leuchtet die Fuchs-Version aber trotzdem nicht ein. Wegen der Zentrifugalkräfte sollten die äußeren Räder doch eigentlich besser an der Schiene haften als die inneren und deshalb weniger rutschen als die inneren. Vor vielen Jahren habe ich bei einem Eisenbahn-Professor von der RWTH Aachen einmal angefragt, was er davon hält. Ich habe nie eine Antwort bekommen.

Carl Barks übte in seinem Leben fast so viele Berufe aus wie Donald Duck. Einmal besaß er auch eine Hühnerfarm. In einer seiner Geschichten kamen dann auch die Erreger einer Hühnerkrankheit vor: »chicken pox germs«. Erika Fuchs, die nie eine Hühnerfarm besaß, machte daraus 1958 »Hühnerpestbakterien«.

Nun ist aber die Hühnerpest nichts anderes als die böse Vogelgrippe, die uns alle bekanntlich irgendwann dahinraffen wird. Ihre Erreger sind aber Viren! Beim Nachdruck im Jahr 1970 war die Übersetzerin dann schlauer. Da fehlen die Bakterien. Es heißt nur noch »Die Hühnerpest!«.

In einer anderen Geschichte kommt ein namenloser Ritter vor. Er ist der letzte in einer Reihe von Rittern, die auf einem einsamen Atoll gelebt haben. So einsam, dass sie noch nicht mitbekommen haben, dass die Zeit von Sir Francis Drake endgültig vorbei ist. Der Ritter trägt natürlich eine eiserne Rüstung. Solche Klischees werden im Mickymausheft immer bedient. Sonst wäre das Leben ja bar jeglicher Orientierung. Und ebendieser Ritter wird dann einmal von Donald Duck mangels eines ihm bekannten Namens in der englischen und der deutschen Version mit »Sir Boilershirt« angeredet. Das ist aber völlig unfuchsisch. Solche Formulierungen sind bei ihr nie auf Englisch. Erika Fuchs hat sich immer die Freude eines deutschen Wortspiels gegönnt. Wenn ich gemein wäre, was ich natürlich nicht bin, würde ich sagen, sie hat immer ihren Wortwitz zur Schau getragen. Typisch Fuchs wäre so etwas wie »Bruder Blechbüchse« gewesen. Ein zusätzliches Argument ist, dass die Figuren immer ihre eigene Sprachebene haben. Donald Duck beherrscht keine Fremdsprachen, von ganz simplen Wendungen wie »Do it yourself« oder »O sole mio« einmal abgesehen. Ich bin mir fast sicher, bei dem »Sir Boilershirt« handelt es sich nur um die Rohübersetzung, die versehentlich stehen geblieben ist.

Kurios ist auch, dass die Wörter Bürzel und Pürzel synonym verwendet werden. Sie bezeichnen ja auch beide das Ende des Rückens. Kurz gesagt, ein Vogel hat einen Bürzel, eine Wildsau oder ein Dachs einen Pürzel. Es kann natürlich sein, dass ein Franke beides gleich ausspricht.

Wer lange in Oberfranken gelebt hat, vergisst vielleicht, dass es da einen Unterschied gibt. Auch sonst muss man es einer Dame verzeihen, wenn sie sich mit Männerkram nicht so auskennt:

Ein Revolver ist das denn doch nicht. Erstaunlich ist aber, dass jemand mit viel Sprachgefühl diesen Fehler macht. Hier werden nicht nur Stalagmiten und Stalaktiten verwechselt, hier kommt die sprachliche Logik ins Spiel. Der Revolver kommt von »to revolve«, also sich drehen, und bei so einer Pistole dreht sich eben keine deutlich sichtbare Trommel.

Ein besonders schönes Beispiel, wie sich ein Missverständnis im Kopf festsetzen kann, ist das folgende: Die Ducks sind im Hindukusch auf der Suche nach dem entsetzlichen Schneemenschen. Dieser tilgt seine Spuren im Schnee, indem er sie mit einem Tierfell verwischt. Ein Neffe durchschaut diesen Trick, weil er ein kleines Haarbüschel findet. Und wie hat Erika Fuchs diese Schlüsselszene verstanden und übersetzt? So:

Weder die Originalmethode Yeti noch die Methode Fuchs kann wirklich funktionieren, aber Tierhaare sehen ganz bestimmt nicht wie Schnee aus. Wasserkristalle brechen und reflektieren das Licht nun einmal völlig anders als Wolle.

Besonders aufschlussreich in Bezug auf die Arbeitsweise von Erika Fuchs ist auch eine Geschichte mit einem Wal aus dem Jahr 1957. Donald Duck fängt ihn mit viel Mühe, um ihn gegen Eintrittsgeld vorzuführen, und hat dann ein Problem damit, ihn zu füttern. Hätte er sich eigentlich gleich denken können. Auf Amerikanisch ist der Wal einfach ein Wal, aber Erika Fuchs hat ihn korrekt als Pottwal identifiziert. Das wäre ein »sperm whale«, aber das Wort »sperm« (= Sperma) war für Amerika wohl nicht jugendfrei genug. Im Original heißt es, man müsse das Tier mit einer Tonne »cuttlefish« am Tag füttern. Erika Fuchs übersetzte das »cuttlefish« schön geschraubt mit »pelagische Kopffüßler«, wie es vielleicht auch im Wörterbuch stand:

Verständlicher wäre es gewesen, wenn sie einfach von Tintenfischen geredet hätte. Köche nennen alle essbaren Kopffüßler, heutige Bezeichnung Kopffüßer, sowieso Tintenfische. »Pelagisch« heißt nur, dass die Biester frei im Wasser herumschwimmen und nicht am Meeresboden krabbeln. Nach dieser zutreffenden, doch eher unverständlichen Information kommt dann aber noch die große Irreführung: »Wasserflöhe und so«. Bei Wasserflöhen handelt es sich jedoch um Süßwasserplankton. Bartenwale fressen Plankton, wenn auch keine Wasserflöhe, die Pottwale sind aber keine Bartenwale, sondern Zahnwale, welche große Happen wie Calamari oder biblische Propheten wie Jonas bevorzugen. Moby-Dick war auch ein Pottwal, und der hat bekanntlich keine Wasserflöhe, sondern das Bein von Kapitän Ahab verspeist. Die Kopffüßler haben Erika Fuchs offenbar so fasziniert, dass sie sie anderthalb Jahre später gleich noch einmal eingebaut hat. Dafür hat sie sogar die Sprechblase gesprengt, was eigentlich gar nicht erlaubt war:

Ein weiteres Beispiel, wie sehr Erika Fuchs sich um ihre Übersetzungen bemühte (siehe Bild auf S. 260): In einer Geschichte von 1960 begibt sich die Familie Duck in die Antarktis. Man will dort Bombastium im Wert von einer Billion Talern und sechs Kühlschränken verstecken. Gleich einmal ein Lob für Erika Fuchs: Sie hat das amerikanische »trillion« korrekt mit dem deutschen »Billion« übersetzt. Das ist hier zwar völlig irrelevant, doch man freut sich über die professionelle Kompetenz. Nebenbei bemerkt: Ein anderer klassischer ÜbersetzerInnenfehler ist es, »silicon« mit »Silikon« statt mit dem korrekten »Silizium« zu verdeutschen. Dabei habe ich sie nie ertappt. Sie hat allerdings einmal aus »columbium« nicht »Niob«, sondern »Columbium« gemacht.

Bombastium ist ein chemisches Element, das leicht verdampft und sich deshalb im ewigen Eis am besten aufbewahren lässt. Die amerikanische Version der Geschichte verschweigt uns, wo genau in der Antarktis das Bombastium vergraben wird.

Erika Fuchs hingegen liebte immer die präzisen Angaben. Sie nahm also den Atlas zur Hand und schaute nach. Als Koordinaten gab sie 82° 6' 5" südlicher Breite, 50° 10' 25" östlicher Länge an. Das ist fast die Gegend, wo man oft den sogenannten Südpol der Unzugänglichkeit auf der Karte eingezeichnet findet.

An dieser Stelle in der Antarktis ist man am weitesten vom Meer entfernt. Leider kann man nicht ganz genau sagen, wo das ist, jeder rechnet da ein wenig anders.

Generell ist es aber so, dass der Unzugänglichkeitspol immer eine Kleinigkeit östlich von dem Fuchs-Punkt liegt. Im Dezember 1958, also im dortigen Hochsommer, haben die Sowjets in dieser Gegend die Forschungsstation Poljus Nedostupnosti errichtet, die aber inzwischen im Schnee versunken ist. Nur das Dach einer Hütte mit einer Leninbüste obendrauf ist heute noch zu sehen. Die Ducks sind den Genossen Wissenschaftlern aber nicht begegnet. Doch was mich wirklich beeindruckt, ist, dass laut Fuchs der Bankier Dagobert Duck mit einem simplen Sextanten seine Position auf die Bogensekunde genau bestimmt hat (siehe Bild unten).
Ein präzises Chronometer und ein nautisches Tafelwerk hat er hier wohl auch noch irgendwo versteckt, sonst ginge so etwas gar nicht.

Manchmal ist es aber auch Ansichtssache, ob man etwas als Fehler sieht oder nicht. Eine seltene Briefmarke aus Carambia heißt bei Erika Fuchs die »Rote Magenta«. Das kam mir lange Zeit wie völliger Unsinn vor. Rot und Magenta sind zwei verschiedene Farben. Magenta ist das,

was man in der Mode manchmal als Pink bezeichnet. Auf Englisch nennt man die Farbe auch »fuchsia« nach den Fuchsien. Der Name »Magenta« kommt seltsamerweise von der Schlacht von Magenta in der Lombardei (1859), weil kurz danach eine entsprechende Anilinfarbe synthetisiert wurde. Beim Druck, zum Beispiel eines Mickymausheftes, entsteht Rot als subtraktive Mischung aus Magenta und Gelb.

Wenn ich etwas gebildeter gewesen wäre, hätte ich aber vermutlich mehr Verständnis für Erika Fuchs aufgebracht. Vorbild für die »Rote Magenta« ist natürlich die seltenste Briefmarke überhaupt, die »British Guiana one cent magenta«. Die kennen alle Briefmarkensammler. Sie wurde 1856 in Schwarz auf Papier gedruckt, das man heute als magentafarben bezeichnet. Damals muss man das aber anders genannt haben, die Schlacht von Magenta lag noch drei Jahre in der Zukunft. Philatelisten benutzen Dutzende von verschiedenen Farbnamen für Briefmarken. Viele dieser Namen bezeichnen dann auch noch eine Reihe von völlig unterschiedlichen Farbtönen. Das Magenta der »British Guiana one cent magenta« würde bei einem totalen Laien wie mir mit etwas gutem Willen auch als Rot durchgehen. Vielleicht gibt es im Entenhausener Universum ja auch eine Farbvariante der Magenta, die als »Blaue Magenta« bezeichnet wird.

Einmal werden Donald und Dagobert von einem Hypnotiseur in die Vergangenheit versetzt. Donald erinnert sich dabei an eine frühere Existenz als Bootsmann auf der Fregatte »Delphin«. Kurz darauf ereignet sich ein kleines Missgeschick (siehe Bild auf nächster Seite).

Wenn ich mal wieder ein bisschen spekulieren darf: In der *Schatzinsel* von Robert Louis Stevenson kommt ein »Besanmasthügel« (»Mizzenmast Hill«) vor, jedenfalls in der mir vorliegenden Übersetzung. Auch in der Duck-Geschichte sucht man mit einem Segelschiff nach einem verlockenden Schatz. Da hat Erika Fuchs – ob bewusst oder unbewusst – vierzig Jahre nach der Lektüre ihrer Kindheit einen kleinen Bezug eingebaut.

»Besanmast« ist ein wunderbares Wort. Wie so oft hat die Übersetzerin hier ein nettes Detail eingefügt. Allerdings besitzt eine Fregatte gar keinen Besanmast. Bei der Fregatte »Delphin«, die man später auch im Bild sieht, ist der letzte Mast voll getakelt und sollte deshalb Kreuzmast heißen. Eine Fregatte hat vielleicht ein Besan*segel*, aber keinen Besan*mast*. Das ist natürlich noch kein absoluter Widerspruch, der Bootsmann könnte ja von einem anderen Schiff faseln, aber besonders elegant ist so eine Erklärung auch nicht.

Bei den Olympischen Winterspielen 1952 in Oslo führte der amerikanische Eiskunstläufer Richard Button als Erster den dreifachen Rittberger vor. In einer Übersetzung von 1973 behaupten dann drei Amateursportler, dass es den dreifachen Rittberger eigentlich gar nicht gibt, was auch immer sie mit dem »eigentlich« meinen.

Vielleicht haben die jungen Herren ja einen *vierfachen* Rittberger versucht. Das wäre im Erfolgsfall tatsächlich eine Sensation gewesen. Eine filmische Dokumentation dieser Leistung existiert, wie man sieht, leider nicht. Der Kameramann interessiert sich mehr für die kurzen Röckchen der hübschen Eiskunstläuferinnen. Aber mit den Leibesübungen hatte es die Übersetzerin nicht besonders. An anderer Stelle heißt es über einen Sportsmann: »Diese Leute haben ja alle einen schweren Zacken.« Ein weiterer Punkt, in dem sie hundertprozentig recht hatte.

EINFACHE LEUTE, ABER HERZENSGUT

Die Donaldisten

Der größte Detektiv, der je gelebt hat, war Sherlock Holmes. Fast alles über ihn wissen wir aber nur aus zweiter Hand. Der Freund und Mitarbeiter John H. Watson hat es in der Form von Kurzgeschichten und Romanen veröffentlicht. Sein literarischer Agent Doyle hat sich um die Veröffentlichung gekümmert. Dieser Arthur Conan Doyle, ab 1902 *Sir* Arthur, war ein zwielichtiger Okkultist, das genaue Gegenteil des Verstandesmenschen Holmes. Watson war, wenn ich mich einmal salopp ausdrücken darf, ein Plunderkopf. Er konnte sich noch nicht einmal merken, woher genau er seine Kriegsverletzung aus dem zweiten Afghanistankrieg hatte. Zusätzlich ermittelte Holmes oft in den höchsten Kreisen, und deshalb blieb Watson wohl nichts anderes übrig, als gewisse Fakten gründlich zu verschleiern. Auf jeden Fall beschäftigt das Leben und Wirken von Sherlock Holmes Tausende von Amateurforschern. Sie schreiben Bücher oder Artikel, sie sind Mitglieder in gelehrten Zirkeln, und sie treffen sich regelmäßig, vermutlich hauptsächlich, um gut zu essen und dazu Wein zu trinken. Ihr größtes Vergnügen ist es jedoch, sich gegenseitig zu widersprechen.

Ein ähnlich originelles Völkchen sind die Donaldisten. Es ist aber schwerer, sie präzise zu beschreiben, weil die Bandbreite größer ist. Zunächst einmal gibt es keinen eindeutig definierten Kanon wie bei Sherlock Holmes. Die einen akzeptieren nur Carl Barks, andere noch ausgewählte weitere Zeichner, einige wenige sogar alle. Das Problem damit ist, dass die meisten Zeichner Geschichten von fremden Autoren illustriert haben, meistens von mehreren. Da fehlt es oft an Konsistenz. Carl Barks ist eine Ausnahme. Er hat in der Regel alles geschaffen, die Story, den Dialog und die Tuschezeichnung. Nur koloriert hat er nicht.

Ein anderer Einzelkämpfer unter den Zeichnern ist der Barks-Epigone Keno Don Rosa. Auch er hat immer allein gearbeitet. Dabei war es sein Anspruch, das Barks-Universum der 1950er-Jahre konsistent weiterzuentwickeln und zu vervollständigen. Viele jüngere Donaldisten verehren ihn so innig wie eine bayerische Betschwester die Jungfrau Maria. Ich persönlich kann das nicht nachvollziehen, ich finde Rosas Geschichten wenig originell und extrem konstruiert. Er hat sich die Latte so hoch gelegt, dass er nicht mehr darüberspringen konnte. Ein weiteres Handicap von Don Rosa ist, dass er sich hauptsächlich mit Dagobert Duck beschäftigt hat. Nichts gegen Dagobert, doch er ist weniger interessant als Donald. Dagobert ist so auf sein Geld fixiert wie Asterix' Freund Obelix auf Wildschweine. Als ein Mitglied der Duck-Familie ist Dagobert unersetzlich, als Fokus einer Geschichte hat er seine Grenzen.

Die Anhänger von Carl Barks gleichen in ihrer Schriftgläubigkeit den Zeugen Jehovas, die Don-Rosa-Fans sind mehr wie die Mormonen, die meinen, man könne die Bibel noch fortschreiben und verbessern. Da aber Rosa erst nach der Zeit von Erika Fuchs aktiv wurde, kann ich das Thema hier gottlob weitgehend ignorieren.

In vielen Ländern gibt es begeisterte Disney-Fans. Sie betreiben ihr Hobby als eine Art niedere Literatur- oder Kunstwissenschaft. Es sind auch ein paar Intellektuelle darunter. Zum Beispiel hat der Amerikaner Geoffrey Blum einen großen Teil seines Lebens Carl Barks gewidmet. Er schreibt wohlfundierte Artikel über ihn, als wäre es Mark Twain oder Edward Hopper. Nur in Deutschland, genauer gesagt in den deutschsprachigen Ländern, ist alles radikal anders. Schuld daran ist Erika Fuchs. Sie hat aus dem Entenhausener Kosmos eine so faszinierende Welt mit leicht märchenhaften Zügen gemacht, dass sich drum herum eine fanatische Gemeinschaft gebildet hat. Donaldisten sind auf dem intellektuellen Niveau so etwas wie die Sherlock-Holmes-Forscher. Auf der emotionalen Ebene kann man sie vielleicht noch besser mit den Trekkies vergleichen. Die Anhänger von *Raumschiff Enterprise* (*Star Trek*) analysieren weniger, als dass sie zelebrieren. Sie leben in der Welt, die

Gene Roddenberry geschaffen hat, und verkleiden sich als Mister Spock. Donaldisten würden sich vermutlich auch als Onkel Dagobert verkleiden, wenn der nur eine Hose anhätte.

Die D.O.N.A.L.D. wurde 1977 gegründet. Die Abkürzung steht für Deutsche Organisation Nichtkommerzieller Anhänger des Lauteren Donaldismus. Das »Nichtkommerziell« heißt, dass die Jungs – Mädels sind in der Minderheit, Frauen spinnen anders – ihre Hefte möglichst billig erwerben wollen. Das »Lauter« sollte man in diesem Zusammenhang als das Gegenteil von »leiser« interpretieren. Die über dreißigjährige Tradition garantiert, dass es sich beim Donaldismus nicht nur um billige tagesaktuelle Sensationshascherei handelt: Die Organisation ist älter als die Partei der Grünen. Sie ist tatsächlich nur eine Organisation, kein Verein nach dem Vereinsrecht. Das Muster ist eher so etwas wie die Entenhausener Bürgerversammlung, wo man einfach hingeht.

Bei den Donaldistentreffen findet man diese Mischung von bestechender Einfalt und verblüffendem Scharfsinn etwa im Verhältnis fünfzig zu fünfzig. So etwas ist natürlich immer ein gefundenes Fressen für die Journaille. Ich kann aber nur davor warnen, Medienberichte über den Donaldismus ernst zu nehmen. Diese Leute haben zwar alle einen schweren Zacken, nur beschreiben die Journalisten in der Regel einen ganz falschen Zacken. Die Donaldisten sind kein Karnevalsverein, doch sie kommen in der Berichterstattung oft als ein solcher herüber. Ein kleines Beispiel: Im deutschen *Playboy* vom Juli 2009 behauptet Detlef Dreßlein zum Beispiel, Donaldisten würden sich mit den Worten »freu, freu« begrüßen. Das tun sie natürlich nicht. Echt wahr! Eine Ausnahme von solch tumber Desinformation bildet nur eine gewisse überregionale Qualitätszeitung, deren Feuilleton von Donaldisten unterwandert ist. Wer sich auskennt, findet da viel von den Sentenzen der Erika Fuchs wieder.

Die D.O.N.A.L.D. veranstaltet jedes Jahr so etwa am ersten April einen großen Kongress. Einmal war auch Erika Fuchs anwesend. Das war 1978, als der Kongress an ihrem Wohnort München stattfand. Da wurde sie Ehrenmitglied der D.O.N.A.L.D. und konnte anstandshalber nicht schwänzen.

Ich glaube, sie genoss die Verehrung, die sie erfuhr. Sie war, nicht nur bei diesem Anlass, immer freundlich und hilfsbereit, wenn jemand eine Frage hatte, doch sie wanzte sich nicht an. Man hatte das Gefühl, dass es in ihrem Leben auch noch vieles anderes als Comichefte gab. Was sie machte, war ein Beruf, den sie professionell und fleißig ausübte, es war keine Berufung. Von Talleyrand stammt die schöne Maxime »Surtout, pas trop de zèle. – Vor allen Dingen keinen Eifer!« Ich glaube, das hätte sie sofort unterschrieben.

Mitglieder der D.O.N.A.L.D. duzen einander in der Regel. Das gilt auch für Ehrenmitglieder. Den greisen Amerikaner Carl Barks, der wohl kein Deutsch sprach, hätte man vielleicht sogar mit Carl angeredet. Aber niemand hätte je Erika zu Frau Fuchs gesagt. Da hätte sie auch sehr seltsam geschaut. Viele Donaldisten sagen sogar nur *Dr.* Erika Fuchs.

Der Verein wimmelt von Studierten, doch normalerweise lässt man alle akademischen Titel weg. Viele Donaldisten sind Naturwissenschaftler. Geistes- und Sozialwissenschaftler sind nicht so häufig dabei, wie man vielleicht erwarten würde.

Zum Kongress 1980 in Frankfurt sandte Erika Fuchs ein Grußtelegramm:

soehne der unvernunft
eure flotte zusammenkunft
erfuellt mich mit sehnen
doch kommen kann ich nicht
nur wuenschen euch viel glueck und wenig traenen

Zum zweiten Münchner Kongress 1988 ist sie dann nicht mehr gekommen oder nur inkognito wie dieser Herr.

Da war sie aber auch schon 81 Jahre alt und nicht mehr so mobil wie früher.

D. O. N. A. L. D.-Kongresse haben sich im Laufe von dreißig Jahren zum Ritual entwickelt, doch auf eine sehr demokratische Art. Man probiert etwas aus, und dann wird es Tradition oder meistens auch nicht. Für Außenstehende ist vieles völlig unverständlich, aber was würde wohl ein Marsmensch denken, der zufällig in eine Eucharistiefeier gerät? Es beginnt immer mit wissenschaftlichen Vorträgen. Dabei gibt es einen ungeschriebenen, fast immer eingehaltenen Zwang zur Orthodoxie. »Vulgärdonaldistisches« Quellenmaterial, wie zum Beispiel die sogenannten *Lustigen Taschenbücher*, ist verpönt. Was zählt, sind nur die Werke von Carl Barks, vor allem in der Version von Erika Fuchs. Der Wissenschaftsbegriff der Donaldisten ist dabei variabel. Wissenschaft kann etwas sehr Verschiedenes bedeuten. Das kann Atomphysik sein oder Archäologie. Normalerweise reden solche weit voneinander entfernten Wissenschaftler ja kaum miteinander. Sie haben ihre fachspezifischen Konventionen, die nur Insider richtig verstehen. Bei den Donaldisten vermischt sich das alles. Da hält eine Psychologin einen Vortrag über die Unterschiede zwischen Tick, Trick und Track, und kurz darauf redet ein Astrophysiker über Satellitenbahnen. Kein Wunder, dass die Vorträge manchmal zunächst eine gewisse Sprachlosigkeit hervorrufen. Deshalb diskutiert man in der Regel nicht unmittelbar anschließend, später aber dann mit besonderer Heftigkeit.

Häretiker, wie zum Beispiel ein fast immer anwesender bayerischer Baron namens Raskolnikow von Ehrenfels oder so ähnlich, werden zwar geduldet, aber sie halten sich bescheiden im Hintergrund. Sie wissen, dass sie sich sonst vielleicht in den Salzminen von Brutopien wiederfinden würden. Die D. O. N. A. L. D. unterhält nämlich gute Beziehungen zu diesem Polizeistaat, bei ihr ist sogar ein brutopischer Konsul akkreditiert. Aussehensmäßig gleicht er erstaunlich gut seinem Entenhausener Kollegen:

Der brutopische Konsul ist auch für die Verleihung der Orden und Ehrenzeichen zuständig. Nach dem Vorbild der Entenhausener Pfadfinderschaft verleiht er totalitär anmutende Auszeichnungen wie das S.H.-Kreuz für Stramme Haltung gleich pfundweise.

Wenn das Niveau eines Vortrags so niedrig ist, dass das Publikum ihn versteht, dann ruft man gerne eine Onomatopöie wie »Klatsch! Klatsch!«. Es gibt aber immer Zuhörer, die so etwas kindisch finden. Die klatschen oder klopfen dann ganz normal. Mehrere Donaldisten auf einem Haufen lassen sich so wenig gleichschalten wie eine Tüte Mücken.

Beim Kongress wird auch der Professor-Püstele-Preis der Academy of Donaldistic Sciences verliehen. Der ist im Gegensatz zum Nobelpreis nicht nach seinem Stifter benannt, aber genauso gut für das Ego. Professor Püstele ist laut Frau Fuchs auf einer Expedition in den Anden

verstorben, um nicht zu sagen, verreckt, da konnte er keinen Preis mehr stiften. Der Professor ist übrigens das seltene Beispiel dafür, dass in einem Disney-Comic mal jemand stirbt, wenn auch nur im Text. Normalerweise ist der Tod ein Tabu.

Früher gab es eine Zeit lang auf jedem Kongress eine öffentliche Sitzung des Klubs der Zweifler, auch nach Entenhausener Vorbild. Die Zweifler lobten für irgendeine Aufgabe einen Preis in Millionenhöhe aus, vergaben ihn dann aber so gut wie nie, weil man sie nicht überzeugen konnte. Immerhin bekam man so von den naiven Kandidaten, die sich einen Sack voller Taler erhofften, so schöne Fuchs'sche Erfindungen wie den »Quasselstrippographen« und die »Wüstenkeifzange« vorgeführt.

Bei den Donaldisten gibt es mehr Ämter und Titel, als ein Hund Flöhe hat. Deshalb endet der Kongress immer mit vielen nervtötenden Wahlen. Zusätzlich darf man sich nach Paragraf 2.13 der Satzung auch selbst zum Würdenträger ernennen, solange nicht die Gefahr eines Schismas droht. Der Einzige, der aber wirklich etwas zu bestimmen hat, ist der Kassenwart. Nach diesem Amt drängen sich jedoch nur wenige, weil es mit Arbeit verbunden ist.

Die Präsidente, die sich auch schon einmal Präsiderpel genannt hat, repräsentiert die Organisation kraftvoll nach außen, so wie man es auch von anderen Präsidenten wie Paul von Hindenburg, Nicolas Sarkozy oder Kim Jong-il kennt.

Ziel der Präsidente ist es, binnen eines Jahres abzuwirtschaften. Eine Präsidente, die das nicht schafft, hat versagt. Als Lohn für das erfolgreiche Abwirtschaften muss sie dann eine große Portion Pastinakenpudding verspeisen. Das genaue Rezept ist allerdings unbekannt, aber Donaldisten haben viel Fantasie.

Der Zeremonienmeister veranstaltet übers Jahr diverse Zeremonien, was auch sonst? Diese Zeremonien folgen in der Regel einem Entenhausener Vorbild. Es gab zum Beispiel schon ein gemeinsames Drachensteigenlassen, die Suche nach einem Vermissten im Wald oder einen Wettbewerb im Brückenbau.

Aber fast hätte ich das Wichtigste vergessen, die Hymne mit dem seltsamen Titel »Der rührselige Cowboy«. Dieses Werk wurde angeblich von Donald Duck persönlich geschrieben, vom Cäcilienverlag verlegt und 1952 von einem unbekannten Label auf Vinyl gepresst:

Die getragene Melodie, die nicht nur auf Kongressen oft und mit Inbrunst gesungen wird, ist laut Barks und Fuchs so rührselig, dass sie sogar Schnee zum Schmelzen bringt und Lawinen auslöst. Allerdings sind gewisse Zweifel an der Authentizität der üblichen Version durchaus angebracht. In ihr kommen die oben abgebildeten Noten gar nicht vor.

Es gibt übrigens genau zwei donaldistische Dogmen, mehr nicht, und beide sind sprachlicher Natur. Es heißt Guitahre und nicht Gitarre, und man spricht den Namen Donald Duck deutsch aus und nicht als Donnelt Dack. Für Daisy gibt es schon keine Regel mehr, aber zumindest Honoratioren, deren Bart eine gewisse Länge überschreitet, sprechen das gerne deutsch als Dei-sie aus.

Ein Phänomen, das ich nur beschreiben, aber nicht wirklich erklären kann, ist die ungewöhnlich stattliche Figur sehr vieler Donaldisten. Erika Fuchs hätte vermutlich den Terminus »ziemlich vollfett« verwendet. Donald Duck selbst bezeichnet sich als »kleinen Drahtigen«, doch in dieser Hinsicht versucht kaum jemand, ihm nachzueifern. »Lasst wohlbeleibte Männer um mich sein, mit glatten Köpfen, und die nachts gut schlafen.« So heißt es bei Shakespeare. Wenn sein Julius Cäsar heute

lebte, er würde sofort Donaldist. Auch für den gesunden Schlaf seiner Genossen könnte man garantieren. Es gibt einen berühmten Donaldisten – allerdings mehr von der drahtigen Statur des Verschwörers Cassius –, der seit Jahrzehnten nie Vorträge unter einer Stunde und mit weniger als 313 Bildern gehalten hat. Da musste die Zuhörerschaft schon einmal während der Präsentation die Hymne singen, um sich wach zu halten. Ein anderer Donaldist ist so berüchtigt für sein Schnarchen, dass man ihm immer eine Schlafgelegenheit weitab von der Masse zuweist, in der Sauna oder so. Er selbst beruft sich aber stets auf ominöse Elefanten, die sich angeblich in seiner Nähe herumtreiben (siehe unten).

Übergewichtige schnarchen bekanntlich gerne und laut, und vielleicht ist ja das Speiseeis die Ursache für die epidemische Adipositas. Was für die würdigen Mitglieder der Londoner Sherlock Holmes Society

bei ihrem Galadiner vermutlich Claret, Sherry und Portwein sind, das ist für Donaldisten ein Eisbecher wie in Entenhausen (oder zwei). Dafür würden sie sogar die Goldzähne ihrer Tante verkaufen.

Das im Preisschild auf dem Bild aufgeführte, besonders teure »Paprikaeis« hat sich Erika Fuchs bereits 1964 ausgedacht. Damals hat man sich über solche Geschmacksrichtungen noch gewundert. Die »Frikadellenlimonade« stammt allerdings nicht von ihr. Die hat ein geistesverwandter Donaldist erfunden, dessen Name mir leider entfallen ist.

Zu einer Wissenschaft gehört eine wissenschaftliche Zeitschrift. Seit 1976 erscheint *Der Donaldist*, der ursprünglich *Hamburger Donaldist* hieß, obwohl er nicht aus Hamburg, sondern aus Schleswig-Holstein kam. Donaldisten waren schon immer Wirrköpfe. Das Heft ist jetzt in den 130er-Nummern. Amateur kommt bekanntlich vom französischen »aimer« und das Blatt war tatsächlich oft sehr amateurhaft. Diesen diskreten Charme hat es nach der Erfindung und Verbreitung des Desktop

Publishing etwas verloren. Aber auch heute noch kann man nie sicher sein, dass die Seiten in der richtigen Reihenfolge hintereinander gedruckt werden.

Was die Zeitschrift *Der Donaldist* deutlich von den D.O.N.A.L.D.-Kongressen unterscheidet, ist ihre Offenheit nach allen Seiten. Der Kongress hat immer ein volles Programm, da dominiert die Orthodoxie. Im Heft ist Platz, um sich auszudehnen, was sowieso ein donaldistisches Elementarbedürfnis ist:

Wissenschaftliche Gesellschaften wie, sagen wir mal, die Deutsche Mathematiker-Vereinigung (DMV) geben ja gerne mehrere Zeitschriften heraus. Die *Mitteilungen der DMV* sind der Vereinsmeierei gewidmet. Hier findet man Personalien, Veranstaltungshinweise, Schnappschüsse, Curiosa und sogar Comics. Der *Jahresbericht der DMV* ist das wissenschaftliche Journal, das Abhandlungen und Buchbesprechungen bringt. *Der*

Donaldist ist beides in einem. Da steht alles bunt durcheinander. Zensur findet nur selten statt. So viele aktive Donaldisten gibt es nämlich auch nicht. Um überhaupt die kritische Masse zu erreichen, muss man fast alles drucken, was eingereicht wird. Im tauben Gestein verbergen sich aber oft Diamanten. Dass den Donaldisten der Stoff ausgeht, ist nicht zu befürchten. Die Bibel ist fast zweitausend Jahre alt, und die Zeugen Jehovas veröffentlichen trotzdem noch halbmonatlich ihren *Wachtturm*. Gejammert wird natürlich ständig. Immer wieder unkt jemand, dass das Niveau gesunken sei. Aber wie schon Harry S. Truman gesagt hat: »Wenn du die Hitze nicht verträgst, verlass die Küche!«

Hier kann jeder nach seiner Fasson selig werden. Auch wer ein Anhänger der *Lustigen Taschenbücher* oder des unsäglichen Don Rosa ist, wird geduldet. Der schon oben erwähnte bayerische Baron zum Beispiel verfasst lange Artikel, in denen er alle Quellen gleich behandelt. Bei ihm ist Entenhausen nicht mehr als die Summe seiner Teile. Man stelle sich vor, jemand forscht über Musik und er macht keinen Unterschied zwischen der Metropolitan Opera und dem Musikantenstadl. Nun ja, wenn es der Wahrheitsfindung dient ... Dabei kennt der adelige Alleswisser sich aber exzellent aus, hundertmal besser als ich. Wenn Sie ihn fragen, wo und wann die Geschichte mit der »Purpurkrausigen Pantinenpipäne« (das ist natürlich Fuchs-Speak) erschienen ist, dann kommt sofort die Antwort »Mickymausheft Nr. 4 von 1961«. Bösartige Redakteure beziehungsweise Re*duck*teure, wie sie sich gerne nennen, haben seine Werke jedoch zeitweise in der Sektion »Edizione Manuzio« veröffentlicht. Das war eine Anspielung auf Umberto Ecos Roman vom Foucault'schen Pendel. Darin ist die Edizione Manuzio ein Verlag für minderwertige okkulte Schriften. Ein dickes Fell muss man als Häretiker schon haben. Erika Fuchs kannte und schätzte ihn übrigens auch. Sie hat ihn circa 1993 in eine Ein-Seiten-Geschichte eingebaut. Ehre, wem Ehre gebührt.

Auch andere Donaldisten kommen in dieser einen Episode vor. Sie sind allesamt Kunstsammler mit ziemlich obskuren Interessen, Typen wie Lothar-Günther Buchheim, nur noch viel schlimmer.

Erika Fuchs hat die Zeitschrift immer zugesandt bekommen. Dass sie sie auch komplett gelesen hat, wage ich zu bezweifeln. Sie liebte die Donaldisten. Sie freute sich über das Interesse an ihrem Lebenswerk. Sie hatte Ansprechpartner, die ihr sagen konnten, welche Texte wo erschienen waren. Aber aktiv mitmachen? Das denn doch nicht. »… Ich finde es besser als irgendwelche anderen Hobbys, die man haben könnte und die man heute hat«, schrieb sie 1981, und später sprach sie von »… den Heftchen, die die immer 'rausbringen …« Die Donaldisten nannte sie »Mickymaus-Fanclub …« Aus jedem anderen Mund wäre das eine Beleidigung gewesen. Micky Maus ist ja nur eine gezeichnete Figur, ein langweiliger Besserwisser, den so ein amerikanischer Filmmogul und Kommunistenfresser erfunden hat. Donald Duck hingegen existiert. Die Informationen über seine Biografie sind zwar unvollständig und widersprüchlich, aber das Gleiche gilt bekanntlich auch für Shakespeare. Da muss man eben forschen und – vor allem – spekulieren.

Für den Fuchs-Forscher ist *Der Donaldist* auf jeden Fall eine wichtige Quelle. Was wir über Erika Fuchs wissen, stammt zum großen Teil aus Zeitschriften- und Zeitungsartikeln sowie aus Rundfunksendungen. Die Donaldisten haben das über viele Jahre liebevoll gesammelt. Dabei ist das Niveau der dokumentierten Berichte extrem unterschiedlich. So ein Zeitungsartikel ist ja nicht für die Ewigkeit gedacht. Viele Journalisten haben auch einfach voneinander abgeschrieben. Wenn sie Frau Fuchs interviewten, dann stellten sie nicht immer sehr interessante Fragen. Aber man erfährt doch einiges. Und letztlich müssen wir auch nicht alles wissen. Das Entscheidende ist, dass wir wie die zehn Knechte im Lukasevangelium mit unserem Pfund wuchern. Auch in Publikationen wie *Frau im Spiegel* (circa 1982, HD 36) kann man schöne Entdeckungen machen: Erika Fuchs liebte die Arbeit in ihrem Garten. Das hatte ich mir schon gedacht, aber es ist gut, solche Vermutungen bestätigt zu finden.

Im *Donaldist* Nr. 67 fand man ein erfrischend ehrliches Interview mit Dorit Kinkel auf der Buchmesse 1989. Kinkel trug nach Frau Fuchs den Titel einer Chefredakteurin des Mickymaushefts. Das war aber kein Ehrentitel wie bei ihrer Vorgängerin, sie managte wirklich das Tagesgeschäft in der Redaktion. Hier erfuhr man knallharte kommerzielle Fakten über die Produktion der Zeitschrift. Dabei fiel auch der folgende Satz: »Glauben Sie, ich ändere einen Fuchs-Text? An die Fuchs'schen Texte wird nicht rangegangen, da kriegen auch alle von mir auf die Finger geschlagen.« Ich wünsche mir, dass Frau Kinkel schon für diese Sätze in das Paradies kommt. Wir können also davon ausgehen, dass die Fuchs-Texte auf jeden Fall in der Ära Kinkel, die bis 1990 dauerte, nicht verändert wurden, von kleineren Druckfehlern und Problemen mit dem Platz in der Sprechblase vielleicht einmal abgesehen.

Aber das sind alles Beispiele für den sogenannten äußeren Donaldismus. Wesentlicher ist der innere Donaldismus. Da spielt Erika Fuchs die Rolle eines Mediums. Wie die Pythia vom Orakel von Delphi verkündete sie die Wahrheit und nichts als die Wahrheit. Die Lebensaufgabe eines Donaldisten ist es, diese Wahrheit zu ergründen und zu interpretieren. Donaldisten bezeichnen sich selbst als Wissenschaftler, doch ihre Wissenschaft ähnelt oft mehr der Theologie als der Atomphysik. Verständlicherweise wurden die Fragestellungen im Laufe der Jahre immer komplexer. Es begann mit Grundlagenforschung. Das wichtigste Beispiel dafür ist die Frage, wo Entenhausen überhaupt liegt.

Betrachten wir das folgende Bild:

Onkel Donald ist zu Fuß an die Riviera. Da ist er auch angekommen. Er hat nämlich diese Postkarte nach Entenhausen geschrieben. In anderen Geschichten fährt er aber mit seinem kleinen roten Auto zum Fluss Ohio oder nach Kanada zum Lachsfischen. So etwas, und das sind nur drei von vielen Beispielen, ist noch kein Widerspruch, aber es bedarf doch einer aufwendigen Erklärung. Sherlock Holmes hat einmal in einem von Dr. Watson zitierten Zeitschriftenartikel Folgendes geschrieben:

»Aus einem Wassertropfen könnte ein Logiker auf die Möglichkeit eines Atlantik oder eines Niagara schließen, ohne von diesen gehört oder sie gesehen zu haben.« Aus einer Postkarte kann ein Donaldist auf die Möglichkeit eines Planeten schließen: Ein gewisser Hans von Storch – erstaunlicherweise kein Pseudonym – behauptet, dass Entenhausen in einem Paralleluniversum liegt. Den Himmelskörper, auf dem die Enten leben, nennt er Stella Anatium. Ich habe es gerade im Wörterbuch von Stowasser nachgeschlagen, das Wort »stella« kann tatsächlich nicht nur Fix-, sondern auch Wandelsterne bezeichnen.

Eine andere Theorie besagt, dass Entenhausen in der Zukunft liegt, nach dem großen Atomkrieg. Das erklärt auf jeden Fall die radioaktive Verseuchung Entenhausens, wo man schmutzige Kinder mit dem Geigerzähler sucht.

Die Ducks sind durch die Radioaktivität mutierte Hausenten, die zur Spezies Quackus sapiens gehören. (Andere Autoritäten sagen jedoch, sie stammen direkt vom Archaeopteryx ab, weil sie wie dieser Zähne haben.) Erika Fuchs ist im Falle eines zukünftigen Entenhausens jedenfalls eine Futorologin, so wie Michel Nostradamus, der bekanntlich Dinge wie die Londoner Feuersbrunst von 1666, die Französische Revolution, den Luftverkehr und die beiden Kennedy-Attentate korrekt vorhergesagt hat.

Hier eine kleine subjektive Auswahl von donaldistischen Fragestellungen:

Warum sieht man bei den Enten manchmal Zähne? Eine populäre Antwort darauf ist, dass die Zähne normalerweise in den sogenannten Fehlmann'schen Kaspeln verborgen sind und nur in Augenblicken höchster Erregung herausgeschoben werden.

Warum pflanzen sich die Ducks mit Drillingen fort, die aber nicht von den Eltern, sondern von den Onkeln und Tanten aufgezogen werden? Meine persönlichen Ansätze für eine Lösung dieses Problems kommen aus der Biologie: Die Entenhausener Gesellschaft ist eher sexualfeindlich. Vielleicht ist das ja eine durch venerische Krankheiten wie Aids bewirkte evolutionäre Adaption. Für Drillinge muss ein Vogel einfach seltener vögeln. Und angenommen, der Vater von Tick, Trick und Track war ein eineiiger Drillingsbruder von Donald Duck, dann ist dieser genetisch mit den Drillingen genauso verwandt, wie er es mit eigenen Kindern wäre. Da ist es sinnvoll, sich die Arbeit zu teilen, der eine zeugt die Kinder, der andere zieht sie auf. Populär ausgedrückt, ist eben auch hier Blut dicker als Wasser. Doch Erika Fuchs hat auch von klassischen Eltern-Kind-Beziehungen berichtet:

Für die, die ihn nicht erkennen: Das ist Donald Duck in der Verkleidung eines Elfenbeinernen Damenspechts.

Warum tragen nur die weiblichen Ducks Schuhe? So ganz stimmt das nicht. Beim Deichfest tragen Donald und Gustav problemlos holländische Tracht mit Holzschuhen. Aber in der Regel gehen sie tatsächlich barfuß.

Wie unterscheidet Donald eigentlich seine Neffen? Er ist dabei fast unfehlbar, auch wenn er sie nur hört, oder wenn sie nicht ihre normale Kleidung tragen. Auch auf die beiden letzten Fragen findet man in den Donaldistenheften Antworten von verblüffendem Scharfsinn.

Wie in allen anderen Wissenschaften gibt es im Donaldismus irrelevante und uninteressante Forschungen. Nicht alles ist für den Professor-Püstele-Preis geeignet. Sherlock Holmes hat zum Beispiel eine Monografie über Tabakasche geschrieben. Die war sicher bahnbrechend, aber doch nur eine Lektüre für wenige Insider. Die Scholastiker haben sich gefragt, wie viele Engel auf einer Nadelspitze tanzen können. Mich interessiert das eigentlich nicht. Man muss den Donaldismus an seinen Erfolgen messen und nicht an seinen Misserfolgen. Die Angelsachsen kennen »Sturgeon's Law«: »Ninety percent of everything is crap« (= Schrott, Bullshit). Das gilt auch für den Donaldismus. Das gilt sogar für die Fuchs-Übersetzungen.

KARTEN HASS' ICH WIE DIE PEST!

Der Stadtplan von Entenhausen

Die Karte, die oben im Bild zu sehen ist, hat eigentlich nicht viel mit dem zu tun, worum es in diesem Kapitel gehen soll, aber sie ist mit einer hübschen Spekulation verknüpft, die ich doch loswerden möchte. Das Bild stammt aus der Geschichte »Donald Duck auf Nordpolfahrt« (USA 1949, Deutschland 1953). Die Karte ist eine echte Wikingerkarte von Nordamerika, die viele Jahrhunderte vor Kolumbus gezeichnet wurde. Sie ist eines der wertvollsten Dokumente auf der ganzen Welt. Erika Fuchs hatte im Nebenfach mittelalterliche Geschichte studiert, sie wusste, welche Sensation ein solcher Fund gewesen wäre. Im Jahr 1957 tauchte dann in Barcelona genau so eine Karte auf. Sie ist heute als »Vinland-Karte« bekannt. Lawrence Witten, ein Antiquar aus Connecticut, brachte sie nach Amerika und machte damit genau wie Donald Duck das Geschäft seines Lebens. Allerdings wird die Vinland-Karte von vielen Spezialisten für eine gute Fälschung gehalten. Könnte es nicht sein, frage ich mich, dass die Idee zu dieser Fälschung von einem Leser des Comics stammte? Die Ähnlichkeiten sind offensichtlich, und das Zeitfenster von 1949 bis 1957 ist nicht sehr groß, aber doch ausreichend. Als die Geschichte 1967 beim Ehapa Verlag nachgedruckt wurde, haben bestimmt einige aufmerksame Leser fälschlich vermutet, dass sie von der ja gerade erst zehn Jahre zurückliegenden Entdeckung der Vinland-Karte inspiriert war.

Aber jetzt langsam in einer Spirale hin zum eigentlichen Thema. Auf den irischen Theologen James Ussher (1581 bis 1656) geht der sogenannte Ussher-Lightfood-Kalender zurück. In seinem Buch *Annales veteris testamenti, a prima mundi origine deducti* stellte er 1650 auf vielen Hundert Seiten eine genaue Chronologie unserer Welt auf. Sie beginnt mit der Schöpfung durch den HErrn am Sonntag, dem 23. Oktober 4004 v. Chr. (Zugrunde gelegt wird hier der alte Julianische Kalender des Julius Caesar, der allerdings zur Zeit von Adam und Eva womöglich noch nicht eingeführt war.) Der siebte Tag, der Ruhetag, also der 29. Oktober, war somit tatsächlich ein Sonnabend/Sabbat. Ussher hat seine Bibel und andere Bücher sehr gründlich gelesen. Deshalb wusste er zum Beispiel, dass Methusalem 969 Jahre alt wurde und noch mit 187 seinen Sohn Lamech zeugte. (Siehe Genesis 5.) Aus sehr vielen solchen Angaben folgt dann mit gewaltig viel Scharfsinn die komplette Chronologie. Andere Autoren wie Johannes Kepler und Isaak Newton kamen zu ähnlichen, aber im Detail leicht abweichenden Ergebnissen.

Ein Geistesverwandter von Newton, Kepler und Ussher ist der bayerische Exilberliner Jürgen Wollina. Erika Fuchs hat ihn und seine Forschungen noch kennengelernt. In einer ihrer letzten Übersetzungen heißt sogar ein Sportartikelgeschäft nach ihm.

Damit hat sie ihm sozusagen das Imprimatur erteilt. Wollina hat die Werke von Erika Fuchs so sorgfältig studiert wie Ussher das Alte Testament. Ende 2008 hat er nach 13-jähriger intensiver Arbeit den *einzig wahren Stadt- und Umgebungsplan von Entenhausen* vollendet. Das war ein Medienereignis ersten Ranges. Überall wurde davon berichtet. Natürlich haben Journalisten in der Regel keinen Schimmer von dem, was sie erzählen, aber in diesem Fall wurde der Richtige gepriesen. Eines sollte man vielleicht gleich am Anfang festhalten: Bei Disney gibt es keine präzisen internen Vorschriften, wie Entenhausen auszusehen hat. Das wurde schon immer den Autoren überlassen. Natürlich gab es da einen vagen Konsens, aber nicht mehr.

Worin besteht nun die Leistung von Wollina? Er hat alle Duck- und Düsentrieb-Geschichten von Carl Barks in der Erstübersetzung von Erika Fuchs untersucht und daraus Rückschlüsse auf die Geografie Entenhausens gezogen. Bis auf wenige Ausnahmen hat er kaum andere Quellen berücksichtigt. Bei so etwas lässt sich etwas Willkür natürlich nie ganz vermeiden. In Zweifelsfällen hat Wollina mal so und mal so entschieden. Zum Beispiel ist Micky Maus dem Herrn Duck wohlbekannt, auch wenn die beiden in den alten amerikanischen Geschichten nie zusammen aufgetreten sind:

Trotzdem ignoriert Wollina die Platanenallee, die in einer *Micky-Maus*-Episode von Barks und Fuchs vorkommt. Auch die von Barks gezeichneten Titelbilder interessieren ihn nicht, obwohl da auch so interessante Bauwerke wie ein Leuchtturm zu sehen sind.

Andererseits akzeptiert er sogar die Straße »An der Schallmauer«, obwohl die zugehörige hundsmiserable Geschichte von Barks nicht gezeichnet, sondern nur getextet und nicht einmal von Fuchs übersetzt wurde.

Wollinas Ansatz war es, zunächst von den Karten auszugehen, die in den Episoden vorkommen:

Da hatte er schon einmal einen Grundstock von kartografischen Informationen. Das reichte aber bei Weitem nicht. Deshalb ging er jede, wirklich jede, Barks/Fuchs-Geschichte systematisch durch und vermerkte die kartografisch relevanten Tatsachen. Dazu musste er Tausende von Comicseiten mit circa 40 000 Einzelbildern bearbeiten. Seine Skizzen, es waren hunderte, setzte er dann wie ein gigantisches Puzzle zusammen. Natürlich funktionierte das. Sonst wäre er ja nicht in die Zeitung gekommen. Eine kommerzielle Veröffentlichung des Stadtplans – leider ohne Straßennamen – erfolgte im August 2010.

Ob dieser Stadtplan das letzte Wort über Entenhausen ist, soll jeder selbst entscheiden. Wollina hat damit zunächst nur bewiesen, dass Entenhausen widerspruchsfrei ist. In der Sprache der Mathematik ausgedrückt, hat er nur die Existenz, aber nicht die Eindeutigkeit gezeigt. Vielleicht könnte man die Puzzleteile ja auch noch anders zuammenbauen. Zum Beispiel identifiziert er das kleine Oval in der Mitte des links abgebildeten Stadtplans als die Entenhausener Kathedrale, das Münster.

Das kommt einem durchaus plausibel vor, doch eigentlich sind christliche Kirchen immer in West-Ost-Richtung ausgerichtet und nicht wie das Oval in Nord-Süd-Richtung. Hier könnte natürlich trotzdem der Ort der Kathedrale zu finden sein, keine Regel ohne Ausnahme, aber Zweifel sind ja nicht verboten. Wenn Wollina genau das Gleiche mit den amerikanischen Originalen gemacht hätte, wäre vermutlich auch ein konsistenter Stadtplan herausgekommen, allerdings ein völlig anderer. Schauen wir uns einmal dieses Bild an:

Wie man sieht, hat Duckburg als amerikanische Stadt nummerierte Straßen, nicht genau nach dem Schema von New York, aber doch ganz ähnlich. Wenn es eine sechste Straße gibt, dann implizit auch eine erste, zweite und so weiter. Bei Erika Fuchs ist der Ort dieses Polizeieinsatzes die Kaiserstraße. In der Kaiserstraße findet man bei ihr aber auch das Hauptpostamt, das bei Carl Barks wiederum die Adresse 23 Skidoo Street hat. Erika Fuchs' »Westpark« ist bei Wollina natürlich im noblen Entenhausener Westend gelegen, doch im Original heißt er »Southside Park«, müsste also irgendwo im Süden zu finden sein. Überhaupt ist das bei Fuchs mehrfach erwähnte Westend, obwohl es vielleicht an London erinnert, eine rein deutsche Angelegenheit. Die Übersetzerin hat da vermutlich an die vornehme Berliner Villenkolonie gleichen Namens gedacht. Sie hat zwar immer auch viel aus München übernommen, da ist das Westend allerdings ein altes Arbeiterviertel in Oktoberfestnähe. Das passt weniger. Es gibt jedenfalls keine Eins-zu-eins-Korrespondenz des amerikanischen Duckburg und des deutschen Entenhausen. Wollinas Magnum opus beschreibt also wirklich nur das deutsche Entenhausen der Erika Fuchs.

Nachprüfen kann man so eine Monsterarbeit freilich nur stichprobenmäßig. Generell muss man sagen, dass Wollina eher Indizien als Beweise gefunden hat. Die Entenhausener Universität zum Beispiel verlegt er an den Fluss. Richtig ist, dass die Universität eine Rudermannschaft hat.

Das sind wie in Oxford, Cambridge oder Harvard anständige Burschen mit starkem Haarwuchs, die ihrer Alma Mater keine Schande machen wollen. Es könnte natürlich sein, dass die Universität tatsächlich direkt an der Gumpe (dem großen Entenhausener Gewässer) gebaut wurde, doch vielleicht steht da auch nur das Bootshaus.

Richtig begeistert hat mich allerdings eine weitere Stichprobe. Wo liegt Schwartenkrachdorf? Dabei handelt es sich um eine Nachbargemeinde von Entenhausen. Von einem Dorf will ich sicherheitshalber nicht reden, Erika Fuchs hat da einmal mit Recht zur Vorsicht gemahnt: »Düsseldorf heißt ja auch Düsseldorf und ist kein Dorf. Hihi!« Schwartenkrachdorf kommt in einer Übersetzung von 1959 vor. Bäckermeister Bullerjahn ist für acht Tage dorthin zu seiner Schwiegermutter gefahren, und Donald Duck vertritt ihn währenddessen in der Backstube. Natürlich geht das am Ende derartig schief, dass Herr Duck schließlich seine Arbeitsstelle kündigen muss:

Aus dem vorhergehenden Teil der Episode wissen wir, dass dieses Bild am frühen Abend entstanden ist. Der Vollmond geht wie die Sonne im Osten auf und im Westen unter. Also rennt der kleine Herr Duck hier ziemlich genau nach Süden. Somit liegt Schwartenkrachdorf in etwa südlich von Entenhausen, und wie wir sehen, muss man schon etwas laufen, um dorthin zu kommen. Genau so hat Wollina es auch lokalisiert. Ich weiß nicht, wie er seinerseits darauf gekommen ist, aber er hat recht.

Man sieht hier auch wieder einmal, wie Erika Fuchs Entenhausen auf subtile Art an die deutschen Verhältnisse (zur Zeit der Übersetzung) angepasst hat. In Nordamerika gibt es zwar Bäcker, aber keine Bäcker*meister*. Herr Bullerjahn hingegen ist natürlich der klassische deutsche Handwerksmeister. Er ist wohl schon etwas älter, denn sein Schwiegervater scheint bereits tot zu sein. Sonst würden wir ja nicht ausdrücklich gesagt bekommen, dass er seine Schwieger*mutter* besucht. Bei Erika Fuchs versteckt sich manchmal ein ganzer Roman in zwei Wörtern.

Vieles musste Wollina aber auch weglassen, weil er es nicht lokalisieren konnte. Er hat nichts dazuerfunden. Zum Beispiel gibt es in Entenhausen eine Brauerei, vermutlich sogar mehrere, ungefähr so wie in München, wo Erika Fuchs schon als Studentin diverse Jahre gelebt hatte. Balthasar Brandbichl, den wir links unten im Bild sehen, besitzt eine Großbrauerei. Wie bei Fuchs fast nicht anders zu erwarten, hat sie sich das doch sehr bayerisch klingende Brandbichl nicht selbst ausgedacht. Es ist kein nachweisbarer Familienname, aber zum Beispiel heißt ein Berg beim Salzburger Stadtteil Liefering so. Vielleicht ist sie da im Urlaub einmal vorbeigekommen?

In Entenhausen gibt es 1958 sogar ein Städtisches Altersheim für Bierkutscher. Das bedeutet natürlich nicht, dass das Bier damals noch mit Pferdefuhrwerken ausgeliefert wurde, die Senioren können ja schon älter gewesen sein, doch lässt es auf eine umfassende rezente und historische Brauereiinfrastruktur schließen. Davon ist indes überhaupt nichts im Stadtplan von Wollina zu finden. Vermutlich war ihm klar, dass es eine Brauerei geben muss, aber er war zu ehrlich, als dass er sie einfach irgendwo auf Verdacht eingebaut hätte.

Jetzt, am Ende dieses Kapitels, fällt mir übrigens noch jemand ein, der mit Wollina viel gemeinsam hat: Johann Gustav Hermes (1846 bis 1912) war ein deutscher Gymnasiallehrer. Im Jahr 1894 legte er seine Konstruktion des regelmäßigen 65 537-Ecks mit Zirkel und Lineal vor. Daran hatte er mehr als zehn Jahre gearbeitet, wobei wohl noch nicht berücksichtigt ist, dass er sich in seiner Doktorarbeit, für die er ganze sechs Jahre brauchte, bereits mit verwandten Fragen beschäftigt hatte. Dass die Konstruktion theoretisch möglich ist, hatte schon der große Carl Friedrich Gauß gezeigt, ihre explizite Durchführung erforderte aber noch zusätzliche Arbeit. Ich weiß nicht, ob Hermes jemals ein komplettes 65 537-Eck konstruiert hat. Wenn wir einmal eine fiktive Seitenlänge von einem Millimeter annehmen, dann hätte das nämlich einen Durchmesser von circa 23 Metern. Ein Bild dieses Polygons auf einer Buchseite würde exakt wie ein Kreis aussehen.

In einer Rede im Jahr 1899 konstatierte Hermes: »Geduld ist die Pforte der Freude.« Wie wahr. Schalen Genüssen muss man natürlich manchmal entsagen, wenn man solche Freuden kennenlernen will. Der wahre Forscher bringt Opfer.

Der einzig wahre Stadt- und Umgebungsplan von Entenhausen wird in Fachkreisen vermutlich nie hundertprozentig akzeptiert werden. Es gibt beispielsweise fundierte Zweifel, ob die Hafenanlagen groß genug eingezeichnet sind. Dass aber Entenhausen ungefähr so aussieht, glauben wir alle. Aus dem Paradies, das Erika Fuchs uns geschaffen, soll uns niemand vertreiben können.

DIE KIRSCHEN IN DER MITTE

Mit Erika-Fuchs-Zitaten durchs Leben

Wie bei Luther, Goethe und Shakespeare ist das Hauptergebnis der literarischen Tätigkeit von Erika Fuchs das Zitat. »Weiche von mir, Satan!« – »Amerika, du hast es besser.« – »Gut gebrüllt, Löwe.« Mit solchen Sentenzen bekommen wir in jeder Diskussion Oberwasser. Was beliebte Fuchs-Zitate von ihren klassischen Vorgängern unterscheidet, ist, dass sie meistens besonders viel Dekonstruktion und Ironie enthalten. Die Geschichten, die Erika Fuchs übersetzt hat, sind oft Parabeln. Erika Fuchs bestreitet die unausgesprochene oder auch ausgesprochene Moral in der Regel nicht, aber mit ihrer Wortwahl drückt sie dann doch noch eine gewisse Distanz aus. Wir lernen etwas, trotzdem dürfen wir darüber nicht vergessen, dass es im Leben keine Patentrezepte gibt. Jeder Einzelfall ist anders. Was wir schwarz auf weiß besitzen, dürfen wir keineswegs getrost nach Hause tragen, und sei es das Schlaue Buch der Pfadfinder vom Fähnlein Fieselschweif.

Zu einem Zitat gehört natürlich, dass man es aus dem Zusammenhang reißt. Mit Zitaten kann man jeden Gedanken unterfüttern. Es verstärkt aber die Freude an einem Zitat, wenn man den Zusammenhang kennt. Ich möchte ja auch dazu anregen, Erika Fuchs zu lesen. Einige praktische Vorschläge dazu findet man an anderer Stelle. Hier in diesem Kapitel führe ich völlig subjektiv ein paar meiner Lieblingszitate vor und erläutere sie aus dem Kontext. Nur den Büchmann zu geben und die Übersetzerin auf ein paar Sätze zu reduzieren, das reicht mir nicht.

Zitat: Dem Ingeniör ist nichts zu schwör.
Anlass, bei dem man das verwenden könnte: Ernst H. plant, den Rasenmäher zu reparieren.

Das ist das bekannteste aller Fuchs-Zitate. Es kommt im Kanon mehrfach vor, aber doch nicht oft. Erika Fuchs hat sich erstaunlich selten wiederholt. Ihr ist immer wieder etwas Neues eingefallen. Natürlich hat sie Running Gags getreulich mit ebensolchen übersetzt, aber sie hat nicht geschichtenübergreifend neue geschaffen. Überraschenderweise stammt der Satz überhaupt nicht von ihr. Es ist in Wirklichkeit nur die erste Zeile des »Ingenieurliedes« von Heinrich Seidel (nach der Melodie von »Krambambuli«):

Ingenieurlied

1. Dem Ingenieur ist nichts zu schwere,
er lacht und spricht: »Wenn dieses nicht, so geht doch das!«
Er überbrückt die Flüsse und die Meere,
die Berge unverfroren zu durchbohren ist ihm Spaß.

Er türmt die Bögen in die Luft,
er wühlt als Maulwurf in der Gruft,
kein Hindernis ist ihm zu groß,
er geht drauf los!

2. Den Riesen macht er sich zum Knechte,
des wilder Mut, durch Feuersglut aus Wasserflut befreit,
zum Segen wird dem menschlichen Geschlechte –
und ruhlos schafft mit Riesenkraft am Werk der neuen Zeit.
Er fängt den Blitz und schickt ihn fort
mit schnellem Wort von Ort zu Ort,
von Pol zu Pol im Augenblick
am Eisenstrick!

3. Was heut sich regt mit hunderttausend Rädern,
in Lüften schwebt, in Grüften gräbt und stampft und dampft und glüht,
was sich bewegt mit Riemen und mit Federn,
und Lasten hebt, ohn Rasten webt und locht und pocht und sprüht,
was durch die Länder donnernd saust
und durch die fernen Meere braust,
das alles schafft und noch viel mehr
der Ingenieur!

4. Die Ingenieure sollen leben!
In ihnen kreist der wahre Geist der allerneusten Zeit!
Dem Fortschritt ist ihr Herz ergeben,
dem Frieden ist hienieden ihre Kraft und Zeit geweiht!
Der Arbeit Segen fort und fort
ihn breitet aus von Ort zu Ort,
von Land zu Land, von Meer zu Meer –
der Ingenieur.

Heinrich Seidel, 1871

Erika Fuchs war mehr als fünfzig Jahre mit einem Diplomingenieur verheiratet. Der war aber weder ein braver Brückenbauer wie der im Lied noch ein total verrückter Daniel Düsentrieb, auf den ja ihr Zitat gemünzt ist. Er war wie der Liedtexter Heinrich Seidel ein Ingenieur, der auch literarische Interessen hatte. Manchmal hat er seiner Frau mit Klassikerzitaten ausgeholfen. Das Ingenieurlied ist ein Studentenlied. Studierte waren sie beide, Erika und Günter Fuchs. Vielleicht hat er diesen Satz mit in die Ehe eingebracht.

Man verwendet den Spruch natürlich besonders gern, wenn man den Ingeniör gerade nicht loben will. Mein Lieblingsbeispiel in diesem Zusammenhang ist das zeilenfreie Fernsehen. Anfang der 1960er-Jahre war das der neueste Trend in der Fernsehtechnik. Da bei uns gerade die Anschaffung des ersten Glotzkastens anstand, habe ich mich damals natürlich mit so etwas beschäftigt. Kurz gesagt, mit dieser Technik wurde die Zeilenstruktur des Bildes verwischt. Da dadurch die Auflösung des Bildes nicht verbessert wurde, hatte man beim üblichen Sehabstand aber keinen wahrnehmbaren Vorteil davon. Immerhin wurden sehr schöne Namen für dieses Feature erfunden. Philips verwendete die aufwendige Spotwobbeltechnik, Saba die Sabavisions-Scheibe und im Arbeiter- und Bauernstaat DDR arbeitete man mit »Videoklar«. Das konnten sich natürlich nur die verdienten Kader leisten. Viele Tausend Ingenieurstunden wurden für etwas verschwendet, was bald wieder unterging wie ein Kreuzer im Bermudadreieck.

Auch Düsentrieb hat viele vergleichbare Apparate erfunden, man denke nur an das Tassenhebezeug (vorne rechts im Bild):

Irgendwann in einer anderen Geschichte kommt aber auch Düsentrieb zur richtigen Einsicht. Er kann zwar einen Apparat bauen, der alle Antworten weiß. Er kann aber nicht alle Fragen kennen. Das ist eine Erkenntnis von fast schon Gödel'schem Tiefsinn. Dem Ingeniör ist nichts zu schwör, von allen wirklich wichtigen Dingen einmal abgesehen.

Zitat: Du bist naiv, Onkel Donald! Das sind doch dressierte Delphine!
Anlass, bei dem man das verwenden könnte: Edmund S. kauft sich bei Jörg H. in Klagenfurt eine Bank.

Weil Donald Duck dringend Geld braucht, will er einen seltenen Fisch an das Entenhausener Aquarium verkaufen. Er möchte zwanzig Taler, aber man bietet ihm nur einen: **Ja mein lieber Herr, danach geht's nicht.** Daraufhin verlegt er sich auf Delfine, denn die werden besser bezahlt. Er denkt, er muss ihnen nur einen Fisch hinhalten, dann springen sie ihm in sein Netz. So wie die Delfine im Aquarium durch einen Reifen springen. Aber eigentlich ist seine Naivität noch viel fundamentaler. Es kann nicht einfach sein, einen Delfin zu fangen, sonst würde man ja nicht so viel Geld dafür bekommen.

Unser Freund Olaf ist auch naiv. Von allen Menschen, die ich kenne, ähnelt er Donald Duck am meisten. Als er vor Jahren beschlossen hatte, seine 10 000 Videokassetten auf DVD zu brennen, wollte er als Erstes gleich 10 000 DVD-Rohlinge kaufen. Die hätte er dann pro Stück nämlich mit Mengenrabatt nicht für zehn, sondern für neun Euro fünfzig bekommen. Das viele gesparte Geld hätte er dann komplett in seiner Lieblingssorte Pfeifentabak angelegt. Da wollte ihm die Frau vom Schreibwarenladen an der Ecke ebenfalls einen Sonderpreis machen. Erfolgreiche Geschäftsleute dürfen sich auch mal was gönnen. Olaf ist übrigens ein Asket (von seinem Videokonsum mal abgesehen), der am Tag zwei bis drei Pfeifen raucht. Aber Donald Duck hat seine Neffen, und Olaf hat mich. Wir vier müssen uns manchmal den Mund fusslig reden, um gewisse Illusionen zu zerstören. Und wie hat das alles geendet? Donald Duck hat mit schierem Glück eine Unmenge Delfine gefangen. Olaf wurde von einer Zecke gebissen und verkauft jetzt regelmäßig sein Blutplasma mit den Antikörpern für viel Geld an einen Professor von der Universität. Erika Fuchs hatte ein wunderbares Leben. Sie konnte viel reisen und sich ihre Übersetzerarbeit einfach mitnehmen. Nur ich Klugscheißer sitze zu Hause und bin grün vor Neid, dass es solche naiven Glückspilze auf der Welt gibt.

Zitat: Onkel, Onkel, das Tischbein brennt.
Anlass, bei dem man das verwenden könnte: Ulrich V. entdeckt in der Winternacht nach dem Zusammenstoß mit dem Rehbock, dass er statt des Handys eine Fernbedienung mitgenommen hat.

Eine Kettenreaktion kann furchtbar enden. Das Attentat in Sarajewo zerstört einen ganzen Kontinent. Island ist so was von pleite, weil die Amerikaner alle fünf Badezimmer haben wollen. Es gibt ein schönes englisches Sprichwort: »For the want of a nail the kingdom was lost.« Weil ein Hufnagel fehlte, verlor das Pferd in der Schlacht ein Eisen. Das kostete letzten Endes den König sein Reich. So ungefähr ist es auch mit dem Tisch. Das Bügeleisen entzündet das Tischbein, worauf der Tisch kippt und Frau Meiers unersetzliche Glasmenagerie durch Frau Müllers Fleischwolf gedreht wird. Aber das ist erst der Anfang von Donalds Martyrium. »You ain't seen nothing yet.« Das Schöne an diesem Zitat ist natürlich, dass es so kryptisch ist. Erika Fuchs hat gerne kleine Dramen inszeniert. Das Original ist mehr beschreibend: »It's set the table legs on fire.« Das ist im erzählerischen Zusammenhang in Ordnung, lässt sich aber nicht so gut separat verwenden.

Zitat: Wenn's nicht anders geht, mit Feuer.
Anlass, bei dem man das verwenden könnte: Hajo A. zündet ein Streichholz an, weil er in der dunklen Besenkammer den Becher mit dem Fleckenwasser nicht findet.

Wenn man diesen Satz liest, weiß man sofort, dass es erstens doch anders ginge und zweitens trotzdem mit Feuer enden wird. Donald Duck ist kurzzeitig Direktor eines Hotels. Aber er ist ja alles immer nur kurzzeitig, außer Onkel und naiv. Versehentlich legt er statt eines Schecks über zehn Millionen den Zettel mit der Kombination in den Hotelsafe. Dann greift er zum Feuer, zum Schneidbrenner. Das Hotel verfügt aber nicht nur über einen guten Safe, sondern auch über eine sehr gute Sprinkleranlage, die jegliches Feuer im Keim erstickt. Der Hoteltester, der gerade anonym testet, wird aus seinem Zimmer geschwemmt und spricht einen weiteren unsterblichen Satz:

Erika Fuchs war eine gebürtige Norddeutsche, die zwar lange in Bayern lebte, aber doch nie die typisch bayerische Neigung zur Kraftmeierei übernahm. Die Sprechblase im obigen Bild demonstriert sehr schön, wie sie mit geradezu britischem Understatement Komik erzeugen konnte. Abgesehen von diesem kulturellen Aspekt, ist es auch einfach enorm praktisch, wenn man im Familienalltag einfach nur »Beschwerde Nummer drei« sagen muss.

Zitat: Ist das was zum Essen oder zum Einreiben?
Anlass, bei dem man das verwenden könnte: Frau Barbara S. hat ein Rezept für Porreetorte aus dem Ökotestheft nachgekocht.

Misstrauen gegenüber unbekannten Nahrungsmitteln ist ja eigentlich eine ganz vernünftige Einstellung. Wir lehnen ab, was wir nicht kennen, weil wir das Risiko nicht abschätzen können. Familie Duck hat

500 Packungen von den staubigen, aber vertrauten Hicks-Haferflocken aufgegessen, weil man dann für die Schachteldeckel ein Geschenk bekommt. Die Neffen wählen die vollautomatische Spiegelreflex-Unterwasserkamera. Sie hätten besser das elektrische Kopfmassagegerät genommen, nichts hat man in der Familie Duck manchmal so nötig wie eine gründliche Kopfmassage. Zum Glück für uns Leser entstehen solche Einsichten aber immer erst nach den Abenteuern. Man fliegt nach Schottland, um für einen Wettbewerb das Ungeheuer von Loch Less unterwassermäßig zu fotografieren. Das Ungeheuer ist aber sehr furchterregend. Der Fotograf Donald Duck benötigt deshalb ein Aufputschmittel:

Der Fachmann empfiehlt Haggis. Man sieht das Behältnis bereits im Bild, direkt über dem linken Neffen. Haggis ist eine Art Wurst aus Schafsinnereien, die etwas gewöhnungsbedürftig ist. So etwa wie der

Pfälzer Saumagen. **Ob Haggis, Baggis oder Schnaggis, wir kaufen es.** Der schottische Nationaldichter Robert Burns hat den Haggis einmal in einem Gedicht besungen, das wie folgt anfängt:

Address to a haggis

Fair fa‘ your honest, sonsie face,
Great chieftain o' the puddin-race!
Aboon them a' ye tak your place,
Painch, tripe, or thairm:
Weel are ye wordy of a grace
As lang's my arm.
...

Haggis, oral angewandt, entpuppt sich tatsächlich als eine Medizin, von der man mutig wird: **Nach diesem Gericht gibt es sicher nichts mehr auf der Welt, wovor ich mich fürchte.** Manchmal ist es gut, wenn man seine Xenophobie überwindet. Haggis schmeckt auch nicht schlimmer als Higgs-Haferflocken. Die Fotos des Seeungeheuers misslingen aber trotzdem, weil der Fotograf zu mutig wird und nur undefinierbare Nahaufnahmen abliefert.

Zitat: Ich muss mich auf das niedrige Niveau meines Gegners begeben.
Anlass, bei dem man das verwenden könnte: Herr Timm K. von nebenan hat sich jetzt auch einen Hummer H3 gekauft.

Ein sehr nützliches Zitat und eigentlich immer anwendbar. Die Heuchelei in diesem Satz besteht eigentlich nur in dem gar nicht ausgesprochenen »leider«. Hier redet Donald Duck. Es könnte aber genauso gut

Dagobert Duck oder Gustav Gans sein. In Entenhausen ist Fairplay ein Fremdwort. Donald will zum größten Kinderfreund der Stadt gewählt werden. In einem verbissenen Kampf auf niedrigstem Niveau besiegt er seinen Rivalen Gustav. Besiegt? George Orwell hätte vielleicht geschrieben: »Siegen ist Verlieren.«

Zitat: Siesta zu halten ist doch viel gesünder als Eisenbahn zu fahren.
Anlass, bei dem man das verwenden könnte: Justina W. hat keine Lust, die Steuererklärung zu machen.

Donald Duck und die Neffen verschlägt es in das Land Vulkanien mit der Hauptstadt Los Vulcanos. Wo Vulkanien liegt, erfahren wir nicht, doch man trägt dort Sombreros und hört auf Namen wie Pablo oder Pedro. Die Ducks würden ja gerne mit der Eisenbahn wieder heimfahren, aber Fahrkarten gibt es nur für hohe Beamte und Nationalhelden. Nur mit viel Glück entgeht Herr Duck der Hinrichtung wegen Hochverrats. **Alle Ausländer sind Hochverräter.** Sagt jedenfalls der Geschworene.

Diese Geschichte stand zeitweilig auf der schwarzen Liste des Disney-Konzerns und durfte nicht neu gedruckt werden. In den 1970er-Jahren war man nämlich politisch korrekt geworden, und wenn der Ami so etwas macht, dann macht er es auch gründlich, etwa so gründlich wie Klosettbrillen zu desinfizieren oder Vitamine zu schlucken. Ist diese Geschichte nun eine Beleidigung für die – vermuten wir mal – Mexikaner? Meiner bescheidenen Meinung nach ist es eine viel größere Beleidigung, den Mexikanern Humorlosigkeit zu unterstellen. Ich habe fast das Gefühl, dass man damals bei Disney bereits die Vorstellung, nicht US-amerikanisch zu sein, als besonders beleidigend empfunden hat. Egal, in Deutschland wurde die Vulkanien-Geschichte trotzdem weiter nachgedruckt. Honi soit qui mal y pense.

Zitat: … lauteres Gold in sandhaltigen Flözen handlicher Mächtigkeit, aber in geringer Saigerteufe.
Anlass, bei dem man das verwenden könnte: Olaf G. hat einen Roman geschrieben und träumt jetzt insgeheim vom Bestsellerruhm.

Ob diese Formulierung bergmännisch Sinn ergibt, darüber will ich gar nicht spekulieren. Sie zeugt auf jeden Fall davon, dass die (sogenannte) Übersetzerin sich über das entsprechende Vokabular informiert oder hat informieren lassen. Das ist nicht genau das, was im amerikanischen Original steht, aber es ist auf jeden Fall sehr poetisch. Das Wort »Saigerteufe«, auch »Seigerteufe«, ist vielleicht das obskurste Wort, das Erika Fuchs jemals verwendet hat. Es bezeichnet im Bergbau die vertikale Tiefe, gemessen vom oberen Rand eines Schachts oder auch eines geneigten Stollens. Als Dagobert Duck es hier gebraucht, bekommt er von seinem Neffen auch gleich die angemessene Replik: **Red nicht so geschwollen!** In der zugehörigen Geschichte entdecken die Ducks die sagenhafte Goldgrube der Inkas. Sie tragen dabei spanische Ritterrüstungen, genauer gesagt, Brustpanzer, die ihnen bis zu den Füßen reichen. Das veranlasst die Inkasoldaten zu einem weiteren wunderbaren Zitat:

Zitat: Plutokraten verstehen etwas von den Genüssen des Lebens.
Anlass, bei dem man das verwenden könnte: Präsident Bill C. erfindet eine neue Verwendungsmöglichkeit für Zigarren.

Etwas vulgärer ausgedrückt: **Raffinierte Brüder, diese Kapitalisten!** Das sagen die Panzerknacker über Dagobert Duck. Dabei wissen sie noch gar nicht, wie raffiniert er sie gleich anschließend über den Löffel balbieren wird. Die Panzerknacker stehen in einem symbiotischen Verhältnis zu dem reichen Bankier. Sie finden es keineswegs unmoralisch, dass er so viel Geld besitzt, sie wollen es nur für sich haben. Wie ein Hooligan, der seinem Libero Lieder singt, besitzen sie genau das gleiche Wertesystem wie ihr Idol. Umgekehrt benötigt Generaldirektor Duck die permanente Bestätigung durch die kriminelle Unterschicht, um seelisch ausgeglichen zu bleiben. Bei seinem ersten Auftreten war er noch greisenhaft krumm und unleidlich. Vermutlich hat ihn erst der Börsengang der Panzerknacker AG verjüngt wie einen alten Hund, der wieder mit auf die Jagd darf.

Das Zitat sollte man aber auch richtig einordnen. Erika Fuchs hat die Panzerknacker mehrfach mit Naziattributen versehen, und im Dritten Reich hat man gerne im Zusammenhang mit Juden oder Engländern von Plutokratie geredet. Der Begriff selbst ist aber neutral. Mit Plutokratie – Herrschaft der Reichen – kann man zum Beispiel auch das alte preußische Dreiklassenwahlrecht beschreiben. Außerdem gebrauchen die Panzerknacker den Terminus eher falsch. Das ist nur ein dummes Schlagwort, das sie irgendwo aufgeschnappt haben. Dagobert Duck hat nur geringen Einfluss in der Politik. Meistens ist er ihr Opfer, wenn er wieder einmal Steuern zahlen muss. Wie ein begossener Pudel steht er im folgenden Bild vor dem Entenhausener Bürgermeister, der wie meistens ein Schwein ist, und genießt das Leben überhaupt nicht:

So sieht kein Plutokrat aus. Anders als in unserer Welt springt man wenigstens in Entenhausen mit den Bankern so um, wie sie es verdient haben.

Zitat: Jedenfalls sind zehn Fehlstarts hintereinander ein sehr interessanter Beweis für unsere Theorie von der natürlichen Überlegenheit des Dezimalsystems.
Anlass, bei dem man das verwenden könnte: Der Grobmotoriker Jacob W. versucht eine winzige Betablockertablette an der Sollbruchstelle auseinanderzubrechen.

Wie sich später in dieser Episode herausstellt, ist der Grund für die zehn Fehlstarts mit Kosten in drei- bis vierstelliger Millionenhöhe allerdings nicht das Dezimalsystem, sondern die Sabotage durch einen Wissenschaftler, der bereits auf den ersten Blick wie ein ausländischer Spion aussieht. Über die Theorie der Entenhausener Gelehrten, die versuchen, die zehn Fehlstarts mit dem Dezimalsystem zu erklären, ist viel spekuliert worden. Vielleicht hat das ja etwas mit den zehn Dimensionen der Superstringtheorie aus der modernen Physik zu tun. Man kann mit Fug und Recht sagen, dass uns Erika Fuchs kein größeres Rätsel hinterlassen hat.

Der Satz ist besonders verwirrend, weil die Bewohner Entenhausens in der Regel nur acht Finger besitzen, also eigentlich mit dem Oktalsystem rechnen sollten. Man muss aber zur Kenntnis nehmen, dass Erika Fuchs kein Gefühl für Zahlen hatte. Einmal behauptete sie, dass zwei Taler bei einem Zins von 50 Prozent in sechzig Jahren inklusive Zinseszins auf 300 Taler anwachsen. In Wahrheit sind es allerdings 49 024 624 956 Taler.

Erika Fuchs und Carl Barks sind übrigens beide jeweils fast hundert Jahre alt geworden. Sie hätten beinahe das Dezimalsystem besiegt.

Zitat: Umlüx cyzk bcojfsk gu!
Anlass, bei dem man das verwenden könnte: Heinz G. hat bei einem Ebay-Anbieter aus Taiwan einen besonders preiswerten Blu-ray-Player erstanden.

Dieser Satz ist Kubistanisch. Im amerikanischen Original lautet er bemerkenswerterweise: »Umlx cyzk bcoufsk goo.« Sogar das hat sie übersetzt. Anscheinend gibt es unterschiedliche Transkriptionen des Kubistanischen. Wir schreiben ja auch Tschechow und nicht wie die Amerikaner Chekhov. Der Satz steht in einer Gebrauchsanweisung für ein Mehl aus den Duck'schen Kunstmühlen. Es gibt nur Spekulationen, was das bedeuten könnte. In Entenhausen weiß man natürlich, wo Kubistan liegt, nur wir Leser wissen das nicht. Immerhin ist bekannt, dass die Vokabel »gu« auch in der Sprache eines Schneemenschen aus dem Hindukusch vorkommt. Ein begeisterter Anhänger von Donald Duck und Erika Fuchs hat vor vielen Jahren einmal alle Botschaften in Bonn angeschrieben und gefragt, was »Umlüx cyzk bcojfsk gu« in ihrer Heimatsprache bedeutet, aber er konnte das Rätsel so auch nicht lösen.

Zitat: Die Ware zischt. Das ist ungewöhnlich.
Anlass, bei dem man das verwenden könnte: Herbert S. hat den angebrochenen Karton Champagne Krug Grande Cuvée etwas zu schwungvoll in den Kofferaum geworfen.

Bäckerumschüler Donald Duck übernimmt vertretungsweise eine Bäckerei. Mit den betriebwirtschaftlichen Grundlagen seines neuen Berufs kennt er sich gut aus: **Wenn ich ein paar Löffel von diesem und jenem mit hineintu, werden die Brötchen vielleicht schmackhafter. Und schmackhaftere Brötchen für weniger Geld bedeutet steigenden Umsatz und höhere Gewinne.**

Auch die hohe Schule des Backens meistert er grandios:

Zart wie Zephirsgesäusel ist ein herrlicher Ausdruck, der Erika Fuchs auch erst im zweiten Anlauf eingefallen ist. Zephir oder Zephyr ist übrigens der Gott des Westwindes, der zum Beispiel auf Botticellis bekanntem Gemälde »Die Geburt der Venus« links oben zu sehen ist.

Für die große Entenhausener Bäckerausstellung backt Duck Brötchen. Damit sie schön locker werden, tut er Hefe, Backpulver, Hirschhornsalz und Natron in den Teig. Das ergibt knusprige und federleichte Brötchen, die die Schiedsrichter begeistern. Aber die Ware zischt. Schon an dieser Stelle der Erzählung weiß man, es werden schreckliche Dinge geschehen. Es ist einfach zu viel Treibstoff in den Brötchen. Fuchs-Zitate sind oft nur für Eingeweihte verständlich, so wie manche Bezeichnungen im Cockney-Slang. Man sagt: »Die Ware zischt.« Und meint eigentlich: »Das wird böse enden.«

Zitat: Ob er wohl Messer und Gabel mitgenommen hat?
Anlass, bei dem man das verwenden könnte: Der frischgebackene Doktor Klaus H. hat eine Postdoc-Stelle in Tromsø ergattert.

Das »wohl« ist ein typisches Fuchs-Wort. Da schwingt immer viel Skepsis mit. »Borgst du uns wohl deinen Fotoapparat, Onkel Donald? – Ich kann mich beherrschen.« Messer und Gabel stammen aus einer besonders berühmten und geliebten Szene in einem Donald-Comic. Donald Duck fälscht den Lageplan eines Uranbergwerks und verführt damit den arglosen Gustav Gans zu einer Fahrt ins nördliche Eismeer. Auf zwei Seiten sehen wir dann, wie sein Gewissen langsam erwacht. Die zweite Seite endet mit: »Eisberge und Eisbären! Ob Eisbären wohl Menschen fressen?

Schrecklich! Schrecklich!« Man beachte übrigens, dass für Erika Fuchs die Ducks immer Menschen waren. Jedenfalls in Augenblicken großer emotionaler Tiefe.

Einige Zeit später kommt dann nach vielen schlimmen Erlebnissen der folgende erschütternde Dialog. Donald: »Ach ich bin und bleibe ein Unglücksrabe! Warum? Warum?« – Gustav: »Warum? Weil du eine Karte gefälscht hast.« Nur in der antiken Tragödie findet man noch solche Szenen. Die Geschichte hat aber ein gutes Ende, wie man unten sieht.

Zitat: Sicher, sicher – aber es war alles ganz legal.
Anlass, bei dem man das verwenden könnte: Die Garage von Familie A. wurde während eines Urlaubs abgerissen, weil das Grundbuchamt die Kriegelsteinerstraße und die Krögelsteinerstraße verwechselt hatte.

In einer weiteren Nordmeergeschichte erfahren wir viel über das Wesen der Juristerei. Aufgrund eines uralten Gesetzes, von Fuchs *Codex Raptus* genannt, wird derjenige Kaiser von Amerika, der einen gewissen goldenen Helm besitzt. Hier liegt Entenhausen ungewöhnlicherweise in Amerika.

Egal, im Kampf um den goldenen Helm spielt der hinterlistige Justizrat Wendig jedenfalls eine bedeutende Rolle, allerdings als Winkeladvokat und nicht, wie sein Titel vermuten ließe, als Beamter. Erika Fuchs liebte solche Titel. Man findet bei ihr auch den Ökonomierat Dagobert Duck, die Frau Geheimrat Holzstock (»Die hat Haare auf den Zähnen!«) und die Frau Bergassessor Bollmann. Gerade weil sie ihren eigenen Titel hatte, konnte sie sich über Ehefrauen amüsieren, die den ihren nur erheiratet hatten. Der Herr Wendig spricht bestes Juristenlatein. Von ihm lernen wir folgende Prinzipien:

> Flicus, Flacus, Fumdideldacus! – Wie wollen Sie das Gegenteil beweisen?
> Hocus, Locus, Jocus! – Wer zuerst kommt, mahlt zuerst.
> Jocus, Krocus, Spocus! – Wer zahlt, befiehlt.
> Sicus, Picus, Sellericus! – Da haben wir den Salat!
> Cluncus, Buncus, Scuncus! – Gesetz ist Gesetz!
> Pumpus, Pincus, Malepartus! – Guter Rat ist teuer.

Die Ducks sind lernfähig. Sie können sich in dem neuen Idiom gleich perfekt ausdrücken:

> Tristus, Trastus, Terrorismus! – Jetzt fängt das Theater zum dritten Mal an.
> Schnaptus, Claptus, Totalraptus! – Onkel Donald ist wahnsinnig geworden.
> Ixus, Pixus, Nixus! – Mir langt's jetzt!
> Hocus, Pocus, Verschwindicus! – Jawohl!

In einem Interview hat Erika Fuchs einmal erwähnt, dass sie in dieser Geschichte ganz bewusst Anspielungen auf die Zeit des Dritten Reichs untergebracht hat. Der Herr Justizrat Wendig ist, wie der Name schon sagt, der totale Opportunist, der für ein gutes Honorar jedem dient. Sein Klient Berengar Bläulich will in Amerika »die Macht ergreifen« und wie Hitler seine Feinde »ausradieren«. Wendig regelt dabei die juristischen Aspekte, damit alles ganz legal bleibt. Die Übersetzung stammt von 1954. Ob die kindlichen Leser damals diese Anspielungen wohl verstanden haben?

Zitat: 5 Doppelportionen gegrillte Goldfasanenbrust, mit Pfauenzungen garniert! Und auch sonst alles, was dazu gehört! Von der Suppe bis zum Käse! – Schlagsahne auf dem Käse gewünscht? – Selbstredend, mit einer Kirsche in der Mitte! – Kirsche kostet 5 Taler extra! Vorzüglich! Dann bitte je zwei Kirschen!
Anlass, bei dem man das verwenden könnte: Erasmus H. bestellt bei seiner Mutter das Abendessen.

Dieser Dialog spielt sich im Restaurant des Grand Palast Hotels in Entenhausen ab. Namensgeber der Luxusherberge war vielleicht das 1932 abgerissene Palast-Hotel am Potsdamer Platz in Berlin. Auch das nahe gelegene Hotel Esplanade wurde einmal in einer anderen Übersetzung verarbeitet.

Die Ducks müssen einmal unbedingt ganz viel ausgeben, weil der Geldspeicher überquillt, deshalb das teure Essen. Die Pfauenzungen entstammen natürlich der Küche des alten Rom, wo man die Verschwendung bis zum Exzess getrieben hat. Wie viele Pfauen muss man wohl töten, um sich an ihren Zungen satt zu essen? Bei Erika Fuchs wird der Luxus normalerweise nie vergöttert. Alles ist von solider handwerklicher Qualität. Das Bett ist aus Nussbaum und die Herrenoberbekleidung aus reiner Schurwolle. Wenn sie den Konsum als Statussymbol liebte, dann hat sie es vor uns gut verborgen. Über Exzesse hat sie sich immer lustig gemacht, wie man schon an der fragwürdigen kulinarischen Qualität des obigen Menüs sieht. Als Lohn für eine besondere Leistung bekommt man schon einmal eine Luxuslimousine und muss sich dafür auch nicht schämen, aber im nächsten Heft ist dann doch wieder alles beim Alten.

Das Lieblingsessen des großen Carl Barks war übrigens Hackbraten.

Zitat: Nur keine Sentimentalitäten!
Anlass, bei dem man das verwenden könnte: Der Irish Setter von Frau Dr. Isolde U. hat beim Gassigehen ein Loch in das Verdeck des Chevrolet Bel Air Impala von Klaus D. gebissen.

Einmal benötigt Donald Duck einen Fotoapparat für »wissenschaftliche Aufnahmen«. Deshalb erwirbt er eine gebrauchte Kamera. Diese stammt von der Witwe eines Naturforschers, der von einem Löwen gefressen wurde. Das kommentiert Herr Duck mit unserem Zitat. Dieses Detail hat die Übersetzerin sich einfallen lassen. Das Prinzip, nach dem sie erzogen wurde, war »Man stellt sich nicht an«. Zu ihren besten Übersetzungen zählen aber gerade die, wo sich doch jemand anstellt. Ein Beispiel sehen wir im Bild auf Seite 320. Dagobert Duck hat seinen Neffen für dreißig Kreuzer in der Stunde engagiert, damit dieser für ihn jammert:

Zitat: Ja, ha! Das ist so seine Art.

Anlass, bei dem man das verwenden könnte: Olaf G. schwört Stein und Bein, dass ihm sein Macintosh während der Nacht die Rechtschreibung seiner Texte verändert.

Das Pferd heißt »Satan«. Nomen est omen. Donald Duck will seinen Neffen beweisen, dass er ein gelernter Cowboy ist. Kinder haben ja manchmal so eine Art, den angemessenen Respekt vor den Erziehungsberechtigten vermissen zu lassen. (Meine übrigens auch.) Man begibt sich deshalb auf die Farm von Onkel Willibald Wasserhuhn, um den Beweis anzutreten. Kurz danach spricht Erika Fuchs dann nicht mehr von einer Farm, sondern von einer Ranch. Sie hatte nie den Ehrgeiz, uns Lesern die Feinheiten der englischen Sprache beizubringen. Sie las zwar gerne englische Klassiker, aber nur als Privatvergnügen. Vielleicht hat der Setzer im Verlag aus dem eigentlich fuchstypischeren »Bauernhof«

eine Farm gemacht, weil gerade in dieser Sprechblase besonders wenig Platz war. Das ist so die Art der Verlage. Ich glaube nicht, dass Erika Fuchs Korrekturfahnen von ihren Arbeiten bekommen hat, wo sie solche Kleinigkeiten noch korrigieren konnte.

Jedenfalls wählt Donald genau das Pferd, von dem Onkel Willibald mit typisch Entenhausener Understatement abrät: »Der ist ein bisschen tückisch.« Man kann befürchten, dass das nicht gut geht. Tut es auch nicht. Tick, Trick und Track kommentieren die laufenden Ereignisse wie der Chor in der antiken Tragödie. »Gib ihm bloß kein Lasso, Onkel Willibald! Davon versteht er noch weniger als vom Reiten.« Stimmt. Am Ende hat Donald Duck ein Brandzeichen am Bürzel und übt das Reiten auf einem Schaukelpferd.

Zitat: So was tötet Trichinen selbst hinter Tresortüren und treibt noch Taubstumme ins Irrenhaus.
Anlass, bei dem man das verwenden könnte: Bei der Fußgängerampel am Sechzigerstadion hat man immer gefühlte zehn Minuten lang Rot, und dann versperrt ein Brummi mit Anhänger den Blick aufs Ampelmännchen.

Die Rede ist von einem Plüschaffen, der ein Beckenpaar (Tschinellen, englisch »clash cymbals«) gegeneinanderschlägt, wenn man ihn am Schwanz zieht. Dagobert Duck hat eine Million von diesen Schellenaffen produzieren lassen und keinen einzigen davon verkauft. Das wundert ihn sehr: **Das Ding ist genauso geschmacklos und teuer, wie es die Leute haben wollen.** Wie sich herausstellt, kommt der Misston von einer schlimmen Aliquotstimmen-Dissonanz. Immerhin kann man damit die Spatzen von den Denkmälern im Stadtpark vertreiben.

Zitat: Das kann nur der Riese Goliath.
Anlass, bei dem man das verwenden könnte: Hans A. soll den kaputten Stuhl in der Küche endlich leimen.

Dieses Zitat haben wir im Familienkreis etwas abgewandelt. In Wahrheit lautet es so:

Manchmal kann man Erika Fuchs auch noch verbessern, auch ohne dass man ein rhetorischer Goliath ist. Erstaunlicherweise hat sie dann in der Zweitübersetzung von 1965 den schönen Satz vom Riesen Goliath durch das banale »Ja, Kleines, da ist guter Rat teuer.« ersetzt. Was soll man davon halten?

Heute wissen vermutlich 99 Prozent der Mickymausleser nicht mehr, wer der Riese Goliath war, aber 1965 gehörte das noch zur Allgemeinbildung. Unser Religionsunterricht zu dieser Zeit war so, wie ich mir heute eine Koranschule vorstelle. Der Philister Goliath wurde uns als historische Person vorgeführt wie, sagen wir mal, Alexander der Große. Westdeutschland war ein christliches Land. Wer wie mein Vater seine Zweifel hatte, der hat einfach seinen Mund gehalten. Der Scheiterhaufen war aber bereits abgeschafft. Unsere Volksschule auf dem Land war zweiklassig. Eine Lehrerin für die Kleinen und ein Lehrer für die Großen. Die mussten schon aus organisatorischen Gründen evangelische Christen sein. Am Sonntag hat der Lehrer in der Kirche die Orgel geschlagen. Wir Konfirmanden haben den Blasebalg betätigt. Mitten in Entenhausen steht 1967 übrigens eine imposante gotische Kathedrale. Hier wird Orgel gespielt, und es werden Glocken geläutet, man erfährt aber nicht zu Ehren welchen Gottes.

Zitat: Onkel Donald, deine Fantasie schlägt Blasen.
Anlass, bei dem man das verwenden könnte: Ernst H. hat gerade darauf hingewiesen, dass sich ein 19-jähriges Kind manchmal auch selbst ein Nutellabrot schmieren kann.

O Wunder des nächtlichen Sternenhimmels! Wohl dem, der von einem Kenner in die Geheimnisse des Alls eingeführt wird! Genau das geschieht in dieser Geschichte. Mit einer von Daniel Düsentrieb gebauten Fantasiermaschine begeben sich Donald Duck und seine Neffen auf eine Reise in das All. Donald ist der Führer, die Kinder können nur zuschauen. Die Blasen seiner Fantasie enthalten aber nur Luft. Er stellt sich alles wie auf der Erde vor, nur größer und nochmals größer. Die Drillinge sagen mit Recht: **Dem haben sie seine Fantasie in der Schule abgetötet.** Eine sehr komische Geschichte ist es aber allemal. Und das Zitat ist auch gut zu gebrauchen.

Zitat: Ich werde … meiner Liebhaberei, der Chemie, etwas frönen.
Anlass, bei dem man das verwenden könnte: Erasmus H. (19) hat im Drogeriemarkt ein Deo entdeckt, das wie Red Bull riecht.

Dieser Satz von Donald Duck lautet im amerikanischen Original: »I'll work on my chemicals for awhile!« Man sieht wieder einmal, wie die Übersetzerin gerne auch die Sprachebene geändert hat. Natürlich spricht im richtigen Leben niemand so wie die Ducks. Aber genau das ist das Entscheidende. Die Zeichnungen der Ducks sind Karikaturen. Erika Fuchs erkannte – bewusst oder unbewusst –, dass dazu auch eine karikatureske Sprache gehört. Ihre Texte sind doppelt so wahr wie die Wahrheit. Wer lebensähnliche Sprache will, soll sich einen Fernseher kaufen. Vor Kurzem habe ich in einem Artikel des ansonsten von mir sehr geschätzten Willi Winkler die etwas abschätzige Formulierung »das papierne Deutsch von Micky-Maus-Übersetzungen« gelesen. Der Mann hat recht. Donald Duck ist ein erwachsener Mann, so etwa zwischen 25 und 35, die reden nicht so. Die *Demoiselles d'Avignon* von Picasso sehen auch nicht aus wie richtige Frauen. Erika Fuchs hat da wie der Chemiker Duck einen ganz neuen Sprengstoff entdeckt.

Schau, schau … Ich hab' einen neuen Sprengstoff entdeckt. Damit werd' ich gleich einmal die Ratten von unserem Boden vertreiben.

Zitat: Ich möcht' aber lieber was Größeres sein.
Anlass, bei dem man das verwenden könnte: Markus S. wird Abgeordneter für Nürnberg-West im Bayerischen Landtag.

Unter den Eingeweihten, die alle Geschichten von Erika Fuchs und Carl Barks in- und auswendig kennen, ist das einer der beliebtesten Sätze. Donald Duck nimmt seinen Neffen eine angebliche Hypnotisierpistole ab. In Wirklichkeit ist das eigentlich ein harmloses Spielzeug. Bei seiner Arbeit als Schuldeneintreiber versucht er vergeblich, damit ein verkommenes Subjekt namens Kasimir Kapuste zu hypnotisieren, wird aber stattdessen selbst hypnotisiert. Zuerst ist er ein Pelikan, danach ein Huhn. Als Huhn möchte er dann unbedingt etwas Größeres sein. Er steht so ungelenk da wie Kaspar Hauser bei seinem Auftauchen in Nürnberg: »A söchtener Reuter möcht i wern, wie mein Voater gwen is.«

In Entenhausen weiß man aber nie, wie es ausgeht. Und diesmal geht es gut aus. Nicht für Kasimir Kapuste, der es auch nicht verdient hätte, aber für Duck. Er wird etwas Größeres. Der dumme Kapuste suggeriert ihm, er sei ein Gorilla. »Auch ein Gorilla kann Schulden eintreiben. Uuah, uuah!« Und das tut er dann auch und rächt sich für die erlittene Unbill. Wenn so nur alle Kapustes dieser Welt ihren gerechten Lohn bekämen!

Zitat: Plötzlich versteh' ich auch den Lehrsatz von der kurzfristigen Bilanzschwebe und der kreditabwürgenden Unsicherheitstheorie.
Anlass, bei dem man das verwenden könnte: Der Versandhändler Gustav Sch. aus Fürth dreht sich im Grab herum.

Donald Duck arbeitet gerade einmal als Haarkünstler. Er ist ein wahrer Einstein unter den Friseuren. Und es hat sich herumgesprochen, dass für ihn nichts unmöglich ist. Ein etwas dümmlich aussehender Student möchte sein Aussehen verändern:

»Wissen Sie, meine Braut schwärmt für Intellektuelle, für Eierköpfe, wie man so sagt.« Der Meister verschafft ihm einen Eierkopf aus Schaumstoff und Glatzenlack:

Im Jahr 2008 hat auch bei uns die Zeit begonnen, wo die Unsicherheit jeglichen Kredit abwürgt und die Bilanzen schweben wie Flaumfedern im Entenstall, den der Marder besucht hat. Den Lehrsatz hat Erika Fuchs schon 1964 entdeckt. Hätten wir nur auf sie gehört! Im Original ist der Herr übrigens kein Ökonom, sondern ein Mathematiker, der vom baryzentrischen Kalkül schwafelt. Über die Investmentbanker hat Oma Duck schon früher alles gesagt: **Ein Kojote ist und bleibt ein Hühnerdieb!**

Zitat: Die grünliche Verfärbung des Gesichts zeugt von starkem Schuldbewusstsein.
Anlass, bei dem man das verwenden könnte: Die Hefekringel mit Schokoladenglasur sind nicht auffindbar, und Nelly H. hat einen dunklen Flecken an der Nase.

Das sagt ein »Nervenarzt«, der bei der Polizei im Einsatz ist. Der Herr Doktor dürfte aber eher ein Psychoanalytiker sein, er kommt nicht mit einer Arzttasche, sondern mit einer praktischen zusammenklappbaren Couch. Seine Diagnose fällt er gleich beim ersten Blick auf seinen Patienten. Da es sich aber dabei, wie er zunächst nicht merkt, um einen grünen Alligator handelt, sind da doch gewisse Zweifel angebracht. Das Zitat lässt sich eigentlich immer verwenden, außer der Angesprochene steht gerade vor einem Spiegel und kann die Farbe seines Gesichts nachprüfen. Die Behauptungen der meisten Freudianer sind ähnlich schwer widerlegbar.

Zitat: Können Sie den Quatsch verstehen? – Nicht die Bohne!
Anlass, bei dem man das verwenden könnte: Dr. Guido W. besucht die Opernfestspiele in B.

Die Stadt Entenhausen verleiht alljährlich einen Preis für den schönsten Schneemann, der vom Bürgermeister vergeben wird. So etwas ufert natürlich gerne aus. Selbst der berühmte Bildhauer Pissinasso aus Rom nimmt teil. Sein Kunstwerk trägt den Titel *Spähender Faun*. Der Bürgermeister heuchelt Begeisterung:

Man darf sich ja keine Blöße geben. Im leisen Gespräch des Stadtoberhaupts mit seinem Begleiter fallen aber dann die oben zitierten Worte. Diese herbe Kritik hat Pissinasso jedoch nicht verdient. Wenn mir jemand erzählt hätte, dass der *Spähende Faun* von Henry Moore stammt, ich hätte ihm das sofort geglaubt. Man schaue sich zum Beispiel Moores *Locking Piece* (Duisburg, Wilhelm-Lehmbruck-Museum) an. Das ist keinen Deut kühner und dynamischer. Egal, der welsche Meister Pissinasso hat sowieso keine Chance. Erfolgreiche Politiker sind bodenständig und populistisch. Der Preis geht fast an ein langweiliges naturalistisches Standbild von Erasmus Erpel, dem allseits verehrten Gründer Entenhausens. Nur eine Explosion verhindert das. Sieger werden dann die frommen kleinen Brösels, arme Kinder, die in der schmutzigen Fabrikvorstadt ohne Vater aufwachsen und das Preisgeld bitter nötig haben. **Das ist endlich ein Bildwerk von erhabener Einfalt und schlichter Größe!**, sagt der Bürgermeister über ihre *Schneekönigin*, und wo er recht hat, hat er recht.

Zitat: Graf Zeppelin wurde auch ausgelacht.
Anlass, bei dem man das verwenden könnte: Andrea T. eröffnet im Arbeiterviertel Giesing ein Spezialgeschäft für italienische Designerzahnpasta.

In der Geschichte, aus der diese unumstößliche Wahrheit stammt, arbeiten die Drillinge Tick, Trick und Track als Assistenten von Herrn Düsentrieb und sind »sehr stolz darauf«. Ihr ignoranter Onkel entgegnet zwar noch: »Düsentrieb ist kein Graf Zeppelin! Er ist weiter nichts als ein armer Irrer.« Er muss sich dennoch damit abfinden, dass die Kinder die Seite gewechselt haben: **Der Name Duck wird zum Gespött der Leute. Entsetzlich!**

Manche Zitate hat der Volksmund geändert. »Ein politisch Lied, ein garstig Lied«, das steht so nicht wörtlich im *Faust*, es ist aber eingängiger, wenn man es separat verwendet. Genauso sind manche Zitate nicht von Fuchs, sondern nur frei nach Fuchs. Das obige Bonmot lautet nämlich eigentlich so:

Ein wirklich zukunftweisender Erfinder war der aeronautische Graf eigentlich nicht. Seine Starrluftschiffe sind ausgestorben wie der Brontosaurus. Deswegen war es eine besondere Perfidie der Übersetzerin, ihn hier einzubauen und nicht Rudolf Diesel oder Christoph Kolumbus. In einer späteren Übersetzung wird Donald Duck übrigens selbst zum Erfinder: **Ich fühle mich … wie Dr. Liebig kurz vor der Erfindung der künstlichen Fleischbrühe. Zündende Ideen und brisante Einfälle schießen mir durch den Kopf.**

Zitat: Dieser sogenannte Schriftsteller ist ein Rabauke, weiter nichts.
Anlass, bei dem man das verwenden könnte: Wenn die Söhne von Frau B. aus dem dritten Stock nachts um halb drei ihre Anlage anwerfen, dann hört man leider immer nur die Bässe.

Im Bild sehen wir den sogenannten Schriftsteller:

Es ist ein sehr kultivierter Mensch namens Theophil mit einer Frisur wie Peter Handke. Er schreibt noch mit der Gänsefeder, vermutlich Gedichte, und trägt Pantoffeln. Jeder würde sich so jemanden zum Nachbarn wünschen.

Der neue Mieter der Nebenwohnung, der Herr Duck, verdächtigt ihn aber – völlig zu Unrecht – der nächtlichen Ruhestörung. Das führt zu einer solchen Eskalation des Krachmachens, dass der Greis im Obergeschoss tatsächlich meint, der Dritte Weltkrieg sei ausgebrochen. Er sägt ein Loch in seinen Fußboden und beendet den Konflikt mit der schrecklichsten aller Sonarwaffen, einem Alphorn. **Niemand kann den Ton eines Alphorns aus der Nähe hören, ohne Schaden zu nehmen. WOMP!** Auch Peter Handke, der vermutlich genauso noch mit Gänsefedern schreibt, kann einen ganz schönen Radau machen, wie man weiß. Ein weiteres schönes Zitat aus dieser Episode ist **Aufgeben, was? Kenne diese Brüder! Wenn man ernst macht, geben sie klein bei.**

Zitat: Es wird noch manch' Scharmützel setzen.
Anlass, bei dem man das verwenden könnte: Ein Sohn wird geboren oder der Internetprovider gewechselt.

Im Jahr 1956 erschien das Buch *The Search for Bridey Murphy* des Amerikaners Morey Bernstein. Darin schilderte er, wie sich eine Hausfrau, die er Ruth Simmons nannte, unter Hypnose an ein früheres Leben im irischen Cork erinnerte. Das Werk wurde ein Bestseller und erschien auch auf Deutsch in verschiedenen Ausgaben. Dieser angebliche Fall einer Reinkarnation erregte natürlich die Spökenkieker auf der ganzen Welt. Carl Barks reagierte auf diesen Unfug mit seiner Geschichte »Reise in die Vergangenheit«. Darin werden Donald und Dagobert auch hypnotisiert und suchen dann nach einem Schatz, den sie 1564 als Seeleute im Dienste von Elisabeth I. auf einer Insel nordwestlich von Trinidad vergraben haben. Dagobert war im 14. Jahrhundert der Offizier Sir Dagobert, Donald nur ein Bootsmann. Für die beiden hat Erika Fuchs eine schöne altertümliche Sprache erfunden, für die unser Satz ein Beispiel ist.

Zitat: Darf ich Sie um eine kleine Gabe für eine Kinderbescherung bitten? – Gern! Wie viel Kinder brauchen Sie denn? – Immerhin eine schlagfertige Antwort!
Anlass, bei dem man das verwenden könnte: Jedes Jahr kommt die alte Nonne und bittet um eine milde Gabe für die Caritas, obwohl ich nie Mitglied ihrer Kirche war.

Das verhärmte Paar im Bild rechts hat, wenn man nachzählt, mindestens elf Kinder. Von der natürlichen Überlegenheit des Dezimalsystems hat es offensichtlich noch nichts gehört. Mich erinnert diese Szene ein wenig an den Monty-Python-Film *Der Sinn des Lebens*. Hier spielt Michael Palin im ersten Teil einen katholischen Arbeiter aus Yorkshire, der seine 63 Kinder für wissenschaftliche Experimente verkaufen muss, weil er

seine Arbeit verloren hat. Aber das ist wohl nur eine zufällige Ähnlichkeit. Im Vereinigten Königreich haben Disney-Comics nie eine große Rolle gespielt. Es gab sie, aber sie haben kaum Spuren hinterlassen.

Eine kleine Kuriosität möchte ich noch erwähnen: Ich besitze ein Comicalbum, das vom Amerikanischen ins Englische übersetzt wurde. Hier steht zum Beispiel statt »Mailman Mike« »Postman Pete«. Bei Fuchs ist das viel kauziger der »wackere Hilfspostbote Säbelbein«. Den hat sie übrigens genauso wenig erfunden wie oben den omnipotenten Ingeniör. Ein altes Gedicht von Heinrich Schäffer beginnt nämlich so:

Der Posthilfsbote Säbelbein
Lädt für Berlin Pakete ein.
Der Hilfspackmeister Livius
Schaut treulich, wie er soll und muß,
Ob auch der Hilfsbot' Säbelbein
Lädt für Berlin Pakete ein.
…

Monty Python bestand, abgesehen von Terry Gilliam, aus Engländern, sorry, stimmt nicht, aus Briten. Steven Spielberg ist Amerikaner. Er wurde tatsächlich von diversen klassischen Dagobert-Duck-Geschichten beeinflusst. Elemente daraus hat er in seinen *Indiana-Jones*-Filmen eingebaut. Doch das nur am Rande.

Auch wenn man wie ich und Erika Fuchs jeweils nur mit zwei Kindern gesegnet ist und nicht mit elf oder 63, möchte man den Nachwuchs manchmal ganz gerne für eine Kinderbescherung spenden. Aus dem folgenden Buchtitel spricht viel Erfahrung:

Es ist natürlich alles relativ. Verglichen mit Otto Normalknabe sind Donalds Neffen eigentlich noch sehr gutartig. Leider ist *Behandlung schwererziehbarer Knaben* bei uns im Buchhandel nicht erhältlich. Ich bräuchte den Band dringend. Von schwer erziehbaren Knaben ist im englischen Originaltext übrigens nicht die Rede. Da heißt es nur *Child Raising*.

Zitat: Wir pfeifen auf Pomade, auf Seife, Kamm und Schwamm! Und bleiben lieber dreckig und wälzen uns im Schlamm!
Anlass, bei dem man das verwenden könnte: Camilla H. behauptet, dass der Schnupftabak (Amostrinha von den Gebrüdern Bernard in Sinzing) ihres Mannes eine Riesensauerei ist.

Man muss nicht lange fragen, wer das so siegesbewusst und stolz in der Brust singt. Selbst die Musterknaben Tick, Trick und Track rebellieren manchmal, wenn auch nur ganz selten. Hier schwören sie der Sauberkeit ab wie die Eidgenossen der Knechtschaft: **Wir wollen sein ein einig Volk von Brüdern, in keiner Not uns waschen und Gefahr!** Wie nicht anders zu erwarten, scheitern die drei Schmutzfinken am Ende dieser Episode tragisch. Das Wort Pomade war 1957, als die Übersetzung entstand, bei uns auf dem Dorf eher ungebräuchlich. Meine Mutter hat mir allenfalls die Haare mit Brisk Frisiercreme gebändigt, damit ich beim Kirchgang einen guten Eindruck machte. Brisk gibt es immer noch. Elvis Presley hat Pomade der Marke Royal Crown verwendet, aber Elvis kannten wir kaum. Das war mehr jemand für die Großstadtjugend. Ob Tick, Trick und Track Haare besitzen, die man kämmen kann, weiß ich nicht. Dagobert Duck kämmt sich jedenfalls die Koteletten, ehe er seine Jugendliebe besucht.

Zitat: Man sollte sich gar nicht erst Mühe geben, freundlich zu sein!
Anlass, bei dem man das verwenden könnte: George W. B. ist überhaupt nicht freundlich zu den Einwohnern von Mesopotamien.

Vielleicht hat Donald Duck das ja aus seinem Erziehungsratgeberbuch. Es ist seine Reaktion auf die Reinlichkeitsrebellion der Drillinge. Er sagt es, als seine Neffen sich weigern zu baden, obwohl er ihnen sogar eine Handvoll Lavendelbadesalz spendiert hat. Erstaunlich übrigens, dass man in einem Männerhaushalt ausgerechnet Lavendel so schätzt. Könnte da ein weiblicher Übersetzer am Werk gewesen sein? Ich habe der Vollständigkeit halber nachgeschaut, obwohl ich mir auch so sicher war. In der Tat ist im Original nur von »perfumed crystals« die Rede. Wieder einmal hat Erika Fuchs ein anschauliches Detail ergänzt. Aus dem obigen Zitat spricht viel Erfahrung. Es gibt aber auch die sehr seltenen Sekunden des Glücks, die einen für vieles entschädigen. Dann sagt man Sätze wie diesen: **Elternfreuden! Welch köstliche Belohnung wird uns bisweilen für unsere Mühen zuteil!**

Zitat: Wir schwimmen aus Idealismus.
Anlass, bei dem man das verwenden könnte: Das vorliegende Buch wurde natürlich nur aus Idealismus geschrieben.

Wie gesagt, Kinder sind eine Pest. Tick, Trick und Track sollen regelmäßig Klavier üben, damit einmal etwas aus ihnen wird. Sie besitzen zwar nur vier Finger an jeder Hand, dafür spielen sie sechshändig. Leider haben sie aber andere Ambitionen:

Die Geschichte spielt noch in der guten alten Zeit. Heutzutage sind Sportler ja Götter. In den USA kann ein erfolgreicher Schwimmer vermutlich einen Abschluss an einer renommierten Universität erwerben, ohne je einen Hörsaal zu betreten. Von solchen zukünftigen Entwicklungen ahnt aber der Onkel noch nichts. Deshalb stellt er den potenziellen Olympioniken auch die herablassende Frage: **Und was verdient so ein Fisch, frage ich euch?** Aber die Neffen wollen auch überhaupt nicht so reich und berühmt wie Mark Spitz oder Michael Phelps werden. Sie haben viel edlere Motive: »Ach, Geld! Das ist uns wurscht. Wir schwimmen aus Idealismus.« Dass das eine ziemlich dreiste Ausrede ist, dürfte allen Beteiligten klar sein. Aber der Onkel hätte sich wenigstens über die gewählte Ausdrucksweise seiner Zöglinge freuen können.

ANHANG

Wo findet man die Fuchs-Texte?

Vielleicht regt ja diese meine Hagiografie den einen oder anderen Leser an, sich näher mit Erika Fuchs zu beschäftigen. Das will gut überlegt sein. Sie hatte immer hohe Auflagen, aber die wurden in alle Winde zerstreut. Man muss also etwas Energie investieren. Zum Sammeln gehört leider auch der entsprechend gierige Charakter:

Hier ist von einem Schmetterling die Rede. Im Radio haben sie mal jemanden interviewt, der sammelte Schraubenzieher. Da gehört man als Sammler von Mickymausheften direkt noch zum Mainstream.

Ein naheliegendes Vorurteil möchte ich gleich am Anfang ausräumen. Normalerweise beschäftigt man sich mit einem ganzen Medium und nicht mit Einzelfällen. Wer Bach liebt, der hört auch sonst viel klassische Musik. Wer Agatha Christie schätzt, der liest auch andere Kriminalromane. Wer sich auf Donald Duck einlässt, der interessiert sich also generell für Comics. Das Letzte muss aber ganz und gar nicht stimmen. Es gilt jedenfalls nicht für die Hardcoreszene.

Das beste Beispiel ist Erika Fuchs selbst. Sie hat so gut wie nie Comics angeschaut, die sie nicht selbst bearbeitet hat. Stattdessen hat sie literarische Werke geschaffen, die über ihren Anlass weit hinausgewachsen sind. Die Handlung war ihr vorgegeben wie Michelangelo der Marmorblock, sie hat »nur« die Details herausgearbeitet. Deswegen liest und verehrt man sie.

Ich kenne viele, die nur Comics von Carl Barks in der Übersetzung von Erika Fuchs lesen und sonst keine anderen Comics. (Oder sie reden zumindest nicht darüber.) Das sollte man nicht als bodenlose Ignoranz deuten. Die comicspezifischen Aspekte sind für unsereinen einfach nicht die interessantesten. Man kann ja auch nach Nepal fliegen, um den Mount Everest zu besteigen und nicht um die Nepalesen kennenzulernen.

Meiner Meinung nach hat Erika Fuchs zum Beispiel mit Loriot viel mehr gemeinsam als mit Charles M. Schulz. Da ist es sinnvoll, wenn sich jemand für Familie Duck und Familie Hoppenstedt interessiert, aber nicht im Geringsten für die Peanuts.

Fuchs-Liebhaber, die ich kenne, verbringen zum Beispiel auch viel Zeit mit Monty Python's Flying Circus, Arno Schmidt, den Beatles, Rex Stout oder *Star Trek*. Es gibt natürlich auch ein paar Comicfreaks darunter, aber die sind doch eher selten.

Im Bereich der Comicsammler und -leser werden wir eher belächelt. Wir sind spinnerte Intellektuelle, die von den wahren Freuden des Lebens keine Ahnung haben. Aber das ist unsere Liebhaberei, da können wir machen, was wir wollen:

Doch es hilft nichts, wer an die Primärliteratur heranwill, der muss sich hinab in die Niederungen der Sammlerszene begeben. Zum Glück ist der typische Comicsammler eher doof. Für ihn gibt es wie für viele Sammler drei Fetische, Seltenheit, Vollständigkeit und guten Erhaltungszustand, die man als intelligenter Mensch getrost ignorieren kann. Comics werden oft gesammelt wie Bierdeckel. Manch einer legt sie in weichmacherfreien Plastikhüllen ab und schaut sie nie an, weil das sie ja beschädigen könnte. Reine Leseexemplare mit ein paar kleinen Knicken und Rissen sind deshalb relativ billig. Nun ja, jeder Sammler hat seine eigenen Motive. Die einen sammeln aus Freude an der Sache, die anderen wollen nur Reibach machen (wie im Bild oben rechts).

Wer Freude an den geschliffenen Texten von Frau Fuchs hat, für den ist es kein hoffnungsloses Unterfangen, zu versuchen, einen großen Teil ihres Œuvres preiswert zusammenzubringen. Mein Lieblingsbuch auf dieser Welt ist *Cat's Cradle* von Kurt Vonnegut. Ich besitze aber nur ein lausiges Penguin-Taschenbuch, das ich für einen lächerlichen Betrag auf dem Flohmarkt erstanden habe. Natürlich hätte ich auch gerne eine vom

Autor signierte Erstausgabe. Die wird jetzt gerade einmal für 1916,84 Dollar angeboten. In zwei Stunden ist die Ziehung der Lottozahlen. Dann kann ich es mir ja noch einmal überlegen. In beiden Büchern stehen aber genau die gleichen Wörter. Zurück zu Fuchs. Am wichtigsten sind also erst einmal Leseexemplare. Die bekommt man bei Ebay, bei Comichändlern und auf Flohmärkten. Manches ist sogar noch neu im Buchhandel erhältlich, aber es gibt auch in diesem Fall Gründe, auf die antiquarischen Ausgaben zurückzugreifen, auf die ich noch eingehen werde.

Ebay kann süchtig machen. Ebay ist eine Mischung aus Trödelmarkt und Pferdewette. Man gibt mehr Geld aus, als man eigentlich will, aber man hat seinen Spaß dabei. Hier kann man seine Urinstinkte als Jäger und Sammler ausleben und gleichzeitig etwas für die Bildung tun, wenn man das mag. Auf Ebay werden – sagen wir mal, im Laufe eines Jahres – 99 Prozent des Gesamtwerks von Erika Fuchs in sämtlichen Ausgaben feilgeboten. Wer aber tatsächlich innerhalb dieses einen Jahres ein

Exemplar jedes Hefts einmal kaufen wollte, der würde dabei doch arm. Vorletzte Woche wurde bei Ebay übrigens der komplette Mickymaus-Jahrgang 1959, das sind 52 Hefte, in schlechter Erhaltung für 45,50 Euro versteigert. So etwas ist aber ein ausgesprochener Glücksfall. Jedenfalls für den Käufer. Eine zerfledderte Gutenbergbibel für den Preis von einem Dutzend Schachteln Zigaretten.

Meine folgenden Ratschläge, was sich besonders zu sammeln lohnt, sind so subjektiv, dass ich mich noch nicht einmal selbst daran halten würde. Da es hier bloß um einen Grundstock geht, beschreibe ich nur große Reihen. Eine vollständige Fuchs-Bibliografie wäre leicht ein eigenes Buch. Disney-Comics sind eine bedeutende Industrie. Was sich mehrfach vermarkten lässt, wird mehrfach vermarktet. Nachgedruckt werden natürlich in der Regel die besseren Produkte, was auch immer man unter »besser« verstehen mag. Da gibt es auch heute noch durchaus einen Markt für Klassiker wie die, die hier in diesem Buch betrachtet werden. Doch nun zu den einzelnen Heft-, Album- und Buchreihen.

Micky Maus. Die Comics in dieser Zeitschrift wurden von 1951 bis circa Mitte der 1970er-Jahre exklusiv von Erika Fuchs übersetzt. Danach war ihr Anteil kleiner. Was in den späten Jahren genau von ihr stammt, das steht nicht in den Heften drin. Ich vermute, dass sie dabei meistens eine englische oder deutsche Vorlage hatte, auch wenn die Geschichte ursprünglich in einer anderen Sprache verfasst worden war. Aber die Vorlage ist nicht so wichtig, weil sie sich sowieso nie daran gehalten hat.

Die Zeit ab 1970 ist eher uninteressant, abgesehen von diversen nachgeschobenen Barks-Geschichten. Das liegt nicht an Erika Fuchs. Es liegt daran, dass das Material, das sie übersetzte, immer uninteressanter wurde. Ein jegliches Ding hat seine Zeit. Disney-Comics waren eine hübsche Idee, aber selbst das tapfere Schneiderlein konnte seinen Käse nur einmal auspressen. Wenn es bereits zehntausend Symphonien gibt, dann sind die nächsten zehntausend größtenteils langweilige Routine. Wenn man hauptsächlich alte Geschichten liebt und liest, dann ist das nicht notwendig Nostalgie, es liegt auch daran, dass sich dieses spezielle Genre im Laufe der Jahre totgelaufen hat. Ich streite nicht ab, dass auch heute noch wunderbare neue Comics veröffentlicht werden, ich rede nur von Disney-Comics nach den Strickmustern der Vergangenheit.

Hier ein Titelbild eines typischen Mickymaushefts des Jahrgangs 1956:

Auch Titelbilder mussten manchmal übersetzt werden. Ich will gar nicht behaupten, dass hier die Übersetzung von Erika Fuchs stammt, aber es könnte gut sein. In den USA nannte sich das Boot »WURLd CROOZe«. Eine normale Übersetzerin hätte daraus vermutlich »WÄLt RAISe« oder so etwas gemacht. Aber Fuchs war keine normale Übersetzerin. »KONTIKI« war eine relativ aktuelle Anspielung auf das Floß »Kon-Tiki«, mit dem der Norweger Thor Heyerdahl 1947 von Südamerika nach Polynesien segelte. Norweger kommen auf solche Ideen. Zwei von ihnen haben 1896 den Atlantik sogar mit einem Ruderboot überquert. In den Adern unseres Freundes Olaf fließt auch Wikingerblut, der ist auch so. Die orthografische Katastrophe »WURLd CROOZe« war nur ein billiger Witz. Schließlich sind die Drillinge Musterknaben, die gut in der Schule sind. Die machen keine haarsträubenden Rechtschreibfehler. »KONTIKI« hingegen passt perfekt zu einer gutbürgerlichen Familie aus dieser Zeit. Heyerdahls Buch über seine Fahrt war ein Bestseller, vielleicht hat man es auch zu Hause bei Familie Fuchs gelesen.

Meine liebsten Jahrgänge des Mickymaushefts sind 1958 und 1959. Wenn ich jetzt eingestehe, dass ich als Kind mit diesen Jahrgängen aufgewachsen bin, dann denkt natürlich jeder: Aha, Nostalgie! Flicus, Flacus, Fumdideldacus! Wie soll ich das Gegenteil beweisen? Ich versuche es einmal. Bei jeder Tätigkeit ist auch eine Meisterin am Anfang noch nicht so perfekt. Dann kommt die Zeit, wo sie ihre Sache beherrscht und Freude daran hat. Danach geht es langsam bergab mit der Betonung auf »langsam«. Nehmen wir mal die Beatles als Beispiel. Ich finde die Zeit von *Revolver* am besten. *Sgt. Pepper* war schon eine Zangengeburt. Die späteren Alben enthalten einzelne wunderbare Lieder, komplett kann ich sie mir nicht mehr anhören. Und 1958 war einfach die beste Zeit für Donald & Co. Carl Barks zeichnete seit 1942 Donald Duck, Erika Fuchs war seit 1951 Donald-Übersetzerin. Jemand, für den die Zeichnungen besonders wichtig sind, liebt vielleicht mehr die älteren Geschichten, während jemand, dem es auf die deutschen Texte ankommt, eher etwas spätere bevorzugt. Seit 1954 war Carl Barks mit seiner dritten (und letzten) Frau Garé (= Mar*garet*) glücklich verheiratet. Ich glaube, das merkt man auch den Geschichten aus dieser Zeit an. Sie sind sanfter geworden. Nicht jeder mag das, aber für mich hat es einen großen Reiz. Bis eine Episode publiziert und übersetzt war, vergingen dann noch einmal circa anderthalb Jahre. Vielleicht erklärt dass, warum 1958/59 für mich eine magische Zeit war. Vielleicht wurde ich auch einfach 1958 als Kind von Erika Fuchs »geprägt« wie die Gänse des Verhaltensforschers Konrad Lorenz, die ihn zu ihrer Ersatzmutter machten.

Die Mickymaushefte von 1951 bis 1957 wurden einzeln als Faksimile nachgedruckt, sind allerdings, abgesehen von ein paar ganz frühen Ausgaben, sehr teuer. Dazu erschienen die Jahrgänge von 1951 bis Mitte 1955 noch einmal in Buchform unter dem Titel *Die frühen Jahre*. Die Farben all dieser Nachdrucke sind nicht so schön wie die der Originale, aber man kann ja auch mal Kompromisse eingehen.

Die tollsten Geschichten von Donald Duck alias *Donald Duck Sonderheft*. Eine leicht wirre Reihe, erschienen von 1965 bis heute. Wie der Name schon sagt, hauptsächlich Donald-Geschichten, aber auch mal etwas nur mit Düsentrieb. Ursprünglich größtenteils Nachdrucke aus dem Mickymausheft mit teilweise von Erika Fuchs selbst mehr oder weniger stark bearbeitetem Text. Dazu kamen vor allem etwas später auch wichtige Erstveröffentlichungen. Als zeitweilig das Material ausging, wurden in dieser Reihe Geschichten zum zweiten Mal herausgebracht. Danach folgten dann Übersetzungen von anderen Übersetzern, die uns hier nicht interessieren müssen. Seit Heft 260 werden sogar bereits von Erika Fuchs übersetzte Geschichten noch einmal originalnäher neu übersetzt. Ein Freund bemerkte dazu nur, man solle auch gelegentlich die *Zauberflöte* neu vertonen.

Für den Fuchs-Liebhaber am interessantesten sind so etwa die Nummern 1 bis 161. Den Bereich 40 bis 145 gibt es als Zweitauflage, die von den Sammlern ignoriert wird und entsprechend preiswert ist. Heft 1 bis 100 wurde oder wird gerade sündteuer, aber qualitativ hochwertig nachgedruckt.

Unten ein Titelbild mit Übersetzung:

Es gibt keine Vogelart namens Goldente. Es gibt aber diverse andere Goldvögel, von der Goldammer bis zur Goldschnepfe. Deshalb ist diese Neuschöpfung so plausibel.

Die besten Geschichten von Donald Duck alias ***Klassik Album.*** Das sind 58 schöne Alben, etwa in der Machart der *Asterix*-Bände, erschienen von 1984 bis 1999, mit Nachdrucken von Barks-Episoden aus den *Tollsten Geschichten.* Sie sind fast alle antiquarisch noch gut zu bekommen. Die Reihe wurde wohl eingestellt, weil die Verkaufszahlen zurückgingen. Deswegen sind die hohen Nummern seltener. Es ist jammerschade, dass es das *Klassik Album* nicht mehr gibt, aber ein Verlag ist keine soziale Anstalt. Was sich am Markt nicht behaupten kann, muss weg. Da hätte auch Dagobert Duck nicht anders entschieden.

Auch hier ein Titelbild mit Text:

Auf dem Zettel steht »Rezept für Karamelbonbons«. Das ist wieder einmal ein Beispiel dafür, wie die Texte an deutsche Gegebenheiten angepasst werden mussten. Im Original liest man »Taffy Recipe«. Taffy ist eine amerikanische Bonbonart, die bei uns nicht populär ist. Die Fuchs(?)-Übersetzung des Zettels lautete 1958 ironisch »Die Kunst, Bonbons selbst herzustellen«. Der Gag, dass Taffy gerade durch (wenn auch weniger stümperhaftes) Auseinanderziehen hergestellt wird, ließ sich auf Deutsch leider nicht retten.

Goofy Magazin alias *Goofy*. Diese Heftreihe erschien monatlich von Juni 1979 bis Dezember 1988. Jedes Heft enthielt eine von Erika Fuchs übersetzte Geschichte, den Rest ignoriert man einfach. Bis August 1984 waren das Donald-Geschichten, danach kam der kleine böse Wolf. Was diese Serie auszeichnet, ist der niedrige Sammlerpreis. Man bekommt sie nachgeschmissen. Die Comichändler versuchen natürlich erst einmal, ihre Ladenhüter teuer zu verkaufen. Aber darauf fällt unsereins natürlich nicht herein. Es gibt auch *Goofy*-Alben. Die sind nicht gemeint.

Als ich einst bei der Tabakhändlerin an der Ecke einmal ein *Goofy* verlangte, da dachte sie einen Moment gründlich nach und brachte mir dann ein Eis am Stiel. Das Heft war weiß Gott kein Verkaufsschlager.

Donald Classics – Das Beste aus Entenhausen. Fünf 188-seitige Paperbacks im klassischen Mickymaus-Format, erschienen 1998 bis 2000. Das hätte die die definitive Edition für Normalverbraucher werden können. Nur schön aufgemachte Geschichten, kein Schnickschnack. Die Reihe ist vielleicht nur daran gescheitert, dass die Bände zu dick waren, um zum Taschengeldpreis angeboten zu werden.

Jetzt komme ich zu den Luxuseditionen. Leider ist dieser Luxus nicht ungetrübt. Bei den folgenden Reihen handelt es sich um internationale Ausgaben, die nicht vollständig eingedeutscht sind. Aus produktionstechnischen Gründen wurden die Lautwörter – »PENG!« –, die sehr

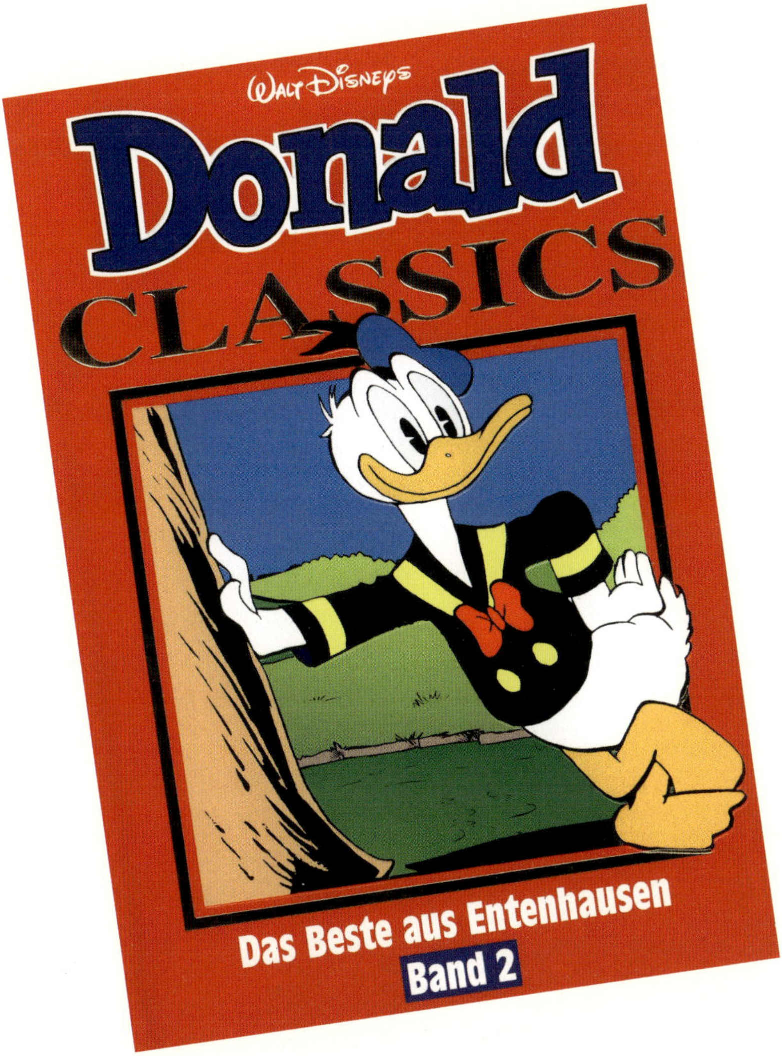

zum Reiz der Fuchs-Version beitragen, in der amerikanischen Form belassen. Auch andere Texte, die in den Zeichnungen, also nicht in den Sprechblasen, vorkommen, sind manchmal auf Englisch. Wer immer dafür verantwortlich ist, soll 13 Trillionen Jahre im Fegefeuer verbringen und dabei Platten von Heintje Simons in einem Remix aus der deutschen und englischen Version hören. Obwohl, als Ergänzung sind diese Veröffentlichungen gut zu haben. Viel davon ist aber vergriffen.

Barks Library. Alle Geschichten von Carl Barks, fast alle von Erika Fuchs übersetzt, in 133 Alben mit ordentlichen Farben. Die Übersetzung ist (mit kleinen Abweichungen) jeweils die erste, die sie angefertigt hat. Von diesen Alben sind 51 auch, zusammengefasst in 17 Hardcoverbänden, unter dem Titel *Barks Comics & Stories* erschienen. Der erste Band von *Barks Comics & Stories* enthält Textvarianten von Geschichten, die in den Alben angeblich zu Unrecht Erika Fuchs zugeschrieben wurden.

Man kann nur staunen. Diese 133 Alben sind – Pi mal Daumen – nur 20 Prozent dessen, was Erika Fuchs insgesamt übersetzt hat.

Seit April 2010 erscheint alle zwei Monate ein Band einer neuen Reihe, genannt *Entenhausen-Edition.* Dabei handelt es sich um eine ganz ähnliche Publikation wie die *Barks Library*, nur viel preiswerter. Mal sehen, ob der Verlag 266 Monate lang durchhält.

Meine Empfehlung: Wer sich für den Originaltext interessiert, der ist mit der amerikanischen Ausgabe der *Barks Library* gut versorgt, wenn er sie denn irgendwo auftreiben kann. Hier sind die Lautwörter englisch und der Rest eben auch. Heute muss es ja Englisch sein.

Die Fuchs-Versionen kann man dann in preiswerten deutschen Heften nachlesen.

Barks Collection. Das ist sozusagen der Phaeton unter den Barks-Fuchs-Ausgaben. Ich persönlich will aber gar keinen Phaeton fahren, mir reicht ein kleines rotes Kabrio. Auch hier handelt es sich um sämtliche Werke von Carl Barks. Dreißig schwere Leinenbände in zehn Kassetten mit jeder Menge Extras. Händewaschen vor der Lektüre ist Pflicht. Die Übersetzung ist immer die revidierte Zweitfassung, wenn es denn eine gibt. Jetzt, wo ich das schreibe, ist die vollständige Serie gerade einmal bei Amazon für 1338 Euro lieferbar. Das wird nicht auf Dauer so bleiben, ist aber ein Anhaltspunkt. Ob man mit dieser Edition gut bedient ist, muss man selbst entscheiden. Diese Comics wurden ja eigentlich nicht dafür geschaffen, auf Kunstdruckpapier in dreipfündigen Folianten gelesen zu werden. Ich lese lieber ein dünnes, handliches Heft auf dem Sofa, und wenn das Heft schon alt und ein bisschen zerknittert ist, stört mich das auch nicht besonders. Solche Hochglanzausgaben kommen mir vor, als ob man gute, nahrhafte Buletten in Blattgold einwickelt, damit sie etwas teurer werden. Aber das ist reine Geschmackssache. Der Erwerb von über 6000 Seiten Fuchs-Text ohne jede Mühe auf einen Sitz ist freilich auch nicht zu verachten.

Barks Onkel Dagobert. Seit Mai 2009 erscheint in der Ehapa Comic Collection diese 13-bändige Hardcoverreihe. Alle Onkel-Dagobert-Geschichten von Carl Barks aus der Heftreihe *Uncle Scrooge* in der Fuchs-Übersetzung aus der *Barks Collection* mit ein paar Zusatzgeschichten.

Meine Empfehlung an einen Normalverbraucher, der sich antiquarisch einen Grundstock der schönsten Erika-Fuchs-Übersetzungen zulegen will, ist die folgende Kombination:

1. *Die tollsten Geschichten von Donald Duck* Heft 40 bis 161, in erster oder zweiter Auflage

2. die *Klassikalben* komplett als teilweiser Ersatz für die teuren *Tollsten Geschichten* 1 bis 39
3. die *Donald Classics*
4. dazu nach Gusto *Micky Maus* 1951 bis 1963, so weit man sie einfach bekommt, notfalls auch als Faksimilereprint, und ausgewählte spätere Nummern. Hier ist mehr Recherche angesagt, die Informationen findet man im Internet.

Wer sich auf Punkt 2 und 3 beschränkt, erhält nur ausgesuchte Kleinode wie diese besonders große Perle:

Nachweise und Anmerkungen

Abkürzungen:

MM:	Zeitschrift *Micky Maus*, 1951 ff.
MMSH:	Zeitschrift *Sonderheft der Micky Maus*, 1951 bis 1955
TGDD:	Zeitschrift *Die tollsten Geschichten von Donald Duck*, Erstauflage, 1965 ff.

Alle anderen Reihen werden nie abgekürzt. Alle zitierten deutschen Disney-Comics sind im Ehapa Verlag oder einer Tochtergesellschaft erschienen.

Die meisten Comicübersetzungen von Erika Fuchs sind zunächst in einer dieser Reihen herausgekommen. Falls eine Geschichte erst in MM oder MMSH und dann in TGDD veröffentlicht wurde, dann ist die TGDD-Version oft die von Erika Fuchs persönlich überarbeitete Neufassung. Im Zweifelsfall halte ich mich eher an TGDD, denn das ist erstens die von Erika Fuchs bevorzugte Textvariante, und zweitens sind diese Hefte heute leichter zugänglich. Der Unterschied zwischen beiden Fassungen ist in der Regel aber nicht besonders groß. Bei den Abbildungen habe ich allerdings oft MM bevorzugt, weil hier besonders liebevoll koloriert wurde.

Ich befasse mich in diesem Buch hauptsächlich mit Geschichten, die im amerikanischen Original von Carl Barks gezeichnet und/oder getextet wurden. Eine komplette Übersicht über alle deutschen Veröffentlichungen davon findet man auf www.barksbase.de. Ich kann mich hier deshalb kurzfassen. Häufig werden auch die deutschen Übersetzungen unter dem Erscheinungsort des US-Urtextes zitiert. Ich verzichte auf diese Systematik, weil ich aus der Sicht von Erika Fuchs und nicht aus der von Carl Barks berichte. In der Regel verwende ich die TGDD sozusagen als die Ausgabe letzter Hand und greife nur bei interessanten Unterschieden manchmal auf die MM zurück. Wer die Orientierung nicht verlieren will, benötigt auf jeden Fall einen Index wie BarksBase. Die Nachweise sind nicht komplett, sonst hätte ich diesen Teil zu sehr aufblähen müssen.

Umschlagabbildung:
»Nur keine Sentimentalitäten!«: TGDD 21, S. 10

NUR KEINE SENTIMENTALITÄTEN!

Abbildung »Erdbeereis«: TGDD 95, S. 50
Abbildung »Wälzen in Gold«: TGDD 7, S. 4
Abbildung »Perduftia spiriti«: MM 52/1959, S. 16
»Leserbrief«: MM 18/1968, S. 18
Abbildung »Geld?«: MM 48/1960, S. 4
Abbildung »Steckbrief Carl Barks«: *Barks Library Donald Duck* 23, S. 41
»Scheidung ... Mord«: Asta Scheib: *Jeder Mensch ist ein Kunstwerk*. dtv, München 2006, S. 80
Abbildung »Die Pinke kommt«: TGDD 4, S. 28
Abbildung »Gruppe 47«: TGDD 129, S. 31
»Blubberlutsch«: TGDD 59, S. 13 ff.
Abbildung »Moosrose«: MM 52/1959, S. 36
»Armstrong«: TGDD 14, S. 22
Abbildung »Wiesenfest«: MM 2/1957, S. 3
»mit Journalisten unterhalten«: Asta Scheib a. a. O., S. 68 ff. ist ein Beispiel von vielen.
»Lederbeutelfabrik in Bagdad«: TGDD 83, S. 4
Abbildung »goldene Waschmaschine«: TGDD 104, S. 65
»zehn Fassungen«: Katalog zur Ausstellung *Die Sprache Deutsch*. Deutsches Historisches Museum, Berlin 2009, S. 256
Abbildung »Donaldisten«: TGDD 92, S. 37
Abbildung »Reisegruppe nach Genf«: MM 10/1964, S. 8. Dieses Bild hat Jürgen Wollina entdeckt.
»Buch von Klaus Bohn«: Klaus Bohn: *Das Erika Fuchs Buch*. Verlag Dreidreizehn, Lüneburg 1996

AM ANFANG WAR MONTE CARLO NUR EINE WÜRSTCHENBUDE

Abbildung »Stellensuche«: MM 8/1955, S. 3
The Secret Life of Walter Mitty: The New Yorker, March 18, 1939
Abbildung »Marsmonster«: TGDD 93, S. 28
The Breaking up of the Winships: The New Yorker, January 11, 1936
»selbst recherchiert«: siehe Klaus Bohn a. a. O. S. 50
Abbildung »Funker«: TGDD 59, S. 57
»Keuschheit vor der Ehe«: *Das Beste*, 1/1950
»Blind, taubstumm ...«: Klaus Bohn, a. a. O. S. 50

»Helen Keller«: *Das Beste* 9/1949 und 9/1950
Abbildung »Klickeradoms«: TGDD 40, S. 37
Abbildung »Bruder John«: TGDD 50, S. 66
Abbildung »3000 Mickymaushefte«: TGDD 109, S. 30
Abbildung »Monte Carlo«: TGDD 117, S. 15

REINES HOCHDEUTSCH IST DAS NICHT

Abbildung »berühmter Regisseur«: MM 2/1962, S. 4
Abbildung »warme Semmeln«: MM 10/1959, S. 6
»Weiß Knöppchen«: MM 12/1953, S. 5
Abbildung »Turnvater Jahn«: *Barks Library Onkel Dagobert* 1, S. 54
»Tiefgarten«: TGDD 97, S. 55
Abbildung »Spinderella«: MM 28/1957, S. 6
»Broschüre mit Lyrik«: Markus von Hagen: »Von Mäusen und Enten«. Sonderheft 30 von *Der Donaldist*, 1994
»Wildwest-Lied«: MMSH 13, S. 14 ff.
Abbildung »neuer Nachtwächter«: MM 8/1955, S. 7
Abbildung »KEOWK! PEEP!«: *Barks Library* 25, S. 34
Abbildung »Landwirtschaftsausstellung«: MM 35/1958, S. 2
»Man-Sprache«: TGDD 106, S. 5
Abbildung »UHU Stärke«: MM 25/1958, S. 6
»Dagobert Ducks Zoo«: MM 32/1967, S. 30
»Fernsehquiz«: MM 15/1976, S. 3
»Was ficht dich an?«: TGDD 12, S. 9
»Zinshahn«: TGDD 23, S. 40
Abbildung »Regenbogen«: MM 5/1954, S. 4
Abbildung »Cornea-Operation«: TGDD 39, S. 13
Abbildung »Reines Hochdeutsch«: MMSH 8, S. 9
»Das haut nicht hin«: TGDD 34, S. 37
»Micky, wir verdrücken uns lieber«: *Barks Library Donald Duck* 5, S. 43
»Turmuhr«: MM 8/56, S. 4
»Sieh nur Behörnchen, Ziegelsteine!«: MM 8/59, S. 14
Abbildung »gedeichselt«: MMSH 10, S. 15
Abbildung »Originelles Völkchen«: MM 43/1960, S. 2
»Tragöde«: TGDD 27, S. 3
»Ende des Sommers«: TGDD 14, S. 57 ff.
Abbildung »Flachbombe«: TGDD 12, S. 58

»stachelhäutige Blattwanze«: MM 45/1962, S. 14
»Interview«: *Magazin der Süddeutschen Zeitung* vom 4.10.1991
»Shakespeare-Übersetzung von Friedrich Gundolf«: zitiert in: *Die Fackel*, Nr. 724/725

MARSMENSCHEN SIND GELANDET

Abbildung »Goofy«: TGDD 9, S. 64
»kleines Helles«: TGDD 9, S. 32
»Städtisches Altersheim für Bierkutscher«: TGDD 33, S. 51
Abbildung »Schnaps«: MM 27/1963, S. 11
Abbildung »Otto mit Zigarette«: MM 42/1977, S. 3
Abbildung »Handgranaten«: MM 4/1959, S. 8
Abbildung »Foto Fremdenlegion«: MM 23/1956, S. 11
Abbildung »leichte Kost«: MM 37/1959, S. 15
Abbildung »Hauptausfahrt Frankfurt-Main«: MM 2/1954, S. 7
Abbildung »Häuptling Schwarznase«: MM 5/1955, S. 9
»Hausboot«: TGDD 87, S. 3 ff.
»biologische Arbeitsgruppe«: TGDD 130, S. 62
Abbildung »Brücke über Schlucht«: MM 15/1956, S. 6
»Scouting for Boys«: www.thedump.scoutscan.com/s4b.html
»Weltraumsprachen«: TGDD 49, S. 24
Abbildung »Physikbuch«: MM 22/1965, S. 36
»Erdkundebuch«: TGDD 68, S. 49
»Biologiebuch«: TGDD 59, S. 5
»Reiseführer«: TGDD 26, S. 31
»Lexikon«: TGDD 25, S. 4
Abbildung »Alaun«: MM 17/1959, S. 8
Abbildung »Riechsalz«: MM 4/1960, S. 37

MEINE ELTERN NENNEN MICH BUCKA

Abbildung »nackte Tatsachen«: TGDD 15, S. 23
»Namen in Entenhausen«: Eine umfangreiche Liste findet man unter www.barksbase.de/deutsch/bbsb.htm.
»Missus Jones«: TGDD 118, S. 15
»Schorsch Schurigl«: TGDD 109, S. 23. Alle anderen erwähnten deutschen Namen für Jones findet man auf der gerade erwähnten Website, bei Schurigl streiten sich die Experten noch, ob es sich um eine Fuchs-Übersetzung handelt.

Abbildung »Mattressface«: amerikanisches Album *Uncle Scrooge Adventures* 10, S. 25
Abbildung »Montarde«: Beilage zu MM 11/1960, S. 41
Abbildung »Bürzli«: MM 22/1976, S. 38
»Weiß Knöppchen«: MM 12/1953, S. 5
»Hobble-Frank«: Karl May: *Der Geist der Llano estakata*. Kapitel 5
Abbildung »Bullerjahn«: MM 10/1959, S. 3
»Bullerjahn«: de.wikipedia.org/wiki/Bullerjahn_(Studentenverbindung)
»Lulu Lobedanz«: MM 15/1976, S. 4
»Baronin Billroth«: TGDD 19, S. 44 ff.
Abbildung »Bottervogel«: MM 6/1961, S. 36
»Krachmaninoff«: TGDD 40, S. 38
»Carl Bolle«: TGDD 137, S. 57 ff.
»Grieneisen«: TGDD 22, S. 16
»Bullrich-Salz«: MM 1/1957, S. 7
Abbildung »Kinder von Kummersdorf«: MMSH 21, S. 16
»Knusperflocken«: z. B. TGDD 135, S. 3
»Zwieback«: TGDD 45, S. 37
»Waffenamt«: Klaus Bohn, a. a. O.. S. 43
»Fuchsgerät«: Wolfgang Fleischer: *Heeresversuchsstelle Kummersdorf*, Band 2, Podzun-Pallas-Verlag, Wölfershein-Berstadt 1999, S. 141
Abbildung »Eichendorf«: MM 6/1955, S. 7
»Paulahölzchen«: TGDD 92, S. 48
»Theresienhöhe«: TGDD 80, S. 3
Abbildung »Haberstumpf«: MM 45/1959, S. 3
Abbildung »Bucka«: MM 46/1958, S. 10
»Erasmus Erpel«: TGDD 23, S. 48
Abbildung »Hunger und Dorst«: TGDD 84, S. 16
»Gern«: *Barks Comics & Stories* S. 81
Abbildung »König Oskar«: MM 42/1963, S. 11
»Herr Rupp«: TGDD 132, S. 3 f.
»Familie Wutz«: TGDD 29, S. 13 ff.
Abbildung »Erich von Ehrenspeck«: MM 27/1964, S. 37
»Zigeunerbaron«: http://www.opera-guide.ch/libretto.php?id=347&uilang=de&lang=de
Abbildung »Borstenvieh«: MM 3/1959, S. 7
»Sanddorn-Wüste«: TGDD 19, S. 33 ff.

»Knappersmann und Ritt«: TGDD 32, S. 45
»Nonsense-Gedicht«: www.volksliederarchiv.de/kinderreime-381.html
»Grottenasseln«: TGDD 100, S. 8
Abbildung »Falkenkind Fundevogel«: MM 20/1961, S. 4
»Teufel mit den drei goldenen Haaren«: TGDD 39, S. 10
»Devils-Paß«: TGDD 26, S. 57
Abbildung »Rapallo«: TGDD 73, S. 56

WENN UNSEREINS STUDIERT, DANN HAT ER WAS DAVON!

Abbildung »Buchwurf«: MM 6/1953, S. 8
»magna cum laude«: persönliche Mitteilung von Erika Fuchs an den Webmaster von www.barksbase.de
Abbildung »Semmelbauch«: TGDD 14, S. 57
Abbildung »Afghanistan«: TGDD 14, S. 64
Abbildung »Schulpolizei«: MM 4/1951, S. 5
Abbildung »Professor im Roboterkopf«: TGDD 68, S. 6
»Schratt-Schierling«: TGDD 161, S. 42 ff.
Abbildung »Herr der Welt«: MMSH 31, S. 26
Abbildung »Professor Knall«: MMSH 23, S. 4
»Grenzpolizist«: TGDD 19, S. 36
Abbildung »Naturfreunde-Professor«: MM 13/1959, S. 40
»Verein Naturburschen«: TGDD 129, S. 11
»Kaninchen«: TGDD 79, S. 32
Abbildung »Präsident von Eckenhausen«: MM 14/1963, S. 16
»Welche Bücher haben Sie gelesen?«: Alfred Eisenschink: *Zweckform – Reißform – Quatschform*. Ernst Wasmuth Verlag, Tübingen, Berlin 1998, S. 0–21 (kein Schreibfehler, ungewöhnliche Seitennummerierung)
Abbildung »Eukalyptos«: MM 13/1957, S. 2
»wohlverborgen«: Das ist eine Erkenntnis von Klaus Harms.

SO EIN BUCH IST GOLDES WERT!

Abbildung »Graf Isolan«: TGDD 27, S. 3
»Mondsee«: TGDD 97, S. 47
»Klausenpass«: TGDD 10, S. 3
»Geigerzähler«: TGDD 96, S. 8
»Burenkrieg«: TGDD 10, S. 28

Abbildung »geknickte Lilie«: TGDD 87, S. 32
»Schiller-Gymnasium«: TGDD 130, S. 63
Abbildung »Nebenlinie«: TGDD 1, S. 5
Abbildung »Erfinder des Senkbleis«: MM 15/1976, S. 3
»Dr. Dürrenmatt«: TGDD 24, S. 45
»Hamlet! 1. Akt! Sehr gebildet!«: TGDD 147, S. 28
Abbildung »Hans Hass«: MM 5/1956, S. 3
»stadtbekannter Sonderling«: TGDD 15, S. 9
Abbildung »Arabische Feste«: MM 17/1959, S. 10
»Paris bei Nacht«: Verlag der Europäischen Bücherei H.M. Hieronimi, Bonn 1957
»Du und der Motor«: Deutscher Verlag, Berlin 1939, sowie spätere Auflagen
»Dieselmotor«: TGDD 116, S. 5
Abbildung »Briggenlied«: TGDD 71, S. 16
Abbildung »Schicksalsvogel Albatros«: TGDD 71, S. 18
»Originalgedicht«: Klaus Bohn a. a. O., S. 152
»Der Fluch des Albatros«, Gedicht von einem unbekannten Verfasser aus dem Entenhausener Umfeld, freundlicherweise zur Verfügung gestellt von Andreas Platthaus.

Der Fluch des Albatros

Schaumgekrönte Wellen branden
gegen Kap Kanaster an.
Bald werd' ich dort wieder landen,
wo dereinst mein Weg begann.

Wind frischt auf, und mit dem Brausen
fliegt mein Schiff in Richtung Watt.
Schon gewahr' ich Entenhausen:
Heißgeliebte Heimatstadt!

Lichtbestreuter Hafen – endlich
fährt mein Kurs mich an dein Kai.
Vor mir wird die Skyline kenntlich
– da erklingt von luv ein Schrei.

Gellend klingt er, so als ginge
grad ein Topgast über Bord.
Mit dem nächsten Rettungsringe
eile ich zum Unfallort.

Doch das Meer liegt bleigegossen,
niemand aus der Mannschaft fehlt.
Über meinen Schreck verdrossen,
hab' ich es dem Maat erzählt.

»Was Euch eben so verdroß,
das war der Ruf des Albatros.
Wehe dem, der ihn vernimmt:
Sein Schicksal ist vorausbestimmt.«

Kaum gehört, ist's schon geschehen,
und das Unglück zieht herauf.
Vor mir türmen sich die Seen
bis auf Leuchtturmhöhe auf.

Wie ein Jux der Elemente
tanzt im Sund mein stolzes Schiff.
Backbord drohen Felsenwände,
steuerbord das Teufelsriff.

Da, die Durchfahrt! Und es schießt rein:
Gott hat uns den Weg gesucht.
Vor uns muß die Insel Kniest sein,
wir sind in der Gumpenbucht.

Still verdümpeln kleine Wellen,
denn der Sturm zog hier vorbei.
Doch wie tausende Tschinellen
hämmert wieder dieser Schrei.

Wer verdenkt mir meine Rage,
als ich seinen Ursprung such'?
Auf der höchsten Takelage
sitzt der Vogel wie ein Fluch.

Und der Maat brüllt ängstlich: »Boss,
er ist zurück, der Albatros!
Zweimal wehe, wer ihn schaut.
Sein Leben ist auf Sand gebaut.«

Ich vergesse Ruh' und Sitte
– dieser Vogel macht mich krank –
und betrete die Kajüte
mit des Käpt'ns Waffenschrank.

Knarrend öffnet sich die Türe
und ermöglicht mir die Wahl
aus dem glitzernden Spaliere
voller kaltem blauen Stahl.

Das Kaliber sei ein solches,
daß vom Opfer nichts mehr bleibt,
das die Federn dieses Strolches
bis zum Erdtrabanten treibt.

Gut gezielt: Ich expediere
durch der Waffe langen Lauf
diesem großen Unglückstiere
eine Ladung Blei hinauf.

Doch die brav getroffne Leiche
stürzt herab wie ein Geschoß.
Fragt mich nicht warum, ich weiche
ihm nicht aus, dem Albatros.

Weh mir Frevler, daß ich schoß
den Schicksalsvogel Albatros!
Dreimal wehe, daß ich traf!
Dafür trifft mich des Schicksals Straf'!

»Kap Kanaster, Insel Kniest«: TGDD 125, S. 3
»Gumpe«: z. B. TGDD 12, S. 65
»Scheldrak«: *Barks Comics & Stories* 1, S. 81
»Persante«: TGDD 110, S. 62
Abbildung »Robinson und Lederstrumpf«: MM 9/1962, S. 2
Abbildung »Pfadfinder ohne Hoffnung«: MM 25/1965, S. 6
Abbildung »leere Höhlen«: MM 6/1979, S. 41
Abbildung »Bildsequenz Feuer«: TGDD 89, S. 30
Abbildung »große Männer ehren«: MM 10/1952, S. 3
»Jesus Sirach«: Sir 44,1
»Springers Tanzschule für Anfänger«: TGDD 97, S. 15
Abbildung »Tanzgötze«: TGDD 106, S. 25
Abbildung »Goldes wert«: MM 9/1954, S. 8

AUS DER JUGENDZEIT KLINGT EIN LIED MIR IMMERDAR

»Mutter von Erika Fuchs«: Klaus Bohn a. a. O., S. 9
»Ohrenschmaus«: TGDD 10, S. 50
Abbildung »O sole mio!«: MM 49/1959, S. 4
»Eisengallustinte«: TGDD 20, S. 4
»Lohengrin-Arie«: TGDD 9, S. 52
»Rolling Bones«: TGDD 6, S. 5
Abbildung »wilde Gesellen«: MM 32/1961, S. 4
Lied »Lützows wilde Jagd«: freiburger-anthologie.ub.uni-freiburg.de/fa/fa.pl?cmd=gedichte& sub= show&noheader=1&add=&id=467

Lützows wilde Jagd

Auf dem Schneckenberge bei Leipzig, am 24. April 1813

Was glänzt dort vom Walde im Sonnenschein?
Hör's näher und näher brausen.
Es zieht sich herunter in düsteren Reihn,
Und gellende Hörner schallen darein
Und erfüllen die Seele mit Grausen.
Und wenn ihr die schwarzen Gesellen fragt:
Das ist Lützows wilde, verwegene Jagd.

Was zieht dort rasch durch den finstern Wald
Und streift von Bergen zu Bergen?
Es legt sich in nächtlichen Hinterhalt;
Das Hurra jauchzt, und die Büchse knallt,
Es fallen die fränkischen Schergen.
Und wenn ihr die schwarzen Jäger fragt:
Das ist Lützows wilde, verwegene Jagd.

Wo die Reben dort glühen, dort brauset der Rhein,
Der Wütrich geborgen sich meinte,
Da naht es schnell wie Gewitterschein
Und wirft sich mit rüst'gen Armen hinein
Und springt ans Ufer der Feinde.
Und wenn ihr die schwarzen Schwimmer fragt:
Das ist Lützows wilde, verwegene Jagd.

Was braust dort im Tale die laute Schlacht,
Was schlagen die Schwerter zusammen?
Wildherzige Reiter schlagen die Schlacht,
Und der Funke der Freiheit ist glühend erwacht
Und lodert in blutigen Flammen.
Und wenn ihr die schwarzen Reiter fragt:
Das ist Lützows wilde, verwegene Jagd.

Wer scheidet dort röchelnd vom Sonnenlicht,
Unter winselnde Feinde gebettet?
Es zuckt der Tod auf dem Angesicht,
Doch die wackern Herzen erzittern nicht;
Das Vaterland ist ja gerettet!
Und wenn ihr die schwarzen Gefallnen fragt:
Das war Lützows wilde, verwegene Jagd.

Die wilde Jagd und die deutsche Jagd
Auf Henkersblut und Tyrannen! —
Drum, die ihr uns liebt, nicht geweint und geklagt!
Das Land ist ja frei, und der Morgen tagt,
Wenn wir's auch nur sterbend gewannen!
Und von Enkeln zu Enkeln sei's nachgesagt:
Das war Lützows wilde, verwegene Jagd.

Theodor Körner

»Der letzte Walzer«: TGDD 13, S. 39
Abbildung »widerliches Anwanzen«: TGDD 16, S. 34
Abbildung »Kirkebö-Käse«: MM 49/1974, S. 33
Abbildung »Grammophon«: TGDD 9, S. 14
»apokryphe Verse«: www.musicanet.org/robokopp/Lieder/goldunds.html
Abbildung »Studenten singen nicht mehr«: TGDD 50, S. 58
Abbildung »Wolken ziehn dahin«: TGDD 84, S. 48
»Entenhausener Schlager«: Fundstelle: ingeb.org/Lieder/tiroltir.html

Tirol, du bist mein Heimatland

Tirol, Tirol, Tirol,
Du bist mein Heimatland;
Weit über Berg und Tal
Das Alphorn schallt.

Die Wolken ziehn dahin,
Sie ziehn auch wieder her,
Der Mensch lebt nur einmal
Und dann nicht mehr.

Ich hab 'nen Schatz gekannt,
Der dort im Grabe ruht,
Den hab ich mein genannt,
Er war mir gut.

Hab keine Eltern mehr,
Sie sind schon längst bei Gott,
Kein Bruder, Schwester mehr,
Sind alle tot.

Wenn ich gestorben bin,
Legt mich ins kühle Grab,
Wo deutsche Eichen stehn,
Legt mich hinab.

Fundstelle: www.volksliederarchiv.de/text1176.html

Der mächtigste König im Luftrevier

Der mächtigste König im Luftrevier
Ist des Sturmes gewaltiger Aar.
Die Vöglein erzittern, vernehmen sie nur
Sein rauschendes Flügelpaar.
Wenn der Löwe in der Wüste brüllt,
Dann erzittert das tierische Heer.
Ja, wir sind die Herren der Welt
Die Könige auf dem Meer.
Tirallala, tirallala
Tirallala, tirallala
hoi! hoi!

Zeigt sich ein Schiff auf dem Ozean,
So jubeln wir freudig und wild;
Unser stolzes Schiff schießt dem Pfeile gleich
Durch das brausende Wogengefild.
Der Kaufmann erzittert vor Angst und vor Weh,
Den Matrosen entsinket der Mut,
Und da steigt am schwankenden Mast
Unsre Flagge, so rot wie das Blut.
Tirallala, tirallala
Tirallala, tirallala
hoi! hoi!

Wir stürzen uns auf das feindliche Schiff
Wie ein losgeschossener Pfeil.
Die Kanone donnert, die Muskete kracht,
Laut rasselt das Enterbeil,
Und die feindliche Flagge, schon sinkt sie herab.
Da ertönt unser Siegesgeschrei:
Hoch lebe das brausende Meer,
Hoch lebe die Seeräuberei!
Tirallala, tirallala
Tirallala, tirallala
hoi! hoi!

Und ist der letzte Schuß getan,
Ist die blutige Schlacht vorbei,
So lenken wir unsern morschen Kahn
In die Hölle frank und frei.
Und wenn es dem Teufel nicht gefällt,
Ei, so heizen wir selber uns ein.
Wir waren die Herren der Welt
Und wollen's beim Teufel noch sein!
Tirallala, tirallala
Tirallala, tirallala
hoi! hoi!

Abbildung »Tangfischerei«: TGDD 82, S. 8
Abbildung »Am Sonntag«: MM 15/1963, S. 37
»O mein Papa«: MM 11/1956, S. 10
»Das ist das Leben der Matrosen«: TGDD 17, S. 11
»Eldorado«: de.wikipedia.org/wiki/Eldorado_(Berlin)
Abbildung »Fräulein von Schwan«: MM 7/1958, S. 7
»Tuntenhausen«: TGDD 25, S. 39
»An die Musik«: Fundstelle: ingeb.org/Lieder/duholdek.html

An die Musik

Du holde Kunst, in wieviel grauen Stunden,
Wo mich des Lebens wilder Kreis umstrickt,
Hast du mein Herz zu warmer Lieb entzunden,
Hast mich in eine beßre Welt entrückt!

Oft hat ein Seufzer, deiner Harf' entflossen,
Ein süßer, heiliger Akkord von dir
Den Himmel beßrer Zeiten mir erschlossen,
Du holde Kunst, ich danke dir dafür!

Abbildung »holde Kunst«: MM 2/1955, S. 7
»Gus Backus«: MM 28/1963, S. 33
Abbildung »kleine Miezekatze«: TGDD 145, S. 18
»Waberlohe«: TGDD 133, S. 21. Diese Stelle wurde von PaTrick Bahners entdeckt.
»Ouvertüre zum Untergang Pompejis«: TGDD 40, S. 38
Abbildung »Fröhlicher Landmann«: MM 44/1959, S. 40
Lied »Cindy oh Cindy«: Ein wunderbares Lied, aber zu neu, als dass wir hier den Text komplett abdrucken könnten. Man höre es sich einfach auf YouTube an.
Abbildung »Sindy, Oh Sindy«: MM 8/1958, S. 5
»Lawinen«: TGDD 10, S. 44 ff.
»Kempf«: MM 2/1955, S. 3
»Mariechen saß weinend im Garten«: TGDD 13, S. 36
Abbildung »kein Plattenspieler«: MM 9/1956, S. 10

ZUCKERMUS MIT DATTELN UND HONIGMILCH

Abbildung »Kesselhaus«: MM 52/1959, S. 7
»Kolonialwarenladen«: MM 12/1956, S. 38
Abbildung »Slinkinsky«: MM 42/1962, S. 2
»Weltausstellung«: TGDD 34, S. 36 ff.
»Selbstbedienungsladen«: TGDD 24, S. 50
»Kunsthonig auf dem Fahrradsattel«: TGDD 57, S. 22
»Sudlerwirt«: TGDD 38, S. 37
»Grand-Hotel«: TGDD 11, S. 8
Abbildung »Pichelsteiner«: TGDD 94, S. 24
»Wurststulle«: MM 20/1977, S. 5
Abbildung »arme Familie«: *Barks Library Weihnachtsgeschichten* 1, S. 10
»Büchse Bohnen«: TGDD 11, S. 5
Abbildung »Heißa, heißa hopsassa!«: MM 13/1959, S. 39
Abbildung »Pastinaken«: TGDD 77, S. 24
»Intelligenzbrötchen«: TGDD 92, S. 39
Abbildung »Geschirrspülen«: MM 12/1953, S. 12
»Geschirrspülmaschine«: TGDD 9, S. 64
Abbildung »schwankendes Rohr«: TGDD 88, S. 57
»verhängnisvolles Neujahr«: TGDD 90, S. 3 ff.
»goldenes Gebiss«: TGDD 2, S. 33 ff.
»Donald Ducks Zähne«: z. B. mehrfach in TGDD 15, S. 56 ff.
Abbildung »Eisdiele am Bahnhof«: MM 3/1956, S. 5
»Trambahn«: z. B. TGDD 3, S. 18
»Hummer zum Frühstück«: TGDD 43, S. 47 ff.
Abbildung »Blubberlutsch«: MM 25/1965, S. 3
Abbildung »absinthgrün«: MMSH 8, S. 19
Abbildung »Maibock«: MM 6/1966, S. 4

WENN DER SALBEI WIEDER BLÜHT

Abbildung »Fernsehquiz«: TGDD 9, S. 53
»Herr über alle Geschöpfe«: TGDD 18, S. 3
»Schnurrli«: TGDD 12, S. 9
Abbildung »Stammbaum«: TGDD 104, S. 5
»Krieg und Frieden«: TGDD 22, S. 56
»Habakuk«: TGDD 13, S. 32
»Hadubald«: TGDD 64, S. 7

Abbildung »Feuerfliegen«: TGDD 27, S. 54
»deutsche Disney-Comicproduktion«: Siehe dazu viele gründliche Veröffentlichungen von Boemund von Hunoltstein in den Heften und Broschüren der Donaldisten.
»Das verbotene Tal«: Beilage von MM 19/1960 bis 25/1960
Abbildung »Gurkenmurkser«: TGDD 108, S. 8
Abbildung »schwarze Tasche«: MM 40/1961, S. 4
»Tummelfisch«: TGDD 80, S. 13
Abbildung »Teufelsrochen«: *Barks Library Onkel Dagobert* 1, S. 18
»Schildfisch«: TGDD 145, S. 66
Abbildung »Bombastus«: MM 3/1954, S. 12
»unverschämter Zug um den Mund«: TGDD 23, S. 39
Abbildung »Termita blanca enorma«: MM 9/1955, S. 4
»Ameisenlöwe«: MM 15/1976, S. 3
»Glasmenagerie«: MM 9/1954, S. 5
»Zyklotron«: TGDD 92, S. 63
»Schuppenfisch«: TGDD 87, S. 36
Abbildung »Mauerpfeffer und Steinbrech«: MM 31/1963, S. 2
»Schöner von Boskop«: TGDD 22, S. 40
Abbildung »Pflanzenfimmel«: MM 26/1959, S. 6
»Fuchshügel«: TGDD 11, S. 57
Abbildung »mongolische Dornmaulbeere«: MM 7/1957, S. 9
»Shakespeare«: www.sonett-central.de/george/shakespeare.htm
Abbildung »nieblühende Typodermien«: TGDD 84, S. 55
»Kollerkraut«: TGDD 66, S. 62
Abbildung »Salbei«: TGDD 66, S. 59
»Affäre mit Greta Gründlich«: TGDD 13, S. 12
Abbildung »Dagoberts Braut«: TGDD 44, S. 44
»Espenlaub«: TGDD 80, S. 3
Abbildung »Zinshahn«: MM 49/1958, S. 7

ORDENTLICHE FRAUENZIMMER

»Taschenbuchausgabe«: *Four English Comedies*. Penguin Books, Harmondsworth 1959
Abbildung »Strümpfe stricken«: TGDD 4, S. 41
Abbildung »unangenehme Arbeiten«: MM 39/1962, S. 2
Abbildung »aus gutem Hause«: MM 25/1957, S. 5

Abbildung »Mädchenkleider«: TGDD 33, S. 6
»beten zur Nacht«: TGDD 205, S. 13
»Nussbaumbett«: TGDD 13, S. 53
Abbildung »Messer und Gabel«: TGDD 8, S. 7
»Ännchen von Tharau«: TGDD 25, S. 19
Abbildung »Kammerjäger«: TGDD 17, S. 46
»So ein verfaulter Käse!«: TGDD 90, S. 27
Abbildung »Fischweib«: TGDD 94, S. 13
Abbildung »50 Taler für Klub«: TGDD 3, S. 5
»Freut euch des Lebens«: TGDD 28, S. 5 und S. 8
Lied: Fundstelle: www.volksliederarchiv.de/text627.html

Freut euch des Lebens

Freut euch des Lebens
weil noch das Lämpchen glüht
Pflücket die Rose
eh sie verblüht!

Man schafft so gerne sich Sorg' und Müh'
sucht Dornen auf und findet sie
und lässt das Veilchen unbemerkt
das uns am Wege blüht.
Freut euch des Lebens ...

Wenn scheu die Schöpfung sich verhüllt
Und laut der Donner ob uns brüllt,
So lacht am Abend nach dem Sturm
Die Sonne uns so schön.
Freut euch des Lebens ...

Wer Neid und Mißgunst sorgsam flieht
Und G'nugsamkeit im Gärtchen zieht,
Dem schießt sie schnell zum Bäumchen auf,
Das goldne Früchte trägt.
Freut euch des Lebens ...

Wer Redlichkeit und Treue übt
Und gern dem ärmeren Bruder gibt,
Bei dem baut sich Zufriedenheit
So gern ihr Hüttchen an.
Freut euch des Lebens …

Und wenn der Pfad sich furchtbar engt,
Und Mißgeschick uns plagt und drängt,
So reicht die Freundschaft schwesterlich
Dem Redlichen die Hand.
Freut euch des Lebens …

Sie trocknet ihm die Tränen ab,
Und streut ihm Blumen bis ins Grab;
Sie wandelt Nacht in Dämmerung,
Und Dämmerung in Licht.
Freut euch des Lebens …

Sie ist des Lebens schönstes Band:
Schlagt, Brüder, traulich Hand in Hand!
So wallt man froh, so wallt man leicht,
Ins bess're Vaterland.
Freut euch des Lebens …

Abbildung »D. I. K. E. S. E. B.«: MM 17/1962, S. 4
»Bluthund«: TGDD 24, S. 49
»Hollywoodjäckchen«: MM 3/1960, S. 8
Abbildung »Muskelprotz im Smoking«: TGDD 171, S. 44
Abbildung »Frau Geheimrat warnt.«: MM 43/1968, S. 5
Abbildung »Walzer tanzen«: MM 8/1976, S. 4
»Tanzen mit Mädchen«: TGDD 91, S. 60
Abbildung »ein häkelnder Mann«: TGDD 93, S. 34
»sein Haus verwettet«: TGDD 11, S. 34 ff.
Abbildung »Gammler«: MM 25/1967, S. 9
Abbildung »ordentlich verhauen«: TGDD 88, S. 65
Abbildung »Frauen und Technik«: TGDD 9, S. 19
»Herr und Frau Wutz«: TGDD 29, S. 13 ff.

Abbildung »Zimmer frei?«: MM 42/1963, S. 7
»Ernst-Albrecht«: TGDD 99, S. 64
Abbildung »Herbert und Mäuschen«: TGDD 85, S. 44
»Liebesbriefe«: TGDD 88, S. 60, und TGDD 130, S. 3 ff.
»Fräulein von Schwan«: TGDD 20, S. 18
»selbstverfasste Gedichte«: TGDD 91, S. 39
Abbildung »Furie«: MM 1/1954, S. 3

WAL NIX KOMMEN! KARACHO! KARUTZI!

Abbildung »Muselmann«: TGDD 11, S. 16
Abbildung »Feuerstein nix gut«: TGDD 108, S. 55
Abbildung »slechte, verrickte Mann«: MM 47/1958, S. 5
Abbildung »Maid auf dem Söller«: TGDD 27, S. 62
Abbildung »fünf Liter Zauberwasser«: MM 22/1960, S. 9
»jüdische Händler«: Dank an Andreas Platthaus für diesen Hinweis.
Abbildung »Gazuki! Gazaki!«: MM 19/1960, S. 10
Abbildung »Karacho! Karutzi!«: TGDD 8, S. 16
»The Song of Hiawatha«: etext.lib.virginia.edu/etcbin/toccer-new2?id =Lon-Hiaw.sgm&images=images/modeng&data=/texts/english/modeng/parsed&tag=public&part=2&division=div1
Abbildung »Kühner Zeisig«: MM 53/1961, S. 33
»irrer Professor«: TGDD 80, S. 3 ff.
Abbildung »Treibstoffproblem«: TGDD 27, S. 42
»Panzergeneral Heinz Guderian«: www.sancal.de/images/download/100fragen/084.pdf
»komplette Mythologie«: TGDD 46, S. 63 ff.
Abbildung »Kombüsenschlot«: TGDD 12, S. 10
»Eine weise Frage, junger Effendi.«: TGDD 100, S. 49
»Zauber des Orients«: TGDD 85, S. 51 ff.
Abbildung »Hassans Räuberei«: MM 11/1967, S. 38

UNTERMENSCHEN IM UNTERGRUND

»Festessen«: MM 3/65, S. 34
Abbildung »Bum«: TGDD 116, S. 12
Abbildung »Kuspidoria«: MM 12/1955, S. 6
Lied: Fundstelle: www.drinkingsongs.net/html/books-and-manuscripts/1920-s/1927-immortalia/index.htm

The Khan of Kuspidor

In India, in royal state,
Dwelt an illustrious potentate.

When he would pass, the throngs would roar,
»Behold the Khan of Kuspidor!«
With mighty chest and skin of yellow,
He was a most imposing fellow;

And when, in his regalia dressed,
Diamonds and rubies spanned his chest.
To care for his domestic duties
He kept a thousand brunette beauties,

Who swarmed around his royal knees,|
Living a life of royal ease.
It kept his massive bollocks busy
Running the gamut from Maud to Lizzie,

And when he took his royal pleasure
The juice would fill a gallon measure.
The mass of hard-on that he carried
He'd plunge in every puss he married,

Or, to the horror of his harem,
He'd wave it at 'em just to scare 'em.
Tho strong and valorous in his might,
The Khan would rather frig than fight—

His dames acclaimed with one accord,
»The prick is mightier than the sword!«
Each night the Khan would hit his bed
He'd have a fresh-trapped maidenhead,

Which, after fondling with his finger,
He'd finish with his hairy stinger.
No dusky damsel dodged his wiles:
He could smell a cunt a thousand miles.

Sometimes the Khan would play the fool
And let a lady lip his tool,
But, »after all«, he used to say,
»I like the good old fashioned way.«

But time went on, the story said,
And rebellion reared its horrid head:
And all of the people to a man
Went out one night and rushed the Khan.

And now those people bow no more
Unto the Khan of Kuspidor.
'Tis said he's way down deep in Hades,
Running his red-hot tool in ladies!

Anonymous

Abbildung »Gefängnis«: MM 24/1967, S. 32
Abbildung »die ganze Welt«: MMSH 31, S. 27
Abbildung »morsche Knochen«: MM 1/1989, S. 9
Abbildung »Untermenschen«: MM 12/1967, S. 9
»April! April!«: MM 14/2005, S. 7
Abbildung »Heil!«: MM 30/1962, S. 39
Abbildung »Vererbung«: MM 6/1954, S. 9
»Salomon Seelenbinder«: MM 31/63, S. 12 ff.
»Lustig ist das Zigeunerleben«: TGDD 118, S. 14
»Lied«: ingeb.org/Lieder/lustigis.html
»Bayernkurier«: 27.9.1969
»Ein schwerer Reinfall«: MM 36/1969, S. 12 ff
»Wehrmachtshelferin«: MM 15/1956, S. 4
Abbildung »Kanpf gegen die Käfer«: MM 46/1977, S. 3
»Walt Disney's Dritte Welt«: Basis Verlag, Berlin 1977

DIE ZUNGE IM RÜHRFIX

Abbildung »Zunge im Rührfix«: TGDD 97, S. 57

Abbildung »Frau Bolles Rührfix«: MM 9/1954, S. 5

»Hasenpfote«: TGDD 13, S. 15

Abbildung »Freddy und das Meer«: MM 35/1965, S. 8

»noch einmal verwendet«: TGDD 58, S. 58

»Eisengallustinte«: TGDD 20, S. 4

»Zigarettenbilderalbum«: TGDD 1, S. 57

»unbekleidete Schönheiten«: Im Ehapa Verlag erschien ab 1965 die Reihe »Meisterfotos und wie man sie macht« und ab 1968 die »Venus«-Reihe.

Abbildung »Hoffmannstropfen«: MM 12/1952, S. 6

»Kohlrabiapostel«: TGDD 109, S. 41

»Diefenbach«: Eine umfassende Würdigung findet man im Katalog zur Ausstellung »Karl Wilhelm Diefenbach 1851–1913« in der Villa Stuck, Edition Minerva, München 2009.

Abbildung »Sosnowitzer Wälder«: TGDD 16, S. 60

»Belutschistan«: TGDD 137, S. 40

»Eden-Bar«: MM 37/1961, S. 39

Abbildung »Münster von Entenhausen«: *Barks Library Onkel Dagobert* 32, S. 30

»Geschäftsführer des Bad-Hotels«: TGDD 21, S. 13 ff.

Abbildung »Turbodüse«: TGDD 11, S. 51

Abbildung »Wudu-Puppe«: TGDD 83, S. 60

»Felina«: TGDD 119, S. 59

»Wetterhahn«: TGDD 95, S. 39 ff.

»Brummel«: TGDD 22, S. 15

Abbildung »Brakenburgh«: TGDD 1, S. 7

Abbildung »Plastikbombe«: MM 17/1966, S. 37

»Cäcilienverlag«: TGDD 10, S. 44

Abbildung »frische Atomeier«: MM 36/1958, S. 11

»Eitel Friedrich Eidergans«: TGDD 52, S. 7

»Bully Buhlan«: MM 2/1955, S. 3

Abbildung »Gus Backus«: MM 28/1963, S. 33

»Ich hab' alles im Griff«: TGDD 87, S. 57

Abbildung »Ulrike Meyfarth«: TGDD 129, S. 28

DER HERING DER OSTSEE

»Fug und Unfug«: TGDD 80, S. 3
Abbildung »Waterloo«: MM 15/1976, S. 3
»Prickelwasser-Entenwein«: TGDD 49, S. 29
Abbildung »Hockeyschläger«: TGDD 15, S. 3
»Truthahn an Weihnachten«: z. B. TGDD 11, S. 5
Abbildung »Tattersaal«: MM 30/1960, S. 40
Abbildung »Schneekönigin«: MM 25/1957, S. 3
Abbildung »Lokomotive«: MM 18/1957, S. 7
»Schreibebrief«: TGDD 88, S. 49
Abbildung »Hühnerpestbakterien!«: MM 1/1958, S. 11
»namenloser Ritter«: TGDD 82, S. 25
»Pürzel«: z. B. TGDD 25, S. 53
Abbildung »Revolver«: TGDD 121, S. 3
Abbildung »Schneemensch«: TGDD 52, S. 59
Abbildung »pelagische Kopffüßler«: TGDD 19, S. 20
Abbildung »Kultur der Rhabarberpflanze«: MM 13/1959, S. 40
»Columbium«: TGDD 80, S. 62
Abbildung »Bombastium-Grab«: Beilage zu MM 16/1960, S. 39
»Rote Magenta«: TGDD 88, S. 3 ff.
Abbildung »Besanmast«: MM 6/1961, S. 39
Abbildung »dreifacher Rittberger«: TGDD 33, S. 4
»schwerer Zacken«: TGDD 87, S. 32

EINFACHE LEUTE, ABER HERZENSGUT

»in gelehrten Zirkeln«: siehe z. B. www.sherlock-holmes.org.uk/
Abbildung »Bürgerversammlung«: TGDD 134, S. 3
Abbildung »Petroleo de Vaselino«: TGDD 11, S. 6
Abbildung »Salzbergwerke«: MM 16/1966, S. 35
Abbildung »Fremder Mann stirbt.«: MM 13/1963, S. 34
»Klub der Zweifler«: TGDD 74, S. 62 ff.
»Quasselstrippograph«: MM 15/76, S. 6
»Wüstenkeifzange«: TGDD 70, S. 46
Abbildung »Viva el Presidente!«: MM 6/1965, S. 10
»Pastinakenpudding«: TGDD 77, S. 23
Abbildung »Guitahre«: MM 7/1952, S. 3
»ziemlich vollfett«: TGDD 59, S. 17

»kleiner Drahtiger«: TGDD 115, S. 3
Abbildung »Elefant«: MM 25/1962, S. 40
Abbildung »Paprikaeis«: TGDD 95, S. 49
»Der Donaldist«: Abo und alte Ausgaben unter www.donald.org
Abbildung »Platz zum Ausdehnen«: TGDD 11, S. 42
Abbildung »Friesische Fingerhüte«: *Barks Library Onkel Dagobert* 2, S. 28
»Erika Fuchs über die Donaldisten«: Hamburger *Donaldist* 30, S. 23, *Der Donaldist* 58, S. 20, *Der Donaldist* 78, S. 13
»Frau im Spiegel«: ca. 1982, nachgedruckt in Hamburger Donaldist 36, S. 22
Abbildung »nach Oslo«: MM 15/1957, S. 11
»von Dr. Watson zitierter Zeitschriftenartikel«: en.wikipedia.org/wiki/Sherlock_Holmes#Detection_methods
Abbildung »Geigerzähler«: MM 27/1957, S. 5
Abbildung »Ente mit Zähnen«: MM 1/1956, S. 11
Abbildung »die eigene Mutter«: TGDD 21, S. 10
»Holzschuhe«: TGDD 59, S. 34 ff.

KARTEN HASS' ICH WIE DIE PEST!

Abbildung »wie die Pest«: TGDD 8, S. 32
»Nachdruck 1967«: TGDD 8, S. 3 ff.
Abbildung »Jürgen Wollina«: *Barks Comics & Stories* 1, S. 93
Abbildung »Passnummer Micky Maus«: MM 15/1976, S. 7
»Platanenallee«: *Barks Library Donald Duck* 5, S. 42
»An der Schallmauer«: *Barks Library Donald Duck* 26, S. 47
Abbildung »Stadtplan an der Wand«: MM 47/1958, S. 3
»kommerzielle Veröffentlichung«: Jürgen Wollina: *Entenhausen Reiseführer*. Ehapa-Comic-Collection, Köln 2010
Abbildung »Calling all cars!«: amerikan. Album *Donald Duck Adventures* 10, S. 36
»Hauptpostamt«: TGDD 172, S. 42
»Westpark«: TGDD 171, S. 24
»Westend«: z. B. TGDD 23, S. 25
Abbildung »Rudermannschaft«: MM 14/1964, S. 5
»Düsseldorf«: TGDD 65, S. 5
Abbildung »nach Schwartenkrachdorf«: TGDD 23, S. 12
Abbildung »Balthasar Brandbichl«: MM 28/1961, S. 2
»Altersheim für Bierkutscher«: TGDD 22, S. 51
Abbildung »schale Genüsse«: MMSH 10, S. 4

DIE KIRSCHEN IN DER MITTE

Abbildung »dem Ingeniör«: MM 48/1958, S. 30

»Ingenieurlied«: Fundstelle: de.wikisource.org/wiki/Allgemeines_Deutsches_Kommersbuch:71#148

Abbildung »Tassenhebezeug«: TGDD 3, S. 35

»Apparat, der alle Antworten weiß«: TGDD 145, S. 40 ff.

»dressierte Delphine«: TGDD 25, S. 47

»Tischbein«: MM 9/1954, S. 7

»mit Feuer«: TGDD 21, S. 20

Abbildung »Beschwerde Nr. 3«: MM 29/1958, S. 10

Abbildung »Gemischtwarenhändler«: MM 23/1961, S. 9

»Address to a haggis«: www.angus.co.uk/haggis/rbaddr.html

Abbildung »Osterhase«: MM 7/1956, S. 11

»Siesta«: TGDD 51, S. 46

Abbildung »eiserne Zwerge«: MM 25/1960, S. 39

»Plutokraten«: TGDD 4, S. 32

»erstes Auftreten von Onkel Dagobert«: TGDD 43, S. 47 ff.

Abbildung »Katastrophe«: MM 43/1966, S. 40

»zehn Fehlstarts«: TGDD 31, S. 43

»Zinseszinsrechnung«: TGDD 3, S. 13

»Umlüx cyzk bcojfsk gu!«: TGDD 13, S. 5

»Gu«: TGDD 52, S. 62

Abbildung »Zephirsgesäusel«: TGDD 23, S. 6

»Fotoapparat«: TGDD 21, S. 2

Abbildung »vollkommen plemplem«: MMSH 3, S. 31

»ganz legal«: TGDD 1, S. 64

»Ökonomierat«: MM 3/1952, S. 11

»Geheimrat«: TGDD 74, S. 5

»Bergassessor«: TGDD 12, S. 11

»5 Doppelportionen«: TDDD 12, S. 27

»Hotel Esplanade«: TGDD 119, S. 9

»Nussbaumbett«: TGDD 13, S. 53

»reine Schurwolle«: TGDD 77, S. 34

Abbildung »Luxuslimousinen«: TGDD 13, S. 64

»Nur keine Sentimentalitäten!«: TGDD 21, S. 10

»Man stellt sich nicht an«: Klaus Bohn a. a. O., S. 78

Abbildung »Unheil dräuet«: MM 6/1952, S. 6

»Das ist so seine Art«: TGDD 23, S. 15
»Trichinen hinter Tresortüren«: TGDD 72, S. 5
Abbildung »Riese Goliath«: MM 2/1952, S. 8
»gotische Kathedrale«: TGDD 71, S. 43 ff.
»deine Phantasie schlägt Blasen«: TGDD 20, S. 58
»Artikel Willi Winkler«: *Süddeutsche Zeitung* 18./19.10.2008, S. II
Abbildung »neuer Sprengstoff«: MM 8/1955, S. 5
Abbildung »lieber was Größeres«: MM 6/1953, S. 10
Abbildung »Aussehen verändern«: MM 14/1964, S. 6
Abbildung »kurzfristige Bilanzschwebe«: MM 14/1964, S. 6
»Hühnerdieb«: TGDD 26, S. 4
»grünliche Verfärbung des Gesichts«: TGDD 31, S. 22
Abbildung »Kühnheit der Auffassung«: MM 25/1957, S. 8
Abbildung »Graf Zeppelin«: MM 1/1953, S. 6
»künstliche Fleischbrühe«: TGDD 177, S. 6
Abbildung »neuer Mieter«: MM 9/1956, S. 6
»Scharmützel«: TGDD 42, S. 15
Abbildung »Kinderbescherung«: MMSH 21, S. 10
»Hilfspostbote Säbelbein«: TGDD 12, S. 17
»altes Gedicht«: www.n-tv.de/wissen/frageantwort/Wer-ist-der-Posthilfsbote-Saebelbein-article257973.html
Abbildung »schwer erziehbare Knaben«: MM 7/1955, S. 3
»Wir pfeifen auf Pomade«: TGDD 19, S. 62
»Dagoberts Koteletten«: TGDD 44, S. 62
»Elternfreuden«: TGDD 130, S. 66
Abbildung »Üben ohne Spaß«: MM 25/1958, S. 4

ANHANG: Wo findet man die Fuchs-Texte?

Abbildung »fanatischer Sammler«: TGDD 161, S. 43
Abbildung »Lotterie«: MM 12/1952, S. 11
Abbildung »Ich bin Briefmarkensammler«: TGDD 88, S. 5
Abbildung »Kontiki«: MM 9/1956, Titelseite
»Ruderboot«: *Das Beste* 9/1949
Abbildung »Goldente«: TGDD 4, Titelseite
Abbildung »Bonbon-Malheur«: *Klassik Album* 18, Titelseite
Abbildung »Donald Classics«: *Donald Classics* 2, Titelseite
Abbildung »Do it yourself«: TGDD 9, S. 13

»Internet«: Einen vollständigen Überblick über die Barks-Geschichten in deutscher Sprache liefert das bereits erwähnte www.barksbase.de. Über alle Disney-Comics auf der ganzen Welt informiert coa.inducks.org.

Abbildung »Herbstnebel im Mondschein«: MM 5/1956, S. 10

Mir gebührt der Dank der Nation

»Das Leben verliert seine Schrecken, wenn man sich die Philosophie des Knoblismus zu eigen gemacht hat.« Also sprach Professor Poth im Mickymausheft 2/1954. Was ist denn Knoblismus? Ein Knoblist wirft bei jeder wichtigen Ja-Nein-Entscheidung eine Münze. In der Sprache der Informatik liefert jeder Münzwurf gerade ein Bit. Mit Bits kann man bekanntlich alles kodieren, selbst die Bibel ist nur eine lange Folge von Bits. Damit ist der Knoblismus eine »theory of everything«. Als unser Freund Olaf den kurzen Lederhosen noch nicht entwachsen war, hat er einmal den Knoblismus getestet. Er fuhr mit dem Fahrrad durch Nymphenburg und warf an jeder Kreuzung sein Geldstück, um seine neue Richtung festzulegen. Das Ergebnis des Experiments war leider statistisch nicht signifikant. Deshalb erfolgt hier ein neuer Versuch, herauszufinden, ob der Knoblismus hält, was Professor Poth verspricht.

Ich will mittels Knoblismus den üblichen Stein des Anstoßes »Wer wurde auf der Danksagungsliste (vorsätzlich oder fahrlässig) weggelassen?« elegant beseitigen. Dazu lösche ich jetzt noch schnell genau einen Eintrag. Ich verwende dabei ein Entenhausener 10-Kreuzer-Stück mit dem Kopf von Erasmus Erpel, das ich soeben in meinem Bücherregal gefunden habe. Fertig. Wer jetzt nicht erwähnt wird, genau den hat womöglich die Glücksgöttin persönlich ausgezeichnet. Er oder sie darf sich besonders geehrt fühlen.

Also dann, meinen ungeheuchelten und ungeordneten Dank an

- das Autorenkollektiv des deutschen Carl Barks Index: Frank Beers, Horst Schwede, Maikel Das und Ulrich de Planque
- Andreas Platthaus
- das Team des Blessing Verlags

- Gerd Syllwasschy
- Elke Imberger
- die Agentur Landwehr
- Jürgen Wollina
- Henner Löffler
- Werner Dwenger
- sowie last and least: Gangolf Seitz

Wie man unschwer nachzählt, sind das genau zehn Einträge. Ein neuer Beweis für die Theorie von der natürlichen Überlegenheit des Dezimalsystems.

zu Erika Fuchs

Das einzige bisher erschienene Buch zu Erika Fuchs ist: Klaus Bohn: »Das Erika Fuchs Buch«. Disneys deutsche Übersetzerin von Donald Duck und Micky Maus: Ein modernes Mosaik. Verlag Dreidreizehn, Lüneburg, 1996, 189 Seiten; *ein schönes Buch, das sich mit der ganzen Erika Fuchs beschäftigt, also nicht nur mit der Übersetzerin. Besonders zu preisen sind die vielen Fotos aus ihrem privaten Album. Hier findet man zum Beispiel ein Bild der etwa vierjährigen Erika Petri mit Schleife im Haar und Matrosenjacke. Auch ein umfangreiches Literaturverzeichnis ist enthalten. Leider ist der Band vergriffen und antiquarisch nicht billig zu bekommen.*

zu Günter Fuchs

Erika und Günter Fuchs waren von 1932 bis zu seinem Tod im Jahr 1984 verheiratet. Er hat sie oft bei ihrer Arbeit beraten. Günter Fuchs war Fabrikant und Dozent. Ein Schüler von Fuchs hat über dessen Philosophie des Designs ein Buch geschrieben: Alfred Eisenschink, »Zweckform – Reißform – Quatschform«. Sehen – Erkennen – Gestalten nach der visuellen Ästhetik des Günter Fuchs. Ernst Wasmuth Verlag Tübingen, Berlin 1998, 490 Seiten; *momentan noch lieferbar unter* www.sancal.de.

zu Carl Barks

Das Standardwerk ist: Michael Barrier: »Carl Barks and the Art of the Comic Book«. M. Lilien, New York 1981, 228 Seiten; *enthalten sind eine Biografie und eine Bibliografie. Die Biografie ist als Teil eines Ausstellungskatalogs auch in deutscher Übersetzung erschienen:* Michael Barrier: »Carl Barks«. Die Biographie. Aus dem Amerikanischen von Peter Reichelt, Brockmann und Reichelt Verlag, Mannheim 1994, 156 Seiten

Eine deutsche Bibliografie ist: Johnny A. Grote: »Carl Barks«. Werkverzeichnis der Comics. Ehapa Comic Collection, Stuttgart 1995, 400 Seiten; *da Erika Fuchs nahezu den kompletten Barks übersetzt hat, ist das natürlich auch ein Werk über Erika Fuchs. Im Großen und Ganzen ist der Band auch nicht veraltet, weil nach 1995 fast nur noch Nachdrucke erschienen sind.*

Eine gründliche literaturwissenschaftliche Untersuchung zu Barks ist: Henner Löffler: »Wie Enten hausen«. Die Ducks von A bis Z. Verlag C.H. Beck, München 2004, 469 Seiten; *Löffler schreibt nur über Barks, er zitiert ihn jeweils auf Amerikanisch, fügt aber als Hilfestellung für die Leser immer auch noch die Fuchs-Übersetzung bei.*

zu Entenhausen

Ein nach wie vor amüsanter Kultklassiker dazu ist: Grobian Gans: »Die Ducks«. Psychogramm einer Sippe. Heinz Moos Verlag, Gräfelfing 1970, 80 Seiten; *das ist eigentlich mehr eine Parodie der Ideen der (alten) Frankfurter Schule als ein Buch über Comics. Grundlage waren seinerzeit nur ein paar aktuelle, zusammengewürfelte Heftchen, aber einem guten Soziologen reicht das natürlich für viele haarsträubende Theorien. Fuchs und Barks sind nun einmal nicht kaputtzu kriegen. Die Taschenbuchausgabe ist ab 1972 bei rororo in diversen Auflagen erschienen.*